"十二五"高职高专文秘类专业规划教材/周茂东　总主编

DANGAN YU XINXI GUANLI

档案与信息管理

林　苏　黄爱华 ◎ 主　编
张奕琳　曹艳红 ◎ 副主编

中山大学出版社
·广州·

版权所有　翻印必究

图书在版编目（CIP）数据

档案与信息管理/林苏，黄爱华主编. —广州：中山大学出版社，2012.8
（"十二五"高职高专文秘类专业规划教材）
ISBN 978-7-306-04161-6

Ⅰ.①档… Ⅱ.①林…②黄… Ⅲ.①档案管理②信息管理 Ⅳ.①G217②G203

中国版本图书馆 CIP 数据核字（2012）第 071737 号

出 版 人：	祁　军
策划编辑：	曾育林
责任编辑：	曾育林
封面设计：	林绵华
责任校对：	张礼凤
责任技编：	何雅涛
出版发行：	中山大学出版社
电　　话：	编辑部 020-84111996，84113349，84111997，84110779
	发行部 020-84111998，84111981，84111160
地　　址：	广州市新港西路 135 号
邮　　编：	510275　　　传　真：020-84036565
网　　址：	http://www.zsup.com.cn　E-mail:zdcbs@mail.sysu.edu.cn
印 刷 者：	广东虎彩云印刷有限公司
规　　格：	787mm×1092mm　1/16　18.25 印张　410 千字
版次印次：	2012 年 8 月第 1 版　2020 年 12 月第 5 次印刷
定　　价：	30.00 元

如发现本书因印装质量影响阅读，请与出版社发行部联系调换

前　　言

　　档案与信息管理是高职文秘专业必修的核心技能课程，也是管理类（行政管理、人力资源管理、企业管理、社区管理等）专业的必修（限选）课程。该课程将"档案管理"与"信息管理"的知识和技能进行整合而形成一门综合性课程。将档案管理与信息管理合并成一门综合性课程，主要依据有三：

　　一是档案与信息两者有着天然的联系。信息不仅仅来源于现实情况资料，也存在于人们在过去社会实践活动中形成的历史纪录——档案之中，档案本身就蕴含着丰富的信息资源。从档案管理与信息管理的性质看，两者同样具有管理性，都包含着收集、整理、存储、保管、利用等工作环节。将两者合并在一个课程里，既有联系，又有区别，有利于学生更好地掌握。

　　二是从高职培养目标及课程定位考虑。高职院校的培养目标，主要是培养应用型人才，重在操作技能的培养，理论教学内容以"够用为度"。将信息管理与档案管理合并成一门综合课程，在教材处理上可以更加灵活，教师可以有针对性地选择与社会实践（职业岗位）相关的教学内容，进行教学整合及组织实践教学，更好地实现高职高专人才培养目标。

　　三是有利于教学项目的设计与实施。对于工作环节相类似的项目，两大部分内容可以互相借鉴、融会贯通。如：信息收集与档案收集、信息整理与档案整理、信息存储与档案存储、信息利用与档案利用等，这些工作环节的性质相似、原理相通，通过比较、鉴别，可以加深学生对知识、技能的理解与掌握；对于工作环节相关联的项目，两大部分内容又可互相渗透、互为依托。例如，档案利用是信息收集的重要渠道之一，在教学项目设计上，可安排学生到档案馆收集有关信息，通过这样的教学项目，同时训练学生对信息收集、档案检索和档案利用的实操技能，可谓"一举三得"。

　　本书紧紧围绕企业档案管理和信息管理的工作需要来编写。在教材内容选取上，以培养职业能力为核心；在教材内容构建上，以工作过程为主线。本教材突出体现了三个特点：

　　第一，项目化。将实际工作过程分解为若干工作项目，以项目为单位编写教学内容，以项目导向、任务驱动的方法来激发学生的学习主动性，促使学生在完成工作项目的过程中掌握相关技能。

　　第二，创新性。将教学过程及教学方法融入教材之中，每一个教学项目均按OTPAE五环节教学模式进行编写，即教学目标（Object）—工作任务（Task）—知识准备

(Prepare)—项目实施(Action)—项目评估(Evaluate),创新了教材体例。

第三,标准性。遵照《秘书国家职业标准》和档案管理有关法规进行编写,不仅有助于做好档案管理和信息管理工作,也有助于使用者通过秘书职业资格考试。

本书由林苏、黄爱华担任主编,曹艳红、张奕琳担任副主编。具体编写分工为(按项目顺序排列):张奕琳编写项目一至项目三,并整理附录一和附录二;曹艳红编写项目四、项目五和项目九,并整理附录三、附录五和附录六;林苏编写项目六至项目八,并整理附录四;黄爱华编写项目十至项目十五。全书由林苏负责统稿。

本书在编写过程中,参考了大量文献资料,引用了相关案例和最新研究成果,中山大学出版社的赵丽华编辑对书稿提出许多有益的修改意见,在此一并表示诚挚的感谢!

由于作者编写水平有限,不妥之处恳请有关专家、读者批评指正。

林 苏
2012年7月30日

目　　录

上编　档案管理工作

项目一　认识档案管理工作 …………………………………………………… (1)
 教学目标 ………………………………………………………………………… (1)
 工作任务 ………………………………………………………………………… (1)
 知识准备 ………………………………………………………………………… (2)
  一、档案概述 ………………………………………………………………… (2)
  二、档案工作概述 …………………………………………………………… (9)
 项目实施 ………………………………………………………………………… (16)
 项目评估 ………………………………………………………………………… (16)
 实训拓展 ………………………………………………………………………… (17)

项目二　档案收集 ……………………………………………………………… (18)
 教学目标 ………………………………………………………………………… (18)
 工作任务 ………………………………………………………………………… (18)
 知识准备 ………………………………………………………………………… (20)
  一、档案收集工作概述 ……………………………………………………… (20)
  二、档案室收集工作 ………………………………………………………… (21)
  三、档案馆收集工作 ………………………………………………………… (29)
 项目实施 ………………………………………………………………………… (31)
 项目评估 ………………………………………………………………………… (32)
 实训拓展 ………………………………………………………………………… (33)

项目三　档案整理 ……………………………………………………………… (34)
 教学目标 ………………………………………………………………………… (34)
 工作任务 ………………………………………………………………………… (34)
 知识准备 ………………………………………………………………………… (37)
  一、档案整理工作概述 ……………………………………………………… (37)
  二、全宗的划分 ……………………………………………………………… (38)
  三、全宗内档案的分类 ……………………………………………………… (40)

  四、立卷 …………………………………………………………………………… (47)
  五、案卷目录的编制 ………………………………………………………… (59)
 项目实施 ……………………………………………………………………………… (62)
 项目评估 ……………………………………………………………………………… (63)
 实训拓展 ……………………………………………………………………………… (64)

项目四　档案鉴定 …………………………………………………………………… (65)

 教学目标 ……………………………………………………………………………… (65)
 工作任务 ……………………………………………………………………………… (65)
 知识准备 ……………………………………………………………………………… (66)
  一、档案鉴定工作的内容和任务 …………………………………………… (66)
  二、档案鉴定工作的制度、原则与标准 …………………………………… (67)
  三、档案保管期限表 ………………………………………………………… (72)
  四、档案鉴定工作的程序和方法 …………………………………………… (75)
 项目实施 ……………………………………………………………………………… (80)
 项目评估 ……………………………………………………………………………… (81)
 实训拓展 ……………………………………………………………………………… (81)

项目五　档案保管 …………………………………………………………………… (82)

 教学目标 ……………………………………………………………………………… (82)
 工作任务 ……………………………………………………………………………… (82)
 知识准备 ……………………………………………………………………………… (83)
  一、档案保管工作的内容、任务和要求 …………………………………… (83)
  二、档案保管的物质条件 …………………………………………………… (85)
  三、档案保管的方法 ………………………………………………………… (87)
  四、档案库房管理制度和措施 ……………………………………………… (92)
  五、档案流动过程中的维护和保护 ………………………………………… (98)
 项目实施 ……………………………………………………………………………… (100)
 项目评估 ……………………………………………………………………………… (101)
 实训拓展 ……………………………………………………………………………… (102)

项目六　档案提供利用 ……………………………………………………………… (103)

 教学目标 ……………………………………………………………………………… (103)
 工作任务 ……………………………………………………………………………… (103)
 知识准备 ……………………………………………………………………………… (103)
  一、档案提供利用工作的内容、意义和要求 ……………………………… (104)
  二、档案提供利用的方式 …………………………………………………… (105)

三、档案检索工作 …………………………………………………… (111)
　　四、档案编研工作 …………………………………………………… (115)
　项目实施 ……………………………………………………………………… (119)
　项目评估 ……………………………………………………………………… (121)
　实训拓展 ……………………………………………………………………… (122)
项目七　人事档案管理 …………………………………………………………… (123)
　教学目标 ……………………………………………………………………… (123)
　工作任务 ……………………………………………………………………… (123)
　知识准备 ……………………………………………………………………… (123)
　　一、人事档案的特点和作用 ………………………………………………… (124)
　　二、人事档案工作的内容和要求 …………………………………………… (125)
　　三、人事档案的收集和鉴别 ………………………………………………… (126)
　　四、人事档案的整理 ………………………………………………………… (128)
　　五、人事档案的保管 ………………………………………………………… (131)
　　六、人事档案的提供利用和转递 …………………………………………… (133)
　项目实施 ……………………………………………………………………… (135)
　项目评估 ……………………………………………………………………… (136)
　实训拓展 ……………………………………………………………………… (137)
项目八　会计档案管理 …………………………………………………………… (138)
　教学目标 ……………………………………………………………………… (138)
　工作任务 ……………………………………………………………………… (138)
　知识准备 ……………………………………………………………………… (138)
　　一、会计档案的基本成分和特点 …………………………………………… (139)
　　二、会计档案工作的管理体制和制度 ……………………………………… (140)
　　三、会计档案的收集 ………………………………………………………… (142)
　　四、会计档案的整理 ………………………………………………………… (143)
　　五、会计档案的鉴定与保管 ………………………………………………… (148)
　　六、会计档案的提供利用 …………………………………………………… (153)
　项目实施 ……………………………………………………………………… (154)
　项目评估 ……………………………………………………………………… (155)
　实训拓展 ……………………………………………………………………… (155)
项目九　特殊载体档案管理 ……………………………………………………… (156)
　教学目标 ……………………………………………………………………… (156)
　工作任务 ……………………………………………………………………… (156)

知识准备 …………………………………………………………………… (156)
    一、声像档案的管理 ………………………………………………………… (157)
    二、实物档案的管理 ………………………………………………………… (161)
    三、电子档案管理 …………………………………………………………… (165)
项目实施 …………………………………………………………………… (176)
项目评估 …………………………………………………………………… (178)
实训拓展 …………………………………………………………………… (179)

下编　信息管理工作

项目十　认识信息工作 …………………………………………………… (180)
教学目标 …………………………………………………………………… (180)
工作任务 …………………………………………………………………… (180)
知识准备 …………………………………………………………………… (181)
    一、信息概述 ………………………………………………………………… (181)
    二、信息工作概述 …………………………………………………………… (185)
项目实施 …………………………………………………………………… (189)
项目评估 …………………………………………………………………… (190)
实训拓展 …………………………………………………………………… (190)

项目十一　信息收集 ……………………………………………………… (193)
教学目标 …………………………………………………………………… (193)
工作任务 …………………………………………………………………… (193)
知识准备 …………………………………………………………………… (193)
    一、信息收集的方法和渠道 ………………………………………………… (194)
    二、信息收集的要求和相关技能 …………………………………………… (202)
    三、信息收集的程序和注意事项 …………………………………………… (205)
项目实施 …………………………………………………………………… (206)
项目评估 …………………………………………………………………… (207)
实训拓展 …………………………………………………………………… (208)

项目十二　信息整理 ……………………………………………………… (209)
教学目标 …………………………………………………………………… (209)
工作任务 …………………………………………………………………… (209)
知识准备 …………………………………………………………………… (212)
    一、信息筛选 ………………………………………………………………… (212)

二、信息分类 …………………………………………………… (214)
　　三、信息校核 …………………………………………………… (217)
  项目实施 …………………………………………………………… (219)
  项目评估 …………………………………………………………… (220)
  实训拓展 …………………………………………………………… (220)

项目十三　信息传递与反馈 ……………………………………… (221)
  教学目标 …………………………………………………………… (221)
  工作任务 …………………………………………………………… (221)
  知识准备 …………………………………………………………… (222)
　　一、信息传递 …………………………………………………… (222)
　　二、信息反馈 …………………………………………………… (230)
  项目实施 …………………………………………………………… (238)
  项目评估 …………………………………………………………… (239)
  实训拓展 …………………………………………………………… (239)

项目十四　信息的存储与利用 …………………………………… (241)
  教学目标 …………………………………………………………… (241)
  工作任务 …………………………………………………………… (241)
  知识准备 …………………………………………………………… (242)
　　一、信息存储 …………………………………………………… (242)
　　二、信息利用 …………………………………………………… (247)
  项目实施 …………………………………………………………… (252)
  项目评估 …………………………………………………………… (253)
  实训拓展 …………………………………………………………… (253)

项目十五　信息开发 ………………………………………………… (254)
  教学目标 …………………………………………………………… (254)
  工作任务 …………………………………………………………… (254)
  知识准备 …………………………………………………………… (254)
　　一、信息开发的特点 …………………………………………… (255)
　　二、信息开发的类型 …………………………………………… (255)
　　三、信息开发的方式与方法 …………………………………… (256)
　　四、信息开发的程序 …………………………………………… (258)
　　五、信息开发的形式 …………………………………………… (258)
　　六、信息开发的原则 …………………………………………… (259)
  项目实施 …………………………………………………………… (259)

项目评估 ……………………………………………………………（260）
　　实训拓展 ……………………………………………………………（261）
参考书目 ………………………………………………………………（262）
附录一　中华人民共和国档案法 …………………………………（263）
附录二　中华人民共和国档案法实施办法 ………………………（266）
附录三　企业档案管理规定 ………………………………………（270）
附录四　企业职工档案管理工作规定 ……………………………（272）
附录五　机关文件材料归档范围和文书档案保管期限规定 ……（275）
附录六　电子公文归档管理暂行办法 ……………………………（281）

上编　档案管理工作

项目一　认识档案管理工作

教学目标

1. 知识目标

① 了解档案的定义。
② 了解档案的价值与作用。
③ 熟悉档案管理工作的内容和性质。
④ 掌握档案管理工作的基本原则。

2. 能力目标

① 能分清档案和一般文件。
② 能掌握档案馆和档案室的工作内容和任务。
③ 具备从事档案管理工作所要求达到的基本素质。

工作任务

1. 项目情景

永乐贸易有限公司第一分公司刚刚成立，人手不足，档案室的工作人员都是从行政部门抽调的文书人员，他们基本没有系统地学习过档案管理工作的专业知识。因此，总公司派出了永乐贸易有限公司档案室有多年档案管理工作经验的李慧，让她帮助第一分公司的档案管理工作人员尽快熟悉档案管理工作。李慧决定先举办一次讲座，通过讲授档案管理工作的基本理论以及现实工作生活中的案例，让档案管理工作人员了解档案及档案管理工作的基本常识，以及档案管理工作人员的职责及应具备的基本素质。

2. 任务要求

请你帮助李慧拟定这次讲座的讲稿，使听众通过这次讲座，充分了解档案及档案管理工作的相关知识。

▶ 知识准备

当今社会是信息的社会，信息以它的独特作用已经渗透到社会生活的各个领域。档案管理工作作为信息业的组成部分，在行政管理、产品研发、生产销售、技术创新等各个方面都有着不可低估的作用。因此，各社会组织应该提高对档案作用的认识，加强档案管理工作，使档案管理工作更加适应社会各方面的需要。档案管理工作者也要不断提高自己的理论水平和实践能力，通过有效的档案管理工作，使档案充分发挥作用。作为一名档案管理工作者，首先要弄清两个最基本的概念——档案与档案管理工作。

一、档案概述

（一）档案的概念

档案是国家机关、社会组织和个人在社会实践活动中形成的、保存备查的各种形式的原始记录。

《中华人民共和国档案法》（1996年修订）第二条对档案的概念的表述更为详尽："本法所称的档案，是指过去和现在的国家机构、社会组织以及个人从事政治、经济、科学、技术、文化、宗教等活动直接形成的对国家和社会有保存价值的各种文字、图表、声像等不同形式的历史记录。"

档案的概念包含了五层意思，即档案的五个基本要素。

1. 档案的形成者

产生档案的主体，即档案的形成者十分广泛，既包括各类国家机构、社会组织，也包括个人。由于档案形成者的不同，产生了档案的不同所有权——分别归属国家、集体、公共、私人（个人、家庭、家族）所有。

2. 档案的形成原因

档案是档案的形成者从事社会实践活动中形成的。人类的社会实践活动丰富多彩，档案的形成者不同，其所从事的社会实践活动也不同，这反映了档案内容的广泛性，它直接记录了人们在各个领域、各个学科、各个方面的实践活动。

3. 档案的形成条件

社会组织或个人在社会活动中为了记录事务，会产生许多文件。又因为社会是在不断持续发展的，人们会将日后可能查考的文件有意识地保存下来，这就形成了档案。档案是组织或个人在现实工作中形成和使用的各种文件材料的转化物，但并非一切文件、一切原始记录都是档案。文件转化为档案是有条件的，一般需要满足三个条件：

一是处理完毕的文件才能成为档案。这里的处理完毕是指完成了文件的文书处理程序。文件具有时效性，而档案的主要作用则是备考。所以，一般只有当文件处理完毕之后，不需要在组织的现行工作中运行了，才可以作为档案保存。这里要注意的是，有些文件完成文书处理程序与完成内容所针对要办理的事务并非完全同步。有时文件处理程序结束了，但文件办理的事情还没有结束，文件还具有其现行效用，这样的文件也是可以转化为档案保存下来的。

二是对今后查考有利用价值的文件才能成为档案。组织或个人在社会实践活动中会形成大量的文件，有些文件处理完毕后便失去了自身的利用价值；有些文件则对今后的工作活动仍具有查考利用价值，从而被人们作为档案保存下来。因此，只有具备查考利用价值的文件才有必要作为档案保存，档案是文件中的精华部分。

三是按照一定规律保存起来的文件才能成为档案。一般而言，文件是分散在各承办部门或人员手中的，文件的这种分散状态不利于对档案的管理和利用。人们需要把文件集中起来，按照一定的特点和规律进行组合，对其进行系统化的整理，才能成为档案。一般文件都要经过立卷归档的程序才能转化为档案。

4. 档案的形式

档案的外在形式是指其外貌特点。档案的形成者不同，进行的社会实践活动不同，形成的文件形式也不尽相同，因此档案的形式也是多种多样的。档案形式的多样性可以从四个方面来认识：

第一，信息的载体不同。档案的载体，即载录档案信息的物质材料，古今中外形式多样，有甲骨、泥板、金属器皿、岩石、竹木、缣帛、羊皮、纸张、胶片、磁介质、金属片、光盘等。

第二，信息的记录方式不同。信息的记录方式是指档案信息和档案载体结合的手段，有手写、刻铸、印刷、晒制、摄影、录音、录像等。

第三，信息的表达方式不同。档案信息的表达方式包括文字、图示、图像、声音四种类型。

第四，传达信息的文体表达方式不同。文件用途不同，其文件种类及名称也各不相同。例如，古代有制、诏、诰、奏、表等，现代的行政公文有命令、决定、请示、报告、通知、通报等。

5. 档案的本质特性

档案是人们在社会实践中直接形成的原始性信息记录，对以往社会实践具有直接的原始记录作用。它是特定的形成者直接使用的有保存价值的文件，不是事后编写或随意收集的材料，因而具有原始性的特点。同时，档案不同于一般的历史遗物，它具有很强的记录性，所以档案具有很高的查考价值。档案以兼具原始性和记录性于一体的特点，区别于其他资料。原始记录性是档案的本质特性，不仅是档案区别于其他事物的根本所在，而且从根本上决定着其管理方法的基本取向。

这里应注意对档案真实性要有辩证的理解。档案虽然是直接的原始信息的记录，但其真实性不是绝对的。如果档案的内容无失实、歪曲、作伪之处，那么在记载同一史实的各种材料中，它就是最真实可靠的；如有失实、歪曲、作伪之处，那么其可靠性也就有待商榷。所以，对档案的真实性要以辩证的观点来对待。

（二）档案的起源和沿革

1. 档案的起源

档案的起源是档案学的基本理论问题，一般认为，档案是人类社会发展到一定历史阶段的产物，起源于原始社会。原始部落用结绳、刻契、图画、符号等来记录各项事务，这是档案的雏形。随着社会的发展，产生了国家、产生了文字，用文字记录国家的各种事务，就形成了比较有条理的档案。

2. 档案的沿革

（1）名称沿革

档案发展至今已经有几千年的历史，但是"档案"一词的使用历史却并不久远。"档案"在不同的历史时代，有着不同的称谓。商朝称为"册"、"典"，周朝称为"中"，秦、汉时称为"典籍"，魏、晋时称为"文书"、"文案"，唐、宋以后称为"文卷"、"案卷"、"案牍"。到了明末清初，便出现了"档案"一词。其文字材料最早见于现存清代档案康熙十九年（1680年）《起居注册》的记载：该年十月，在批阅秋审众犯册时，"上问：'马哈喇之父与叔皆没于阵，本身亦有功牌，其罪如何？'大学士明珠奏曰：'马哈喇之父、叔阵没，皆系松山等处事，部中无档案，故控告时部议不准。'"而对"档案"一词的最早解释，则见于清代杨宾的《柳边纪略》[约成书于康熙四十六年（1707年）]。书中记载："边外文字，多书于木，往来传递者曰牌子，以削木片若牌故也；存储年久者曰档案，曰档子，以积累多贯皮条挂壁若档故也。然今文字书于纸者，也呼为牌子、档子矣。"

（2）载体沿革

档案的载体是指承载档案信息的各种物质，它是档案信息存储的介质，随着社会文化的进步而不断进化。由于人类社会发展共同规律的支配，中外档案载体经历了大致相同的演变发展过程，即由最初的以自然物作为记录材料，后来发展到以纸张为记录材料，进而发展为近现代多种新型记录材料。从我国档案载体的发展历程来看，档案载体的沿革经历了以下阶段：

① 甲骨档案：中国古代以龟甲、兽骨为载体的原始记录，主要产生于商代后期。

② 金石档案：中国古代以青铜器（钟、鼎、盘、盂等）为载体的书史铭文，盛行于殷商末期及两周。

③ 简牍档案：简牍主要指竹简、木简、竹牍和木牍。在纸发明以前，简牍是记录文字的最主要形式。

④ 缣帛档案：缣帛是古代丝织品的通称。缣帛质地优良、柔软轻便、幅面宽广，宜于绘画书写，所以春秋时已用做书写材料。

⑤ 纸质档案：以纸张作为载体的档案，如保存备查的公文图纸、信札、电报、户籍、账册、契约、证书、书稿、日记、笔记、家谱的原件等。

⑥ 声像档案：以音响、形象等方式记录知识信息的特殊载体形式的档案，亦称音像档案、视听档案，包括照片、影片、录音、录像档案等。

⑦ 电子档案：指通过计算机磁盘等设备进行存储的、相互关联的通用电子图像文件。

（三）档案的作用和价值

档案的作用和价值指档案这一客体对从事社会实践活动的主体所具有的凭证和情报作用及所产生的积极影响。

1. 档案的基本价值

（1）确凿的凭证价值

档案是人类社会活动留下的原始记录，是人们见证历史的真凭实据，也是人们分辨事实、查证疑案、处理问题的依据。

档案的凭证价值，是由档案的形成规律和档案自身特点所决定的。从档案的形成来看，它是由形成者当时、当地、当事直接使用的文件材料转化而来的，是未经任何改动的原件，即使内容不真实、不准确，也都原本地、客观地记录了人们当时的思想和行为，是令人信服的历史证据。从档案自身的特点来看，它记录了形成者留下的历史真迹，是确凿无疑的原始文件和历史凭证，可以成为查考、研究、争辩、维权和处理问题时具有法律效力的依据。

（2）广泛的参考价值

档案不仅记录了历史过程的事实，而且也记录了人们从事各项活动的意图、思想、数据、成果、得失等。档案是第一手的资料，从它的信息储备和所反映的内容看，档案信息可供各方面社会实践活动借鉴、参考。

2. 档案的主要作用

档案主要有如下五个方面的作用：

第一，行政作用。档案是行政管理的查考凭证，是现代行政管理工作不可缺少的工具。

第二，业务作用。档案记录了各种社会实践活动的情况、成果、经验和教训，能反映各行业业务活动的真实状况。

第三，文化作用。档案是民族文化的集中体现，是历史文化的积累，是历史文化传承的手段，是文化创新的基础。

第四，法律作用。法律作用是档案凭证价值的集中体现，档案是维护国家、集体、个人权益的法律依据。

第五，教育作用。档案以历史性、直观性、原始性成为教育的重要材料。利用档案进行各种形式的宣传活动，十分富有说服力和感染力。

3. 档案价值作用的规律性

档案的价值作用是客观存在的，但档案的价值作用会因时空、环境的不同而有所不同，其价值作用的实现是有一定规律可循的。研究和掌握实现档案价值作用的规律性，目的是为了在尊重其规律的基础上，更好地利用档案，更有效地发挥档案的作用。档案发挥作用的规律可以概括为以下三个方面：

（1）档案价值的扩展律

档案价值的扩展律是指随着时间的推移，档案的价值和作用是可以扩大和发展的。具体表现在两个方面：

第一，档案的双重性及过渡性。档案对于形成单位的价值被称为"第一价值"，对于社会的价值被称为"第二价值"，即为档案价值的双重性。档案的作用从形成单位扩展到全社会，从"第一价值"扩展到"第二价值"，就是档案价值的过渡性。"第一价值"和"第二价值"之间的双重性及相互关系主要表现在：

一是实现第一价值。档案形成以后在一段时间内，对形成单位工作和生产活动有重要的参考作用和凭证作用，它发挥作用的对象主要是本单位，档案的利用者主要限于档案形成单位内，即档案的形式单位需要经常查阅。这种档案价值和作用的初始发挥，通常被称为第一价值。这时社会上其他单位和个人利用形式单位档案的需求不突出，而形成单位的档案也是不对外开放的。档案对形成单位的作用，是促使形成单位积累档案的动力。

二是由第一价值向第二价值过渡。随着时间的推移，单位对于形成时间较长的档案的现实利用需求逐渐减少。与此同时，社会其他部门对档案的利用需求却在逐渐增强，档案利用者的范围由形成单位逐渐扩展到社会上其他单位和个人。那些具有长远利用价值的档案移交到地方档案馆后，由地方档案馆对社会开放。这时，档案的作用则主要表现为社会作用，即过渡到第二阶段。

第二，档案价值的多元性。档案的价值由第一价值过渡到第二价值，意味着档案作用的扩大，利用范围的扩大，使用档案用户类型增多。档案不仅能被与其相应的社会实践活动领域所利用，而且可以在其他领域发挥其价值作用。这是档案价值的多元性。

档案价值的扩展律要求在档案管理工作中处理好局部与整体、当前与长远、保密与开放的关系，既要促进档案第一价值的实现，又要积极积累具有长远利用价值的档案，为档案的第二价值的实现创造条件。不能因档案对形成单位价值不大而随意销毁，也不能只考虑形成单位使用方便而将档案长期滞留在形成单位，从而影响社会的利用。

（2）档案机密程度的递减律

档案机密程度的递减律表现为档案的密级与档案保管时间成反比。档案具有保密性，这是档案和一般信息、资料的不同点之一，在实现档案价值的过程中，主要表现为保密和开放的对立统一。文件一开始就有绝密、机密、秘密和非秘密之分。当文件转化为档案后，其机密程度会随着时间的推移和条件的不同而不断变化，有些档案在若干年后仍有机密性，而有些档案经过一定的时间密级就降低了，有的则失去了保密性。档案的密级实质上是规定了档案准许利用的范围和利用的程度。档案管理者应该依据有关规定逐渐扩大档案的开放范围，广泛实现档案的价值。

（3）档案发挥作用的条件律

档案发挥作用的条件律是指档案作用的发挥受一定条件的制约。档案利用活动的可能性、广泛性及其效果取决于一定的条件；当档案没有为利用者提供有用性时，它的价值是潜在的；在一定的条件下，档案被利用者有效利用，产生社会效益或经济效益，它的潜在价值才能转化为现实价值。这些影响档案作用发挥的条件主要有：

一是社会环境。社会环境包括社会制度、国家有关法规、政策、政治经济形势等，它们对于档案作用发挥的程度有很大的制约作用，从而对档案价值关系的形成和实现具有直接的影响。

二是社会档案意识。人们对档案的认识水平以及社会上对档案的普遍认识程度可称为"社会档案意识"。社会对档案的需求程度以及档案工作者能够满足需求的程度与社会档案意识密切相关，社会档案意识对档案价值实现的影响主要表现在档案利用需求、档案利用政策和档案服务观念等方面。

三是档案管理水平。档案管理水平的高低直接影响到档案管理部门提供档案服务、满足社会需求的能力，以及利用者获取所需档案信息的可能性。档案管理方法科学，管理手段现代化程度高，工作质量优良，可以使利用者更方便、快捷、准确地获得所需要的档案和信息。

（四）档案的种类

1. 根据档案形成者划分

根据档案形成者可分为国家机构档案、党派团体档案、企业单位档案、事业单位档案、名人档案等。

2. 根据档案的所有权形式划分

根据档案的所有权形式可分为国家所有档案、集体所有档案和个人所有档案。对不同所有权的档案，要按照档案法规的规定，分别采取不同的收集和管理办法。属于国家所有的档案，要按规定向国家档案馆移交。属于集体或个人所有的档案，其所有权的转让，一般要在自愿、合法的基础上进行，档案所有者可向国家档案馆捐赠、出售或寄存。

3. 根据档案的信息内容划分

根据档案的信息内容可分为立法档案、行政档案、诉讼档案、军事档案、外交档案、经济档案、科学技术档案、艺术档案、宗教档案，等等。这种划分对人们从不同角度检索利用档案有意义。

4. 根据档案的载体形态划分

根据档案的载体形态不同，可分为甲骨档案、金石档案、简牍档案、缣帛档案、纸质档案、照片档案、录音档案、录像档案、计算机磁盘档案及光盘档案。

5. 根据档案记录信息方式划分

根据档案的记录信息方式可分为文字档案、图形档案、声像档案。

6. 根据档案工作中的生产领域划分

在档案管理的实践中，档案工作者还常将档案划分为文书档案、科技档案和专门档案三大类别。文书档案主要指由各类单位在管理活动中形成和保存的各种书面文件，如命令、请示、计划、总结、合同等；科技档案主要指由企业或科研单位在生产和科研活动中形成和保存的科技文件材料，如图纸、科研成果报告等；专门档案主要指除了文书档案和科技档案之外，所有在专业活动中形成的档案，如会计档案、人事档案、诉讼档案等。

（五）国家档案全宗

1. 国家档案全宗的概念

国家档案全宗是指归国家所有、由国家统一管理的具有政治、经济、科学文化和历史意义的一切档案的总和。

国家档案全宗的思想是1918年6月1日在《列宁档案法令》中首先提出来的。该法令规定："所有作为主管机关的政府机关档案馆一律撤销，其中所保管的案卷与文件从现在起组成统一的国家档案全宗。""为了更科学地利用档案，为了便于保管和节约开支，应根据统一管理档案的原则尽可能地把国家档案全宗的各个部分集中起来。"在中国，国家档案全宗也称"国家全部档案"。这一思想是中华人民共和国成立后，在总结中国档案工作的经验和借鉴苏联档案工作经验的基础上形成的。

2. 国家档案全宗的实质及其建立目的

国家档案全宗的实质是国家档案全宗归国家所有、由国家统一管理。这就解决了档案所有权和国家档案管理原则的问题。建立国家档案全宗目的是为了统一、分级管理国家档案，维护国家档案的完整与安全，便于社会各方面的利用。

3. 国家档案全宗的构成

我国"国家档案全宗"的构成包括了我国各个历史时期、各个机关和著名人物形成的、各种内容和形式、各种载体的档案。可按历史时期划分为两大部分，如图1-1所示。

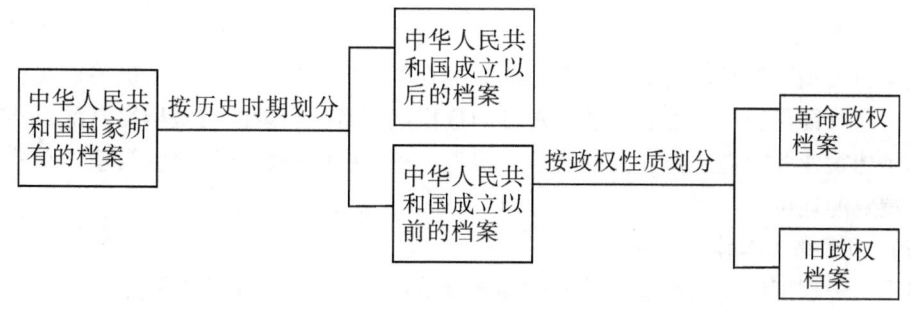

图1-1 中华人民共和国国家所有的档案分类

第一部分是中华人民共和国成立以后的档案，包括中国共产党和国家机关、部队、团体、企业和事业单位的档案，以及国家征集或个人捐献的著名人物档案。这部分档案还在不断产生。

第二部分是中华人民共和国成立以前的档案，又称为"历史档案"。这些档案又可分为两个部分，一部分主要是从1919年五四运动到1949年中华人民共和国成立以前，中国共产党及其领导下的人民政权、军队、社会团体和革命活动家所形成的档案；另一部分主要包括历代王朝和中华民国时期的政权机构、政党、社会团体、著名人物以及为国家所接收的外国在华机构的档案。

二、档案工作概述

档案工作是指用科学的原则和方法管理档案，为党和国家各个领域服务的工作。它是伴随着档案的产生和发展而同时产生和发展起来的，经历了数千年漫长的历史，积累了极其丰富的档案工作经验。中华人民共和国成立后，我国的档案工作发生了质的飞跃，进入了以现代档案馆和档案室工作为核心的阶段，我国现代档案工作已经成为信息资源管理工作的重要组成部分。

（一）档案管理工作的内容和性质

1. 档案工作的内容

档案工作的内容有广义和狭义之分。

从广义上说，档案工作是指档案事业所包括的档案室工作、档案馆工作、档案事业管理工作、档案教育、档案科学研究、档案的宣传及出版等。

从狭义上说，是指档案业务工作所包括的档案的收集、整理、鉴定、保管、检索、统计、提供利用和编研等工作，通常称为八个环节。前六个环节为基础工作，后两个环节为编研利用工作。

（1）档案收集工作

档案的收集工作是档案室和档案馆依法接收单位的归档文件、现行机关档案、撤销机关档案，以及征集历史档案的活动。其目的是积累丰富、合理的馆藏档案资源。档案的收集工作是档案业务管理工作的首要环节，实现了档案的统一领导和分级管理，在档案管理中处于重要的地位。

（2）档案整理工作

档案的整理工作是档案室（馆）根据档案的形成规律，对其进行分类、立卷、编制目录，从而使档案材料达到有序化和系统化的过程。其目的是建立有序化的档案实体保管系统，便于档案的日常维护、调阅和归卷。

（3）档案鉴定工作

档案的鉴定工作分为归档鉴定和复审鉴定，是档案室（馆）根据一定的原则和标准，科学地判定档案历史与现实的价值，确定档案存毁和划定保管期限的活动。其目的是优化馆藏，提高档案管理和利用的效率。

（4）档案保管工作

档案的保管工作是通过专门的现代化技术措施和经常性的工作，对库房的档案进行有序管理，控制危害档案物质载体和书写材料的各种因素。其目的是最大限度地延长档案的寿命，维护档案的内容安全和实体安全，以满足长远利用的需要。

（5）档案检索工作

档案的检索工作是档案室（馆）编制档案检索工具，建立手工和计算机档案检索体系的活动。其目的是方便利用者查阅档案。

（6）档案统计工作

档案的统计工作是指以表格数字形式全面地反映档案、档案工作和档案事业状况，包括档案室（馆）内部的登记和统计工作以及按时填报国家统计文件的工作。其目的是及时掌握档案管理工作的状况，不断调整和完善档案工作。目的在于揭示档案管理工作活动的规律，从而提高档案的管理水平。

（7）档案提供利用工作

档案的提供利用工作是指档案室（馆）通过阅览、借阅、复制、展览、网站等途径将档案原件、复印件、档案信息直接提供给利用者的活动，它是档案工作服务功能的直接体现，也是档案工作的根本目的。

（8）档案编研工作

档案的编研工作是档案室（馆）根据单位或社会的需要，利用馆藏档案对档案资料的编辑和研究工作，包括编辑档案文献汇编、编写档案参考资料、编史修志等活动。它具有信息开发工作的性质。

2. 档案工作的性质

档案工作是一项十分重要的专门事业，是从事社会主义现代化建设，开展各种研究，进行各项工作的必要条件。档案工作就其基本性质和主要作用来说，是一项管理性的工作、服务性的工作、机要性的工作和政治性的工作。

（1）管理性

档案工作是一项科学地管理档案的专门业务。一方面，从整体来看，档案工作是专门负责管理各部门形成的历史文件的一个独立的专业，属于国家科学文化事业的组成部分。所谓档案工作，确切地说，就是档案管理工作。这种管理工作，不只是对现成物件的一般保管和简单出纳，而是必须采用一套科学的理论原则和专门技术方法进行管理。另一方面，从特定的部门、一定机关单位的档案工作来看，又是某种工作管理的组成部分。在不同的机关、不同档案的管理，属于不同工作的管理范围。档案室保存的档案，是本单位职能活动的历史记录，档案室工作既是档案事业的组成部分，又是机关或单位秘书工作的一部分。所谓科学管理，则是说档案工作是有规律可遵循的、有法可依的。档案工作的各个环节，都是以科学知识为指导，都有一套科学的工作原则和方法。

（2）服务性

档案工作的服务性，表现在通过管理和提供档案资料为各项工作服务，为利用者了解情况、总结经验、研究问题、作出决策提供档案信息。服务性是档案工作赖以生存和发展的主要因素。档案和档案工作来源于各项社会活动，因各项社会活动的需要而存在，并在为各项社会需要服务中得到发展。

（3）机要性

档案工作的机要性，是由档案本身的特点以及国家利益所决定的。任何国家的档案工作都有一定的保密要求，档案中不少内容在一定时间和空间内具有机密性，档案管理工作必然承担着保护档案机密安全的责任。

（4）政治性

档案工作是一项政治性的工作，表现在两个方面：第一，档案工作为一定的政治服务，其服务方向是档案工作政治性的集中表现，其机要性也是档案工作政治性的表现之一。第二，档案工作是维护党和国家历史真实面貌的重要事业，是一场严肃的政治斗争。

（二）档案工作的基本原则

1996年9月5日公布的《中华人民共和国档案法》规定：档案工作实行统一领导、分级管理的原则，维护档案完整与安全，便于社会各方面的利用。这是档案工作的基本原则。它揭示了档案工作的客观规律，不仅对指导我国档案工作实践具有重要意义，而且对档案工作理论与实践的发展有很大的贡献。档案工作的基本原则由三个部分组成：

1. 统一领导、分级管理——组织原则

统一领导、分级管理是我国档案工作的组织原则和管理体制。统一领导是指全国的档案工作在法规、政策、组织、领导、规划、标准等方面的统一性。分级管理是指国家档案工作具体的管理层次和管理方式。

第一，全国档案工作统一于各级人民政府的领导之下，由各级档案行政管理机构统一、分层分专业进行指导、监督和检查。国家档案局主管全国的档案工作，对全国档案工作实行全面规划和统筹安排，制定统一档案法规和业务标准，提出统一的方针政策，实行统一的指导、监督和检查。各级政府的档案行政管理部门按行政区域和政府管理层次，对各省（自治区、直辖市）、地区、县直至最基层单位的档案工作实行分层管理。分专业则是指按专业的划分（如铁路、航空、教育、卫生等），各系统内部的档案行政管理部门对本系统的档案工作实施管理。

第二，国家全部档案分别由各级各类档案保管机构集中管理。各单位的档案必须按照国家的法律规定，由本单位的档案机构集中管理，不得由个人分散保存或据为己有；各单位对国家和社会具有保存价值的需要长期保存的档案，均由各级各类档案馆集中保管，未经批准，一切档案均不准被转移、分散和销毁。

第三，实行党政档案工作统一管理。这是中国档案工作的特点。1959年以前我国的档案工作是党政档案分开管理，后来才高度集中在一起。实行党政档案工作统一管理，是因为党政档案都是在贯彻党的路线、方针、政策中产生的，有着密切的联系，统一管理便于利用。党和政府的档案工作在管理原则、制度和方法上没多大差别，统一管理、力量集中、指导统一，党政档案工作统一设置机构，符合精简原则。

2. 维护档案的完整与安全——基本要求

维护档案的完整和安全，这是档案管理的基本要求。只有保证档案的完整与安全，才能为档案工作提供必要的物质基础。

维护档案的完整有两方面的含义：

一是数量上齐全完整。从数量上，保证各单位归档的文件和移交给档案馆的档案保持其实体成分的齐全，保证应该集中和实际保存的档案不致残缺短少。

二是质量上要有机联系。从质量上，也就是从系统性方面要维护档案的有机联系，用科学的方法进行档案的整理，不能人为地割裂分散或者零散地堆砌。

维护档案的安全，也有两方面的含义：

一是维护档案的物质安全，使其不受损坏。力求档案本身不受损坏，保证质量，延长档案寿命。

二是维护档案的政治安全，不能失密。要保护档案免遭有意破坏，使档案机密不被盗窃，不被人为篡改，不失密。

3. 便于社会各方面的利用——根本目的

便于社会各方面的利用，这是档案工作的根本目的。档案工作的全部管理活动的最终目的，表现在提供档案信息为社会各项工作所利用。这体现了档案工作的服务性质，档案工作必须不断提高服务效率和服务质量，才能为档案利用创造方便条件，便于社会各方面的利用。

便于社会各方面的利用，是档案工作各个业务环节的出发点，支配着档案工作的全过程。便于社会各方面的利用，也是检查档案工作效果的主要标准，档案工作做得是否有成效，最主要的是看它能否为国家和社会作出贡献，能否创造社会效益和经济效益。

我国档案工作这三个基本原则是辩证统一的关系。统一领导、分级管理是核心，没有统一领导、分级管理就不能维护档案的安全与完整，不能使档案为全社会各方面所利用。同时，离开了维护档案的完整与安全和便于社会各方面利用的根本目的，统一领导、分级管理也就失去了意义。

（三）档案工作的相关法规体系和管理制度

1. 档案工作法规体系

档案工作法规体系是指由国家或地方的立法机关、行政管理机关等制定的档案法律、法规、行政规章和业务标准，是以《中华人民共和国档案法》为核心，由符合《中华人民共和国立法法》规定的若干有关档案工作的法律、行政法规、地方性法规、规章和其他规范性文件所构成的相互联系、相互协调的统一体。

（1）档案工作的法律、法规

主要是指《中华人民共和国档案法》（以下简称《档案法》）和《〈中华人民共和国档案法〉实施办法》（以下简称《〈档案法〉实施办法》）。其中《档案法》由六届全国人大常委会第22次会议于1987年9月5日通过，并于1988年1月1日起施行。1996年7月5日，经八届全国人大常委会第20次会议通过修改，并公布施行。《〈档案法〉实施办法》由国家档案局1999年6月7日发布,是贯彻落实《档案法》的具体指导。

(2) 档案工作的规章

档案规章主要指国务院各部委授权直属机构、享有地方立法权的人民政府依法制定、发布的有关档案和档案工作的规范性文件。

(3) 档案工作的标准

档案工作标准主要指由国家档案局发布的档案业务规范,分为档案工作国家标准和档案工作行业标准。如作为档案工作国家标准的《文书档案案卷格式》、《档案分类标引规则》、《电子文件归档与管理规范》,作为档案工作行业标准的《档案工作基本术语》、《归档文件整理规则》、《档案主题标引规则》等。

2. 单位的档案管理制度

单位的档案管理制度是本单位依据上述文件,结合自身的档案工作实际制定的操作规范。包括档案工作制度、文件管理规范和档案部门工作规范。

(四) 档案管理机构及档案工作人员

1. 档案管理机构

(1) 档案室

档案室是设立在单位内部、统一管理本单位档案的档案管理机构,是整个单位的组成部分,一般不对外开放。档案室属于单位管理和研究咨询性质的组织机构,是国家档案工作组织体系中最普遍、最大量、最基层的业务机构。档案室为单位管理和职能活动提供必要的信息支持,是全国档案工作的基础,是国家档案不断补充的源泉,是档案形成后首先提供利用,并大量发挥现实作用的阵地。

档案室的基本任务是集中统一地管理本机关各部门形成的各种门类和载体的全部档案,为本机关各项工作服务,并为党和国家积累史料。

按所管理档案的内容和形式不同,档案室可分文书档案室、科技档案室、音像档案室、人事档案室、综合档案室、联合档案室、档案信息中心;按职能不同,可分为单纯的档案保管机构和具有双重职能的档案室。

文书档案室、综合档案室通常设在单位办公厅(室)的下面,由办公厅(室)主任负责;联合档案室可以由共建单位协商,责成其中的一个单位负责管理;科技档案室及其他专门档案室设在相关业务部门下,由业务负责人管理。

(2) 档案馆

档案馆是党和国家设置的科学文化事业机构,是永久保管档案和对社会提供档案服务的单位,是社会各方面利用档案的中心。

档案馆的基本任务是在维护党和国家历史真实面貌的前提下,集中统一管理党和国家的档案及有关资料，维护档案的完整与安全，积极提供利用，为我国的社会主义现代化建设服务。

档案馆可以分为综合性档案馆、专门性档案馆和部门档案馆。综合性档案馆是国家按照历史时期或行政区域划分设立的、保管多种门类档案的档案馆。专门性档案馆是在专业系统中设置的负责保管本系统专业档案的档案馆。部门档案馆是一些大型企业集团或事业单位在内部设立的档案馆，负责集中保管集团或联合体所属各单位需要长远保存的档案。

（3）档案行政管理机构

各级档案局（处、科）是党和国家指导和管理档案工作的行政机关，既是党的机构，也是政府机构。档案局是按照行政区域分级设置的，分为国家档案局和地方档案局；地方档案局又分为省（自治区、直辖市）级档案局、地区级档案局和县级档案局。档案处（科）是设置在专业主管机关中的档案行政管理部门。

档案行政管理机构的基本职责是在统一管理党、政档案工作的原则下，分层负责地掌管全国档案事务，对全国档案工作进行监督、检查与指导。

（4）档案管理机构之间的相互关系

档案室、档案馆和档案局是我国档案机构的三种基本类型。我国各级档案管理机构之间的相互关系为：

第一，国家档案局主管全国档案事业，对全国的档案事业实行统筹规划，组织协调，统一制度、监督和指导。

第二，上级档案行政管理部门对下级档案行政管理部门具有执法监督和业务指导关系。

第三，各级档案行政管理机构对同级单位的档案室（馆）具有业务指导和监督的职能。各级各类档案室、档案馆之间均无隶属关系。

2. 档案工作人员的要求

（1）档案工作人员应具备的素质

第一，思想素质。忠诚于档案事业，恪守本职，遵纪守法。

第二，专业素质。熟悉档案工作的法律、法规和规章制度，掌握档案工作的一般规律；学习、掌握档案工作专业知识和现代化管理知识，不断提高档案业务技能，善于解决档案工作实际问题。

（2）档案工作人员的职责

第一，认真学习贯彻《档案法》和上级有关档案工作的方针、政策和规定，严格执行档案管理各项规章制度。

第二，热爱档案事业，认真学习档案业务知识，不断提高业务水平，确保档案工作顺利完成。

第三，集中统一管理本单位的档案资料，对本单位各种文件材料进行收集整理。

第四，认真做好档案保管工作，定期检查档案，维护档案的完整与安全。

第五，积极开发档案信息资源，为社会各项工作服务。

▶ 项目实施

1. 项目实施条件

① 实训场所：可在有电脑设备的模拟档案室或秘书实训室进行。

② 实训设备：可供上网检索的电脑设备、多媒体设备、打印机、打印纸等。

③ 指导教师应熟悉档案和档案工作的基本理论，对学生的实训进行规范性的指导。

④ 实训时间：课外实训1周，由学生上网搜索与档案及档案工作相关的真实案例，撰写讲稿，制作PPT；课内实训2课时，训练学生运用真实案例讲解档案及档案工作的相关知识。

⑤ 全班学生按4~5人一组共同讨论，合理分工，完成实训任务。

2. 项目实施过程

任务：请你帮助李慧拟定这次讲座的讲稿，使听众通过这次讲座，充分了解档案及档案工作的相关知识。

第一步：拟定讲稿大纲，大纲应该包括档案的概念、档案的价值与作用、档案工作的内容和性质、档案工作的基本原则和档案管理机构及工作人员这五部分内容。

第二步：上网搜索与档案及档案工作相关的真实案例。

第三步：撰写讲稿。

第四步：制作PPT。

第五步：各小组派代表在班上进行演讲。

▶ 项目评估

1. 实训结果

① 讲座的文字讲稿。

② 收集并整理好的相关案例。

③ 讲座PPT。

2. 成绩测评

① 学生进行自评和互评。

② 教师对学生的实训过程和实训结果进行讲评，总结分析各小组实训过程中的优点和缺点。

③ 评分表：

档案概述实训成绩表

项目 组别	讲稿内容的完整性及正确性 （60分）	讲稿案例的典型性 （20分）	讲座PPT的概括性及可观性 （10分）	演讲时的语言表达技巧 （10分）	总分 （100分）

实训拓展

① 收集与档案工作相关的各类法律法规进行阅读，并撰写读后感。

② 组织学生到学校档案室（馆）或所在地的档案馆等实践教学基地见习。

③ 走访各类型的档案管理机构，采访相关的工作人员，并撰写观后感和访谈报告。

项目二 档案收集

▶ 教学目标

1. 知识目标

① 了解档案室的档案收集工作。
② 了解档案馆的档案收集工作。
③ 了解文件归档制度。
④ 熟悉归档和不归档文件的范围。

2. 能力目标

① 能正确判断文件是否应该归档。
② 能够熟练地运用具体措施和方法进行档案收集工作。

▶ 工作任务

1. 项目情景

新星学院办公室秘书兼档案管理员晓玲，平日工作中对档案收集工作非常认真负责。如对办公室工作中形成的、办理完毕的、具有参考利用价值的管理性文件、会议文件、重要文件的历次修改稿、电话记录、电报、本校编印的院报等，都认真细致地进行登记、收集、定期归档。由于晓玲的认真细致、科学管理，该校的档案室被评为省特级档案管理单位。下面是新星学院一年来收到的部分文件。

① 已登记在收文登记簿上的文件：

来文单位	文件字号	文件标题	文件日期
省教育厅	粤教贷〔2010〕32号	关于印发《广东省部分高校勤工俭学工作座谈会议纪要》的通知	2010.11.11
省委组织部	粤组〔2010〕158号	关于我省开展治理整顿党政机关及其所属单位乱办班乱收费乱发证等问题的通知	2010.7.3
省教育厅	粤教高〔2010〕197号	关于贯彻实施《普通高等学校学生管理规定》有关普通本专科学生转学的通知	2010.12.23
省委组织部	粤组通〔2010〕48号	关于抓紧做好干部档案审核整理及检查验收工作的通知	2010.6.3

续表

来文单位	文件字号	文件标题	文件日期
省教育厅	粤教体〔2010〕32号	关于加强学校传染病预防工作的通知	2010.6.15
省教育厅	粤人发〔2010〕177号	广东省人事厅关于调整专业技术资格评审中若干政策规定的通知	2010.4.28
省教育厅	粤宣发〔2010〕10号	关于加强和改进省哲学社会科学规划项目管理工作的意见	2010.10.10
省教育厅	粤宣思〔2010〕65号	转发中共中央宣传部、教育部关于加强和改进高等学校哲学社会科学体系与教材体系建设若干意见的通知	2010.11.18
省委组织部	粤组〔2010〕12号	认真实践"三个代表",扎实做好驻村工作	2010.6.5
省教育厅	粤教财〔2010〕87号	转发教育部 国家法制改革委 财政部关于做好2010年高等学校收费工作有关问题的通知	2010.5.8
省教育厅	粤教规〔2010〕96号	关于做好《中国高校大全》编印工作的通知	2010.5.3
省教育厅	粤高教会〔2010〕59号	关于发展中国高教学会个人会员的通知	2010.4.30
省教育厅	粤教发电〔2010〕11号	转发教育部 监察部 国务院纠风办关于严厉禁止学校违规收费 落实政府对教育的投入责任的紧急通知	2010.3.9
省教育厅	粤教字〔2010〕5号	关于贯彻落实全国教育系统贯彻落实《实施纲要》的通知	2010.6.10
省教育厅	粤教高〔2010〕153号	关于我省高等学校本科专业清理情况的通报	2010.5.17
省纪检委会	粤纪发〔2010〕32号	广东省高等院校领导干部在经营经济实体兼职的暂行规定	2010.5.18
省教育厅	—	关于征求《广东省高等教育教学楼改革工程"十一五"项目立项指南》意见的通知	2010.2.15
省教育工委	粤教工委〔2010〕14号	关于认真贯彻执行《广东省高等学校领导干部在经营经济实体兼职的暂行规定》的通知	2010.4.8
省教育厅	粤高教学〔2010〕33号	关于申报中国高教学会2010年教育科学研究课题的通知	2010.10.13

续表

来文单位	文件字号	文件标题	文件日期
省教育厅	粤教体〔2010〕17号	转发食品卫生部《食品卫生许可证管理办法》的通知	2010.4.17
省教育厅	粤教思〔2010〕57号	转发教育部社政司关于进一步加强和改进高等学校校报工作的若干意见的通知	2010.5.13
省教育厅	粤教继〔2010〕25号	关于我省2010年高等学校教师资格认定工作的通知	2010.6.8
省委组织部	粤教人〔2010〕12号	关于印发《关于加强高等学校队伍建设的意见》的通知	2010.4.20
省教育厅	粤教思〔2010〕64号	关于开展高校思想政治理论优质课程建设工作的通知	2010.9.15

② 在校长办公室收集到的文件：

a.《院长在全省教学管理经验交流会议上的典型发言》。
b.《省技术学院来校联系工作的介绍信》。
c.《省政府关于对工商管理学院干部刘××行政处分的通报》。
d.《新星学院2010—2013年三年发展规划（草稿）》。
e.《新星学院与穗丰广告公司关于宣传标语拆迁维修施工合同》。
f.《省教育协会邀请新星学院院长参加联谊活动的请柬》。
（注：以上材料均属虚构，仅供实训之用。）

2. 任务要求

① 对上述文件进行判断，哪些应归档，哪些不归档，并说明理由。
② 说明一个单位应该归档和不归档文件的范围、文件材料的收集和归档时间。
③ 模拟校长办公室或档案室情景，演练档案工作人员如何做好"账外"文件的收集。将账外文件逐一登记在收文登记簿上。

▶ 知识准备

收集是档案管理工作的起始环节，是档案部门取得档案的途径，是实现档案集中统一管理的基本手段，也是开展其他业务活动的前提。在简化档案整理工作、强化档案利用工作的今天，档案收集已变得越来越重要。

一、档案收集工作概述

所谓的档案收集，就是按照党和国家的有关规定，通过例行的接收制度和专门的征集办法，把分散在各单位、单位各内部机构和个人手中的档案，以及散失在社会上的零散档案，通过接收和征集，分别集中到有关的档案室和各级各类档案馆，实行集中统一管理。

（一）档案收集工作内容

档案收集工作的内容可以分为单位档案室的收集工作和各级各类档案馆的收集工作两大部分，具体内容包括：

一是单位的档案室按期接收本单位文书部门或业务部门归档的文件和进行必要的零散文件的收集。

二是各级各类档案馆接收档案室移交的档案。

三是各级各类档案馆按照保管档案的范围，接收撤销机关档案。

四是各级各类档案馆征集分散在各地的历史档案。

（二）档案收集工作的意义

档案收集工作是档案室和档案馆一项经常性的工作，是整个档案工作中极为重要的一个环节，做好收集工作有着十分重要的意义。

第一，档案收集工作是档案业务工作的起点。档案收集工作是档案业务工作的第一个环节，是档案工作其他环节的重要基础，没有起点其他环节就不复存在。档案工作的对象是档案，如果没有档案也就不会有档案工作。档案室（馆）所管理的档案主要不是由其自身产生的，而是依靠长期收集、逐渐积累和补充起来的。收集是档案室（馆）取得和积累档案的一种手段。档案收集的齐全与否，直接影响档案工作的其他环节，尤其是直接影响到社会各方面对档案的有效利用。只有收集工作搞好了，才能有效地开展整理、鉴定、保管、编研等工作，档案工作才能存在并得到发展。

第二，档案收集工作是档案室（馆）贯彻统一领导、分级管理原则的重要措施。档案工作的基本原则之一要求档案实行统一领导、分级管理。档案是党和国家的宝贵财富，对国家规定应该归档的各种门类和载体的档案，各单位不得分散保存，任何个人更不能据为己有。只有通过行之有效的档案收集工作，才能把档案集中到各机关档案室和各级各类档案馆，形成统一的档案信息保管基地，实行统一领导、分级分专业科学管理。

二、档案室收集工作

（一）档案室收集工作的内容

档案室的收集工作包括接收本单位归档的文件和收集未及时归档的零散文件两个方面的内容。其中，文件归档是档案室收集档案的主要渠道，零散文件的收集则是一种补充形式。

（二）归档制度

各单位在工作活动中不断产生各种文件，将办理完毕的具有保存价值的文件，经过文书部门或承办部门系统整理立卷后，定期移交给档案室集中保存的过程，称之为"归档"。而把归档工作作为一项制度规定下来并付诸实施，就是归档制度。

在我国，"归档"已经成为党和国家对档案工作明文规定的一项制度。1996 年 7 月 5 日修改的《中华人民共和国档案法》以法律条文的形式，将归档制度固定下来："对国家机构规定的应当立卷归档的材料，必须按照规定，定期向本单位档案机构或者档案工作人员移交，集中管理，任何人不得据为己有。国家规定不得归档的材料，禁止擅自归档。"

建立和完善归档制度具有十分重要的意义。档案室的收集工作是建立在归档工作的基础上的，归档制度不完善，就难以保证档案的完整和档案工作的健全。文件归档的结果不仅关系到单位档案是否齐全，还关系到国家能否完整地积累档案。因此，各单位档案室必须贯彻执行归档制度，做好文件的归档工作，为档案工作的开展创造良好的条件。

归档制度包括归档范围、归档时间和归档要求。

1. 归档范围

在单位的日常活动中，形成的文件很多，但不是所有文件都需要归档，只有具有保存价值的文件才需要归档。归档范围指一个单位产生的所有文件材料中需要归档的部分。正确划定归档范围是保证归档文件材料的完整和质量的关键。

（1）需要归档的文件范围

"应当立卷归档的材料"，其范围主要包括机关、团体、企业事业单位和其他组织、政党以及国家领导人和其他国家工作人员在公务活动中形成的、办理完毕的、具有保存价值的各种文件。党、政、工、团以及人事、保卫、财会等工作中形成的各种形式和载体的文件材料，均属归档范围。概括地说，凡是反映本单位主要工作职能和历史发展面貌的文件材料均有保存价值，均应归档。具体包括以下四个部分的内容：

第一，上级机关的文件材料，包括：

① 上级机关召开的需要本单位贯彻执行的会议的主要材料。

② 上级机关颁发的属于本单位职能活动范围的并要执行的文件，以及普发的、非本单位主管业务但需贯彻执行的法规性文件。

③ 党和国家领导人、人民代表、上级机关领导等视察、检查本地区本机关工作时的重要指示、讲话、题词、照片和有特殊保存价值的录音、录像等材料。

④ 本单位代上级机关草拟并被采用的文件的最后草稿和印本。

⑤ 上级机关转发本单位的文件（包括报纸、刊物转载）。

⑥ 涉及本单位的表彰、批评及人员奖惩、职务任免等的上级来文。

第二，本机关的文件材料，包括：

① 本级人代会、政协、党、政、工、青、妇领导机关召开代表大会、代表会议、工作会议的全套会议文件，以及各种声像材料（由召开机关收集归档）。

② 本机关召开的工作会议、专业会议材料。

③ 本机关颁发的各种正式文件的签发稿、印刷稿，重要文件的修改稿。

④ 本机关的请示与上级机关的批复文件，下级机关的请示与本级机关的批复文件。

⑤ 本级机关及其内部职能部门活动形成的工作计划、总结、报告，本机关形成的财务报表、凭证、账簿、审计等文件材料。

⑥ 本机关制订的工作条例、章程、制度等文件材料。

⑦ 本机关（本行业）的历史沿革、大事记、年鉴，反映本机关（本行业）重要活动事件的剪报、声像材料，荣誉奖励证书，有纪念意义和凭证性的实物和展览照片、录音、录像等文件材料。

⑧ 本机关（包括上报和下批）干部任免（包括备案）、调配、培训、专业技术职务评定、聘任、党员、团员、干部、工人名册、报表，纪律检查，治安保卫以及职工的录用、转正、定级、调资、退职、退休、离休、复员、转业、评残、抚恤、死亡等工作及干部奖惩等的文件材料。

⑨ 本机关及本机关办理的干部、工人的转移工资、行政、党、团、工会组织介绍信及存根。

⑩ 本机关财产、物资、档案等的交接凭证、清册。

⑪ 本机关编印的情况反映、简报等刊物定稿和印本，编辑出版物的定稿、样本。

⑫ 本机关与有关机关单位签订的各种合同、协议书等文件材料。

⑬ 本机关与外国签订的条约、协定书、协定、合同、换文（正本、副本）和机关外事活动中形成的请示报告、计划、考察总结、重要简报、会议纪要、记录、声像材料、有参考价值的资料、互赠礼品清单、工作来往文件等。

第三，同级机关和非隶属机关的文件材料，包括：

① 同级机关和非隶属机关颁发的非本机关主管业务但需要执行的法规性文件。

② 有关业务机关对本机关工作检查形成的重要文件。

③ 同级机关和非隶属机关与本机关联系、协商工作的重要来往文件。

第四，下级机关的文件材料，包括：

① 下级机关报送的重要的工作计划、报告、总结、典型材料、统计报表、财务预算、决算等文件。

② 直属单位报送的重要的科技文件材料，下级机关报送的法规性备案文件。

对以上范围之内的文件材料，任何组织和个人必须按规定进行立卷，并向档案室或档案工作人员进行归档，不得据为己有。

（2）不需归档的文件范围

在归档工作中应注意，有一部分文件通常是不需要归档的，主要包括：

① 上级单位文件材料中，普发供参阅的、不需要本单位办理的、与本单位主管业务无关的文件材料。

② 上级单位任免、奖惩非本单位工作人员的文件材料。

③ 上级单位发来的供工作参考的文件。
④ 上级单位征求意见的未定稿文件。
⑤ 本单位文件材料中的重份文件。
⑥ 无查考利用价值的事务性、临时性文件（如一般会议随手做的记录、事务性的通知等）。
⑦ 电报草稿、未成文的草稿、一般性文件的历次修改稿，铅印文件的各次校对稿（但主要领导人亲笔修改稿和负责人签字的最后定稿除外）。
⑧ 未经会议讨论，未经领导审阅、签发的未生效文件。
⑨ 从正式文件、电报上摘录的供工作参阅的非证明材料。
⑩ 单位内部互相抄送的文件材料，不应履行的行文、介绍信等。
⑪ 无特殊保存价值的信封（一般信封不需要保存，如果要记录发文单位的地址，可以另行登记。但有特殊意义的作者、需要保存来文的信封可以归档）。
⑫ 一般性表态、询问一般性问题、提出一般性建议或意见的信函。
⑬ 本单位负责人兼任外单位职务形成的与本单位无关的文件材料。
⑭ 参加非主管单位召开的会议的不需要贯彻执行和无参考价值的文件材料。
⑮ 无参考目的从各方面收集的文件材料。
⑯ 非隶属单位抄送的不需要办理的文件材料。
⑰ 下级单位抄送备案的一般性文件材料，以及送来参阅的简报、情况反映，不应抄报或不必备案的文件材料。
⑱ 越级抄送的、一般的、不需要办理的文件材料。

（3）注意事项

在判断文件是否应该归档时，应注意：

① 经领导签字的传真稿（复印后归档）、机关领导公务活动形成的重要信件、电报、电子邮件及重要事项的电话记录也应归档。

② 草稿是文件的原始稿件，供修改、讨论与审核使用，文件草稿经过审核修改签发以后就成为定稿，文件的定稿应与正式印发稿（正稿）一同归档，装订成为一件，排列时正稿在前，定稿在后。

③ 机关单位应归档纸质文件材料中，有文件发文稿纸、文件处理单的，应与文件正本、定稿一并归档。

④ 机关单位对应归档电子文件的元数据、背景信息等要进行相应归档。

⑤ 机关单位联合召开会议、联合行文所形成的文件材料原件由主办机关归档，其他机关将相应的复制件或其他形式的副本归档。

⑥ 有关刊物、简报、图书等一般性参考资料原则上不立卷归档，而应单独保存。

⑦ 一个部门的文书档案和科技档案应分别归档。

2. 归档时间

归档时间是指单位的文书部门向档案部门移交归档案卷的期限，归档时间是归档制度的重要内容之一。根据国家档案局《机关档案工作业务建设规范》的规定，单位文书部门或业务部门一般应该在次年6月底以前将案卷移交给档案部门。对于某些专业方面的文件、特殊载体的文件以及驻地分散在外的个别业务部门的文件，为了便于日常工作的查考，可根据实际需要确定归档时间，例如：

① 工业企业产品、非工业企业业务项目、科研课题、基建项目文件材料在其项目鉴定、竣工后或财务决算后3个月内归档，周期长的可分阶段、单项归档。如跨年度、需几年或几十年完成的产品、科技项目，因文件数量庞大，通常按工作阶段将其归档。

② 会计文件材料在会计年度终了后由会计部门整理归档，保管一年后向档案部门移交。

③ 外购设备仪器或引进项目的文件材料在开箱验收或接收后及时登记，安装调试后归档。

④ 电子文件逻辑归档实时进行，物理归档应与纸质文件归档时间一致。

⑤ 磁带、照片及底片、胶片等实物形式的文件材料应在工作结束后及时归档。

⑥ 对于一些机密性较强的文件，为了避免丢失和泄密，通常采取随时归档的方法。

另外，变更、修改、补充的文件材料，企业内部机构变动和职工调动、离岗时留在部门或个人手中的文件材料，企业产权变动过程中形成的文件材料都应该随时归档。

3. 归档要求

归档要求是单位文书部门向档案部门移交案卷时应达到的质量要求，也是档案部门接收案卷时的验收标准。根据《归档文件整理规则》的规定，对归档案卷的总体要求是要遵循文件材料的形成规律和特点，保持文件之间的有机联系，区别不同价值，便于保管和利用。

第一，归档文件材料要收集完整、齐全。完整就是要使归档的档案材料有一定数量，归档文件的种类、份数以及每份文件的页数要完整，档案材料不遗漏、不残缺；漏页的应找齐全，破损的应予以修整，字迹模糊或易褪变的应予以复制。齐全就是要做到归档的部门齐全，档案门类齐全。

第二，应归档文件要系统、有条理。凡归档文件材料，均要按其不同特征来分类组卷，尽量保持它们的内在联系，区分它们不同的保存价值，使归档文件分类准确、立卷合理，能较好地反映本单位工作活动面貌。在立卷时，要求将文件的正件与附件，复印件与定稿，请示与批复，文件与电报等统一立卷，不得分散，这主要是便于保管和利用。

第三，卷内文件应经过系统的整理和编目。要求归档文件编写页号，填写卷内文件目录。案卷封面填写清楚、案卷标题准确、案卷排列合理，编号无误。

第四，归档文件要符合档案保护的要求。归档文件所使用的书写材料、纸张、装订材料等应符合档案保护要求。所使用的材料必须易于耐久保存，保证图像清晰、字迹工整、审查签字手续完备，禁用铅笔、圆珠笔、红墨水和复写纸。装订案卷时，要去掉文件的金属物，如订书钉等。对破损的文件要裱糊，装订采用三孔一线的方法，装订在文件的左侧。对破损的文件应予以修整，对字迹模糊或文件载体存在质量隐患的文件应予以复制。

第五，编制案卷目录和移交清单。向档案室归档的所有案卷，都要按照一定的次序进行系统的排列，并编制完整的案卷目录和移交清单。案卷移交清单由移交部门和档案室签字后，作为案卷移交的凭证。

（三）归档程序

一般而言，文书部门向档案部门移交案卷时应按如下程序履行手续，如图 2-1 所示。

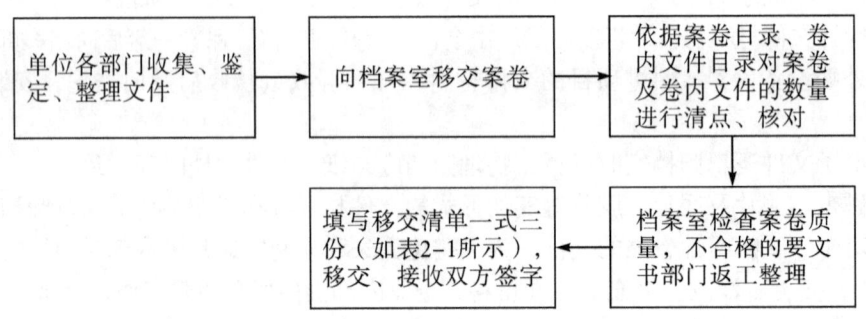

图 2-1 归档手续流程

移交清单一份由文书部门或业务部门存查，另外两份保存在档案部门作为检索工具和全宗卷的材料。必要时，移交部门应编写归档文件简要说明。

表 2-1 档案移交（接收）登记表

档案移交（接收）登记表									
案卷序号	案卷名称	所属年度	移交（接收）日期	移交（接收）原因	案卷数量				备注
					小计	其中			
						永久	30年	10年	

移交单位（部门）（盖章）：　　　　　　接收单位（部门）（盖章）：
移交人（签字）：　　　　　　　　　　　接收人（签字）：

（四）档案室如何做好档案收集工作

做好档案收集工作是单位档案室的基本任务之一。为了坚持归档制度，搞好文件立卷归档工作，保证归档文件的齐全完整，便于日后提供利用，档案室和档案管理人员不仅要通过归档工作把已经形成的文件收集齐全，而且要关心机关文件的形成与办理情况，关注和参与文件的形成、运行、立卷归档的全过程。因此，应充分发挥档案室在形成文件与组织归档中的作用，这是做好档案室收集工作的一个重要组成部分。

1. 坚持实行立卷归档制度

由文书部门或业务部门对工作活动中形成的具有保存价值的文件材料进行立卷和整理，并定期向档案室归档，可以发挥文书部门或业务部门熟悉文件的形成与办理过程的优点，有利于提高案卷质量和立卷工作效率，有利于保证文件的齐全完整，方便领导和各部门的查阅，有利于档案室工作的开展。坚持实行文书部门或业务部门立卷归档制度，能为档案室的工作奠定良好的基础。

因此，档案室和档案管理人员有责任从以下三个方面督促归档制度的落实：

第一，参与本单位归档制度的制定工作。

第二，开展归档制度的宣传工作，使本单位的工作人员深入了解归档制度的内容和要求，如可以将档案收集工作放在办公室人员（或有关人员）的工作职责中，纳入目标考核范围。

第三，对单位归档制度的执行情况进行监督，对发现的问题及时提出改进建议。

2. 加强对文书部门立卷归档工作的指导

档案室可以从以下几个方面对文书部门立卷归档工作进行指导和督促：

第一，参与编制文件立卷方案。立卷方案包括文件分类表和立卷类目两个部分，是对文件实体进行分类和组卷时所参照的指导书。档案室参与立卷方案的编制工作，有利于及时将国家的有关规定和档案管理要求体现在文件中，从而保证文件分类、立卷的合理性和系统性。

第二，对立卷操作进行业务指导。协助和督促有关部门做好文书整理和归档前的准备工作，如指导文书部门整理归档时的人员分工、如何填写归档文件目录等。帮助立卷人员正确掌握立卷标准，及时解决立卷过程中出现的问题。

第三，进行归档案卷质量检查。在立卷过程中，档案室应进行阶段性的案卷质量检查，发现问题及时整改。在立卷工作结束后，还要进行总结性检查，以便从总体上把握案卷的质量。

3. 平时收集工作要落实到人

档案室和档案管理人员要协助单位确定立卷人和划定分工立卷范围，明确具体人员职责。

第一，单位内部各部门处理完毕的文件，均集中到办公厅（室），由办公厅（室）文书人员负责立卷工作。一般来说，文件较少或集中处理文书的机关单位，可由办公部门立卷；文件较多，分散处理文书的机关单位，可分别由机关内各部门立卷。一定要确定各部门立卷范围，做到分工明确。

第二，平时的文件的移送工作要由专人负责。一般来说，收发文件、规章制度、计划总结、各类报表可由文书人员负责移送；各类会议文件可由办公厅（室）工作人员负责移送；各部门形成的文件可由各部门指定人员负责移送。

4. 加强对零散文件的收集

零散文件是指单位在收集工作中未及时归档的文件。一些会议文件、内部文件未经收发文登记而在归档时容易被遗漏掉，或是承办部门和工作人员未及时交回文件等原因，使得部分文件往往分散在个人手中。因此，除正常的归档工作以外，档案室工作人员还需收集一些临时性的文件，如领导参加会议带回来的文件等。

零散文件收集工作的重点主要有：

第一，根据单位内部机构调整、领导干部职务调动、工作人员岗位变动等情况，收集散存在承办部门或人员手中的文件。

第二，结合单位的管理评估、安全检查等活动，清理和收集文件。

第三，通过编写单位大事记、组织沿革等参考资料，有针对性地收集一些散存的文件。

第四，注意重要电话、讲话记录的收集，一些高级领导人的即席讲话应该记录下来形成文字，并标明作者、时间、地点、办理情况。

第五，单位工作人员外出参观、学习、考察和参加各种会议收集获得的文件材料，注意要及时收集，或督促其及时送交相关部门立卷。

第六，注意基层单位的档案收集工作，如会议记录、决议、请示和报告、计划总结、生产统计报表、分配方案、财会凭证、单位简史等。

第七，产品试制定型、科研成果鉴定、基建、技改项目竣工验收、引进设备开箱验收等活动，必须有档案工作人员参与，文件材料不完整、不准确、不系统的，不能进行鉴定、验收。

5. 密切与各部门联系，争取各方支持

档案人员要做到勤催、勤收、勤要、勤查、勤问等，主动积极地与主管技术的领导和兼职档案人员沟通，督促兼职人员做好收集工作。密切与单位内各部门的关系，了解各部门的动态和档案情况，争取各方支持。同时，掌握本单位工作活动规律，抓准时机进行收集，如重大活动档案的实时收集等。为了确保应归档文件材料收集齐全，档案人员应定期

按照收文登记到各个业务部门收取文件。对于业务部门仍需要保存备查的，档案人员可复印一套留存业务部门保管。对于未经收发文处理的归档文件，档案人员也应定期向相关人员或部门进行催收。

三、档案馆收集工作

国家规定，各机关单位具有长久保存价值的档案必须定期移交给档案馆集中保存。档案馆通过接收、征集等手段，实行对档案的集中统一管理。档案馆的档案主要来自三个方面：一是接收现行机关的档案，这是档案馆档案不断增长和丰富的主要源泉；二是接收撤销机关的档案；三是征集历史档案。

（一）对现行机关档案的接收

接收现行机关的档案，即接收正在进行日常工作、行使自己职权的单位所形成的档案。这些单位每时每刻都在不断地形成新的档案，其中具有长远保存价值的档案，在现行机关保存一段时间后，将源源不断地补充到档案馆去，这是档案馆档案的主要来源。

1. 接收范围

根据国家档案局1983年制定的《档案馆工作通则》的规定，国家所有具有长远保存价值的档案分层分别由各级、各类档案馆收集保存。其接收范围如下：

一是中央档案馆：接收中央一级党政机关、团体和企业事业单位需要永久保存的档案，中央一级撤销机关、团体和企业事业单位的全部档案，具有全国意义的革命历史档案。

二是省级档案馆：接收省级现行机关、团体和企事业单位需要永久保存的档案，省级撤销机关、团体和事业单位的全部档案，具有全省意义的革命历史档案和旧政权档案。

三是省辖市（州、盟）和县级档案馆：接收本级现行机关、团体和企事业单位需要永久和长期保存的档案，本级撤销机关、团体和企事业单位的全部档案，具有全省辖市（州、盟）和县意义的革命历史档案和旧政权档案。

四是各专业、专门、部门档案馆（包含高校档案馆）：收集属于本馆专藏的档案和有关资料。

2. 接收期限

省级以上机关应将本机关永久、长期保存的档案在本机关保存20年左右，再移交给同级档案馆。如省人民政府应该将其永久保存的档案在本单位保存20年左右后向省档案馆移交。

省辖市和县级以下机关应将本机关永久、长期保存的档案在本机关保存10年左右再移交给同级档案馆。如市人民政府应该将其永久和长期保存的档案在本单位保存10年左右后向市档案馆移交。

3. 接收方法

档案馆接收现行机关档案的方法主要包括两种：

一是逐年接收。就是现行机关每年将保管期满的档案向档案馆移交一次。

二是定期接收。就是现行机关每隔一定时期将所有保管期满的档案向档案馆移交一次。分段定期接收可以定为3~5年为一个接收周期，这样比较有利于集中安排移交双方的工作。

逐年接收和定期接收两种办法可根据实际情况灵活运用。

4. 接收要求

根据《机关档案工作条例》和《档案馆工作通则》的规定，档案馆在接收档案时要遵守以下要求：

第一，保持全宗的完整性。一个立档单位需移交档案馆的全部档案应作为一个整体，统一归入一个档案馆。现行机关应当根据全宗原则和国家有关规定，保证本机关档案的完整与安全，将反映本机关主要职能活动和基本历史面貌的档案收集齐全，并进行科学的分类和编目等整理工作，按规定统一向一个档案馆移交，不得随意分散。

第二，进馆档案是经鉴定后具有长远保存价值的档案。现行机关向档案馆移交档案，应当按照鉴定档案的有关标准，科学划分档案的保管期限，并将具有长期或永久保存价值的档案，在本机关保存若干年后向有关档案馆移交。

第三，立档单位编制的编研材料和有关检索工具应随同档案一起接收至档案馆。现行机关向档案馆移交档案时，应当将本机关的编研材料（全宗介绍、组织沿革等）、资料（出版的志书、内部刊物等），以及和全宗有关的检索工具（案卷目录、索引等）随同档案一并接收进馆。

第四，档案的交接双方必须根据移交目录进行清点核对，并在交接单上签名盖章，严格履行移交程序。

第五，档案馆在接收档案之前，应该深入接收单位调查了解有关接收情况，制定档案接收方案，进行接收的人力组织与物力准备工作，确保接收工作有条不紊地进行。

（二）对撤销机关档案的接收

机关、团体、企事业单位由于各种原因被撤销而停止活动后，其全部档案应由档案馆负责接收。《机关档案工作条例》规定了处理撤销机关档案的基本准则：

第一，机关撤销或合并时，必须对本机关的全部档案进行认真清理、鉴定，妥善保管，不得分散、毁弃或丢失档案，并依照规定向有关的档案馆移交。

第二，撤销机关的业务分别划归几个机关的，其档案材料不得随之分散，仍作为原机关档案的一部分，按全宗整体移交给有关档案馆，或由其中一个机关完整地代管。

第三，一个机关并入另一个机关或几个机关，或几个机关合并为一个新的机关，其合并前形成的档案，应当按机关分别组成有机整体，向有关档案馆移交，而不能将这种档案与合并后形成的档案混在一起归档。如果接管撤销机关职能的有关单位因工作需要，要求保管撤销机关档案的，可在征得档案馆和档案行政管理机关的同意后代为保管，代管机关应当负责撤销机关档案的完整与安全，并担负日后向档案馆移交这部分档案的义务。

第四，一个机关的一部分业务或其中的一个部门划归另一个机关时，该机关所从事的该部分业务中形成的档案不得带入接收机关，应当作为原来机关档案的有机整体的一部分。如果接收机关需要查考使用这部分档案，双方可以通过协商的办法，用借阅、拷贝、复印等方法加以解决。

第五，机关撤销或合并时，没有处理完毕的文件材料，可以移交给新的机关继续处理，并作为新的机关的档案加以保存。

第六，档案馆接收撤销机关档案，应做到心中有数，有的放矢，在机关撤并前就应当深入撤并单位摸清档案的有关情况，会同有关部门以及撤并单位的领导、档案专业人员及时解决存在的问题。

（三）对历史档案的接收与征集

历史档案的接收与征集即征集新中国成立前所形成的且至今仍散失在社会的历史档案。包括革命历史档案和旧政权档案。这些档案距今已年深日久，加上保管条件不符合要求，自然损毁十分严重，如不尽快征集起来，就有完全毁坏的可能。历史档案的接收与征集的途径主要有：

第一，收集散失在一些国家机关、社会组织中的历史档案。

第二，征集散失在个人手中的历史档案。

第三，征集少数民族地区的历史档案。

第四，收集地方志部门的历史档案。

第五，收集散失国外的历史档案。

▶ 项目实施

1. 项目实施条件

① 实训场所：档案收集的实训场所，可安排在秘书实训室或教室进行。将实训场所设计成模拟校长（总经理、厂长）办公室、秘书办公室和档案室。

② 实训材料：事先设计若干已处理完毕的模拟文件材料，包括应归档和无需归档的文书在内。

③ 必需的文具：如收文登记簿、文件夹、文件柜等。

④ 实训时间：2课时，要求学生在规定的时间内完成工作任务。

⑤ 全班学生4~5人组成一个小组，共同讨论，合理分工，完成实训任务。如遇疑难问题，先由学生在小组内讨论，然后教师再给予指导。

⑥ 如条件许可，可安排每个小组负责不同的实训任务，可由老师事先指定各小组任务，也可由各小组临时抽题，根据题目要求进行演练。

2．项目实施过程

任务1：对已登记在收文登记簿上和在校长办公室收集到的文件进行判断，哪些应归档，哪些不归档，并说明理由。

第一步：熟读文件归档和不归档的范围。

第二步：各小组根据归档范围对已登记在收文登记簿的文件逐一讨论，判断是否归档。

第三步：各小组根据归档范围对在校长办公室收集到的文件逐一讨论，判断是否归档。

第四步：由教师指定各小组回答问题，要求说明应归档和不归档的理由。

任务2：模拟校长办公室或档案室情景，演练档案工作人员如何做好"账外"文件的收集。将账外文件逐一登记在收文登记簿上。

第一步：由各小组推选出代表分别担任校长、秘书和档案管理员。

第二步：演练秘书到校长办公室收集其外出开会带回来的文件的过程。

第三步：将从校长办公室收集到的零散文件填写在收文登记簿上。

第四步：将各小组的实操作业收集起来后，教师将做得较好的作业推荐给全班同学，使学生进一步掌握正确而规范的文书立卷方法，同时指出学生在实操中所出现的错误，给予纠正。

▶ 项目评估

1．实训结果

① 学生将应归档文件收集起来，将归档和无需归档的文件分开。

② 演练收集"账外"文件的过程。

③ 将填好的收文登记簿交教师查看。

2．成绩测评

① 学生进行自评和互评。

② 教师对学生的实训过程和实训结果进行讲评，总结分析各小组实训过程中的优点和缺点。

③ 评分表：

档案收集实训评分表

项目 组别	判断文件 是否归档 （30分）	说明应归档 文件范围 （25分）	说明不归档 文件范围 （25分）	"账外"文件 收集工作 （20分）	总分 （100分）

实训拓展

① 参观本校的办公室和档案室，根据国家的统一规定，并结合本校实际，拟写本校文件材料的归档制度，应包括归档范围、归档时间和归档要求。

② 拟写档案征集公告，向全校师生员工征集校史档案。征集公告应包括档案征集的目的、范围、方式等事项。

③ 安排学生到校内办公室或档案室参观见习，请办公室秘书或档案管理员现场讲解平时文件归卷和档案收集的具体环节。

项目三 档案整理

教学目标

1. 知识目标

① 了解档案整理的流程、工作内容和原则。
② 了解全宗的划分及确定立档单位的方法。
③ 熟悉全宗内档案的分类方法。
④ 了解立卷的概念及其步骤。
⑤ 了解立卷改革的特点。
⑥ 掌握案卷的整理方法。
　a. 掌握案卷的排列和编号方法。
　b. 掌握编制案卷目录的方法。
　c. 掌握档号的编制方法及原则。

2. 能力目标

① 能灵活运用全宗内档案的分类方法对档案进行分类。
② 掌握文书档案立卷的方法，能熟练地进行立卷工作，包括归档文件的分类、案卷标题的拟写、卷内文件的排列和编号、卷内目录和备考表的填写、案卷封面的填写和案卷的装订方法。
③ 能熟练地编制档案号及进行案卷整理工作。
④ 提高学生整理档案的技能，提高学生档案管理文字的撰写能力。

工作任务

1. 项目情景

新星学院办公室秘书兼档案管理员晓玲，对已办理完毕的文件都认真地做好平时归卷工作，每年年初便开始对上一年有保存价值的文件材料进行分类立卷，保证在上半年内将上一年的文件整理归档完毕，使得学院的档案管理工作有条不紊。下面是该学院有保存价值的一部分待归文件：

责任者	文件字号	文件标题	文件日期
新星学院		健强白蚁防治工程有限公司服务合同书	2010.6.28
新星学院		光明太阳能有限公司防爆齿轮输油泵安装合同	2010.7.2
新星学院		穗丰广告公司宣传标语拆迁维修施工合同	2010.9.10
新星学院		绿景园林艺术绿化工程有限公司绿化养护承包合同	2010.9.12
新星学院		大和文化发展有限公司购销合同	2010.9.30
院团委	新院团〔2010〕1号	2009—2010学年度第二学期院团委工作计划	2010.1.10
院团委	新院团〔2010〕8号	2009—2010学年度第二学期院团委工作总结	2010.6.23
院团委	新院团〔2010〕12号	2010—2011学年度第一学期院团委工作计划	2010.9.12
院团委	新院团〔2010〕18号	2010—2011学年度第一学期院团委工作总结	2010.12.29
院党委	新院党〔2010〕47号	关于批准马××等同志为中共正式党员的决定	2010.6.29
院党委	新院党〔2010〕61号	关于吸收陈××等同志为中共预备党员的决定	2010.7.1
院党委	新院党〔2010〕73号	关于批准张××等同志为中共正式党员的决定	2010.9.13
院党委	新院党〔2010〕75号	关于吸收林×等同志为中共正式党员的决定	2010.10.22
院党委	新院党〔2010〕82号	新星学院2010年全院党员名册	2010.12.18
新星学院		广东省普通高校高职商务英语专业备案表	2010.9.28
新星学院		广东省普通高校高职人力资料管理专业备案表	2010.9.28
新星学院		广东省普通高校高职现代教育技术专业备案表	2010.9.28
新星学院		广东省普通高校高职会计专业电算化专业备案表	2010.9.28
新星学院		广东省普通高校高职广告设计与制作专业备案表	2010.9.28
新星学院		物流管理专业教学计划	2010.7.2

续表

责任者	文件字号	文件标题	文件日期
新星学院		国际贸易专业教学计划	2010.7.2
新星学院		计算机应用技术专业（电脑营销）教学计划	2010.6.30
新星学院		计算机应用技术专业（办公自动化）教学计划	2010.6.30
新星学院		旅游管理专业教学计划	2010.7.2
新星学院	新院〔2010〕12号	关于张××等同志的任免通知	2010.3.15
新星学院	新院〔2010〕19号	关于梁××等同志的任免通知	2010.4.30
新星学院	新院〔2010〕21号	关于陈××同志的免职通知	2010.4.30
新星学院	新院〔2010〕29号	关于调整谭××等同志工作岗位的通知	2010.6.18
新星学院	新院〔2010〕61号	新星学院2010年人员调配通知	2010.7.3
新星学院	新院〔2010〕20号	关于调整校园治安综合治理委员会的通知	2010.6.13
新星学院	新院〔2010〕32号	新星学院校园治安综合治理领导责任制实施办法	2010.6.20
新星学院	新院〔2010〕36号	关于任命防火责任人的通知	2010.6.30
新星学院	新院〔2010〕52号	关于印发《2010年新生报到期间突发事件应急预案》的通知	2010.8.30
新星学院	新院〔2010〕80号	关于印发《2010年校运会突发事件应急预案》通知	2010.11.20

（注：以上材料均属虚构，仅供实训之用。）

2. 任务要求

对上述文件进行整理立卷。

> 知识准备

档案整理是按照一定的原则和方法，对档案进行区分全宗、分类、立卷、编制案卷目录等一系列的活动。它的目的是建立档案实体的管理秩序，为档案鉴定、保管、检索、利用、编研等工作奠定基础。

一、档案整理工作概述

（一）档案整理工作的内容

档案整理工作就是根据档案的形成规律，对其进行基本的分类、组合、排列和编目，使之系统起来。其目的是建立有序化的档案实体保管系统，便于档案的日常维护、调阅和归档。

档案整理工作包括六大环节：区分全宗，全宗内档案的分类，案卷的立卷，卷内文件整理，案卷的排列和编号，案卷目录的编制。这些环节一般由不同的工作机构和工作人员分别承担，其中文书的立卷一般由文书部门或者文书人员承担；全宗内档案的分类、案卷排列和编号、编制案卷目录等环节一般由档案室承担；而全宗的划分和排列多由档案馆承担。但在某些特殊情况下，档案室和档案馆也要承担部分或全部整理工作。

（二）档案整理工作的意义

档案整理工作在档案总体管理中具有重要意义。档案整理的质量直接关系到档案的利用。它是档案利用、开放，发挥作用的一个前提条件，也是开发档案信息资源的重要基础。档案整理科学化和标准化的提高，对于档案管理工作的总体优化具有直接和广泛的影响。

（三）档案整理工作的原则

1. 保持文件之间的历史联系

每个单位在行使职能活动中，必然要与其他单位发生各种关系，而在此过程中必然产生大量的文件。文件在产生和处理过程中所形成的内部相互关系，在档案工作中被称为"文件之间的历史联系"。整理档案，应该按照文件之间的历史联系进行基本的分门别类，从而使得档案能够客观地反映其形成者的历史面貌。

文件之间的历史联系，主要表现在文件的来源、时间、内容和形式四个方面：

第一，来源方面的联系。文件的来源一般指形成档案的社会组织或个人。文件是以一定的机关及其内部组织机构或一定的个人为单位，有机地形成的。形成文件的这些单位，使文件构成了来源方面不可分割的历史联系。所以，整理档案时首先要保持文件在来源上的联系，同时不同来源的档案也不能混淆在一起。

第二，时间方面的联系。文件的时间一般是指其形成的时间。形成档案的机关和个人所进行的具体活动，都有一定的过程和阶段性，因而使文件之间具有自然的时间联系。整理档案时，要保持文件之间在时间上的联系，从而体现其形成者活动的阶段性、连续性和完整性。

第三，内容方面的联系。文件的内容一般是指其所涉及的具体事务或问题。文件是机关或个人在履行一定职责的各种活动中，为了解决一定问题而产生的。其形成者的特定活动，使文件之间在内容上具有密切联系。因此，整理档案时，要保持文件之间在内容上的联系。

第四，形式方面的联系。文件的内容必然通过一定的形式表现出来。所谓文件形式，包括种类、名称、载体和记录方式等，这也构成了文件之间的一定联系。整理档案时，保持文件之间在形式上的联系，有利于档案的保管和利用。

2. 充分利用原有的整理基础

在进行档案整理工作时，不要轻易打乱档案，充分重视和利用先前的整理基础，确定档案整理的任务和要求，不要轻易打乱重整。在原有成果基本可用的情况下，要维持档案原有的秩序。

必要时可进行适当的整理，但重新整理时应尽可能利用原有基础中的可取之处。必须整理的档案，要注意研究原有的整理基础，弄清楚哪些是合理的，哪些是不合理的，对原有基础中的可取之处尽可能保留或利用。

3. 便于保管和利用

保持文件之间的历史联系，不是整理档案的主要目的，所以不能为联系而联系。便于保管和查找档案，才是档案整理工作的基本出发点和最终要求。例如，产生于同一个会议的档案，有纸质文件、照片、录像材料、电子文件等，它们的保管要求各不相同，在整理档案时要综合考虑各种因素，在保持文件之间历史联系的前提下，可采取分别整理的方法，以利于档案的保管和利用。

二、全宗的划分

（一）全宗的概念

全宗是一个具有独立的单位或个人在其社会活动中所形成的全部档案的总称，是一个表示档案范围的计量单位。如广东省人民政府的全部档案，被称为"广东省人民政府全宗"；毛泽东的全部档案，被称为"毛泽东全宗"。其含义包括三个要点：

第一，全宗是一个有机整体。同一全宗的档案不能分散，不同全宗的档案不能混杂。

第二，全宗是在一定历史活动中形成的。全宗的这种整体性具有客观性，而不是纯粹人为的（即任意的）。全宗的整体性是由其内部的历史联系所决定的。

第三，全宗是以一定的社会单位为基础而构成的。全宗是以产生它的机关、组织和个人为单位而构成的。这就为档案全宗这种整体确定了一个时空范围以及纵向和横向间的区分标志。

（二）立档单位及其条件

立档单位是指构成全宗的具有独立性的单位或个人，也称为"全宗构成者"。全宗指档案而言，立档单位指组织单位而言，两者是不同的概念。立档单位的构成条件有：

一是行政上可以独立行使职权，能以自己的名义对外行文。

二是经济上是一个会计主体或经济核算单位，自己可以编制预算或财务计划。

三是组织上设有管理人事的机构或人员，并有一定的人事任免权。

这三个条件中，最重要的是第一个条件。某些情况下，一些单位不能同时具备立档单位的三个条件，在这种情况下，判断其是否为立档单位，主要依据第一个条件，看其能否独立行使职权和以自己的名义对外行文。

判断一个单位是否为立档单位，不能只依靠单位人数、级别大小，一般应从规定该组织单位职权的法规性、领导性文件和实际活动两个方面去分析。此外，还可以考察该单位的文书处理工作、单位名称、印信等。

（三）立档单位的变化和全宗划分

由于社会活动的需要和社会职能的分化、调整，常常会引起一些立档单位的增设、撤销、合并等，而这些变化又会牵涉到全宗的划分。有的变化是根本性的，应当产生新的立档单位和全宗；有的变化是非根本性的，不能成立新的立档单位和全宗。

1. 立档单位发生根本性的变化与全宗的划分

第一，立档单位被撤销，工作终止，其档案应作为独立的全宗予以保存。

第二，由几个立档单位合并组成新的立档单位，合并前的档案分别构成独立全宗，合并后形成的档案构成一个新的全宗。

第三，立档单位的某个内部机构或职能独立出来而形成新的立档单位时，其独立之前的档案作为其原所在立档单位全宗的一部分，独立后形成的档案构成新的全宗。

第四，某单位的某内部机构或某职能直接并入其他立档单位时，该内部机构或职能并入前的档案是原所在立档单位全宗的一部分，并入后的档案成为所并入立档单位全宗的一部分。

第五，合署办公的立档单位，其档案如果能区分开，一般应分别构成全宗；如果档案确实难以区分，可以按照全宗的补充形式处理，组建联合全宗。

2. 立档单位发生非根本性的变化与全宗的划分

立档单位的名称变更和地址变迁，但基本职能不发生改变的，不影响全宗的变化；立档单位的领导关系改变、工作范围的扩大或缩小，但基本职能不发生改变的，不影响全宗的变化；立档单位内设机构的增减，短期停止活动，以后又恢复等，其全宗应继续延续。

3. 临时机构和派出机构档案的全宗归属

临时机构一般不单独建立全宗，其档案应纳入主管机关档案全宗统一管理，但属于党委、政府直接领导，执行全面性的任务，为期比较长的，应建立单独全宗。

派出机构不具有社会独立性，所以其档案不能构成全宗，一般作为其所属立档单位全宗的一部分，实施统一管理或单独管理。

4. 立档单位中党、团、工会等组织档案的全宗归属

各单位中党、团、工会等组织形成的档案，均作为其所在立档单位全宗的一部分，按照内部组织机构的档案对待。

（四）人物全宗

人物全宗是社会知名人士（如社会活动家、科学家、艺术家、教育家、企业家、英雄模范等）在其一生活动中形成的档案整体。整理人物全宗需要注意两点：一是不得收入官方档案原件；二是一个人一生无论身份、政治立场如何变化，只构成一个全宗。

人物全宗的收集问题涉及个人全宗与公共全宗的关系问题。许多个人档案都是在公务活动中形成的。个人在公务活动中形成的文件，原件应放在立档单位全宗中，复印件或附件可归入个人全宗；另外，个人在非公务活动中形成的文件，原件应归入个人全宗。

（五）全宗群

全宗群是指由若干具有一定联系的全宗构成的群体。全宗群的划分以立档单位的存在时期、地区和职能性质为标准，根据馆藏的特点，按其横向或纵向的联系划分和组建全宗群。

三、全宗内档案的分类

全宗内档案的分类是指按照来源、内容、时间或其他形式特征，将立档单位所形成的档案划分为若干类别，使之条理化的工作。

（一）分类的意义

全宗内档案的分类，对于整个档案整理工作的组织和质量以及日常的档案管理，都有

重要的意义。

档案经过区分全宗之后，如不经过分类，就是一堆杂乱无章的材料，只有对全宗内档案进行合理的分类，才能揭示出它们之间的内在联系，真正使全宗成为一个有机整体，便于系统地提供利用。

就整个整理工作的程序而言，只有经过分类，其后的一系列环节才易于着手和逐步深入。

（二）分类的要求

1. 科学性

立档单位的社会职能、规模等各方面的具体情况决定了其档案具有各自的内容、形式特点。因此，全宗内档案的分类要根据每一个立档单位的形成规律，选择适合的分类方法，合理地设置类目，准确地归类；分类的结果应该符合全宗档案的客观状况，维护立档单位的历史面貌。

分类时，要按档案本身的内在联系进行，保持原有的历史联系。类目的设置应力求合理，层次分明，层次一般分一层，大型机关可分到二层或三层，层次不宜过多。

2. 实用性

全宗内档案的分类应考虑便于保管、检索和利用的要求，从现实需要出发，确定分类策略，选择分类方法。

3. 逻辑性

分类作为一种管理方法，必须遵守逻辑规则。

第一，类别必须覆盖全部档案，不能出现"虚类"。所设置类别的总和必须覆盖全部档案，既不能出现无实际档案的"虚类"，也不允许存在未纳入任何类别的"多余"档案。

第二，同一层次分类方法必须一致。如某机关档案分为两个层次，第一层次用年度分类法，第二层次用组织机构分类法，这是可以的；但如果在第一层次中，某些分类用年度分类法，某些分类又用组织机构分类法，则是违反了逻辑规则。

第三，同一层次各类别间不能互相交叉、包容。如某公司档案在采用问题分类法时，同一层次既设有"宣传类"，又设有"公关类"，则属于概念上的相互包容，会导致不知道某些文件应该归入"宣传类"还是归入"公关类"现象的出现。

（三）分类的方法

分类方法要从档案的形成特点和规律出发，符合文件的历史状况，保持它们之间的历史联系。分类的一般方法有：

一是时间分类法。可分为年度分类法、时期分类法。

二是来源分类法。可分为组织机构分类法、作者分类法、通讯者分类法。

三是内容分类法。可分为问题分类法、实物分类法、地理分类法。

四是形式分类法。可分为按文件种类分类、按文件载体形态分类、按文件形状规格分类。

1. 常用的分类方法

（1）年度分类法

年度分类法就是以形成文件的自然年度或专门年度为标准将档案分成各个类别，如图3-1所示。

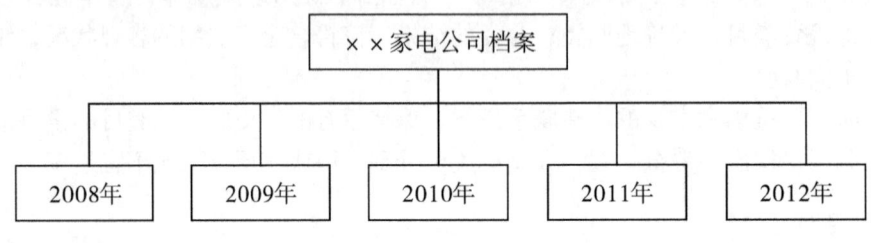

图3-1　年度分类法示意

一般来说，根据文件的准确日期归入相应的年度类别，但对于下面几种情况的文件，应准确判断其所属年度。

第一，文件有两个或两个以上日期，又不是一个年度的。

① 文件的制发日期与收到日期属于不同年度时，一般归入收到日期所在年度。

② 文件的制发日期、批准日期、生效日期属于不同年度时，一般文件以制发日期为准，法律规范类文件应放在文件生效年立卷。

③ 跨年度请示和批复，放在复文年立卷；没有复文则放在请示年立卷。

④ 计划、总结、预算、决算、统计报表等文件，制发日期和内容针对时间属于不同年度的，以内容针对时间为准。

⑤ 跨年度的计划、预算类文件，放在文件内容针对的第一年立卷。

⑥ 跨年度的总结、决算、统计报表类文件，放在文件内容针对的最后一年立卷。

⑦ 两个内容的跨年度文件，应视内容重点，归入相应年度。

⑧ 跨年度形成的文件，如召开会议、处理案件等文件归档时应放入办结年度。

⑨ 跨年度的基建等工程文件，放在竣工年立卷；科研项目文件归入验收完毕年。

第二，按专业年度形成的文件。某些专业采用与自然年度不同的年度进行工作，如学校采用的是教学年度——学年，即每年9月1日到次年8月31日为一个学年度。在这种情况下,如果其所有的工作都按照专业年度运行,那么其档案也应该按专业年度分类、归类。如果一个单位主要业务按专门年度进行,其他工作仍按一般年度进行,在按年度分类时,应该将以专门年度进行工作形成的文件按专门年度分类,其他文件按自然年度分类,然后将两种年度的文件,按照相应的年度合并为一类,如"2009年度与2009—2010学年第一学期"。

第三,没有日期的文件。某些文件出于各种原因,没有标明日期的,应运用多种方法来判定和考证文件的准确日期或接近日期。如分析文件的内容、格式、标记、制成材料等都是行之有效的方法。将日期不明的文件与标明日期的文件进行比较对照,也可以帮助判定文件所属年度。

(2) 组织机构分类法

组织机构分类法就是以立档单位内设组织机构为分类标志,将档案分成各个类别,如图3-2所示。使用组织机构分类法的单位必须具备以下条件:第一,立档单位内部要设立一定数量的内部机构,且内部机构要比较稳定;第二,立档单位内部机构之间的档案界限清楚,便于识别和区分。

组织机构分类法一般按立档单位内部机构的序列设置类别,即一个机构为一类,内部机构名称就是类别名称。具体的分类层次主要取决于立档单位规模的大小和档案数量的多少。通常,大型组织机构层次多,档案数量大,类别可以分到内部机构的第二层或第三层;一般对于大多数中小型立档单位而言,按第一层组织机构分类即可。

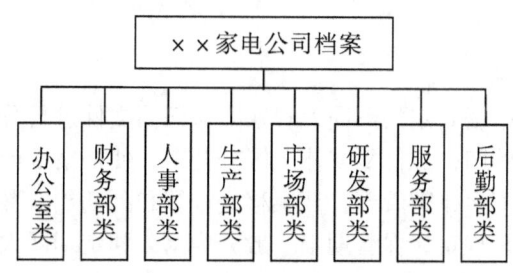

图3-2 组织机构分类法示意

按组织机构分类时要注意跨部门形成的文件的归类:

① 归类的依据是看哪个机构对文件进行了实质性的办理工作,而不能仅看发文名义或处理名义。

② 由立档单位领导人或中心机构(综合部门)负责起草办理的全局性、综合性文件,应归入中心机构(综合部门),即办公厅(室)类。

③ 业务部门起草的全局性、综合性文件,归中心机构(综合部门)。

④ 联合办理的文件归主办部门,如无法判断牵头机构,则将文件归入现实存放的机构或中心机构。

⑤ 以机关名义召开的综合性会议的文件，归中心机构（综合部门）。
⑥ 参加上级会议的文件，全局性的归中心机构（综合部门），业务性的归业务部门。
⑦ 领导人兼任职务文件，分别归有关部门或机关。

(3) 问题分类法

问题分类法就是以文件内容所涉及的主题为标准，将档案分成各个类别，又称"事由分类法"，是一种逻辑性质的分类方法。问题分类法的适用范围包括：第一，立档单位内部机构变动频繁，职能分工界限不清，或内部机构数量很少；第二，立档单位内部机构的档案混淆，难以区分，或档案数量少。

在分类时，要根据实际情况拟定类别，所设类别不宜过细或者过于具体。为解决记述全面情况、涉及若干方面工作或特殊内容的档案的归属问题，一般应设置一个"综合类"或"总类"，并置于所有类目之前，如图3-3所示。

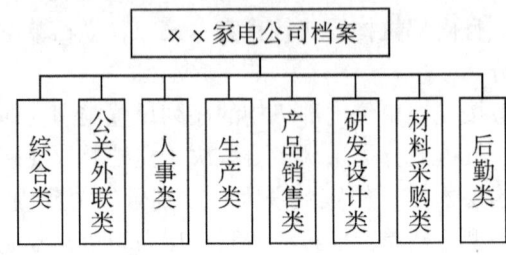

图3-3 问题分类法示意

(4) 保管期限分类法

保管期限分类法是根据划定的不同保管期限对归档文件进行分类。采用保管期限分类法，能将不同保管价值的归档文件从实体上区分开来，使档案部门能够有针对性地采取整理和保护措施，同时为库房排架管理、档案移交进馆和到期档案鉴定等工作提供便利。

根据我国的档案整理规定，保管期限一般分为永久和定期两大类（如图3-4所示）。

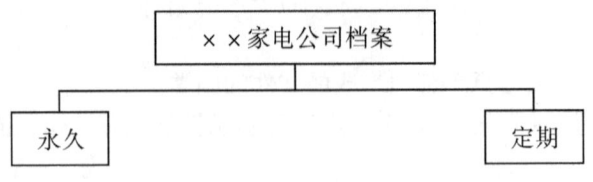

图3-4 保管期限分类法示意

2. 分类方法的结合使用（复式分类法）

上述几种分类方法，在实际工作中单纯地采用一种分类方法是很少见的，大多是两种方法结合使用，称之为复式结构分类法。复式结构分类法在应用上比较灵活，适用面比较广。通常的结合方式有以下四种：

(1) 保管期限—年度—组织机构分类法

全宗内档案先按保管期限分类，再在每个保管期限下按年度分类，最后在每个年度类下再按内部机构分类。适用于立档单位内部机构比较稳定、不复杂，且档案之间界限比较清晰的现行机关档案分类，如图3-5所示。

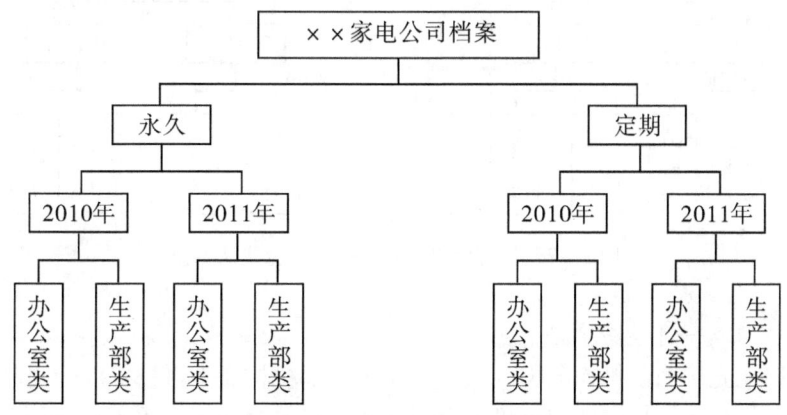

图3-5 保管期限—年度—组织机构分类法示意

(2) 年度—组织机构—保管期限分类法

全宗内档案先按年度分类，再在每个年度下按内部机构分类，最后在组织机构下按保管期限分类，如图3-6所示。

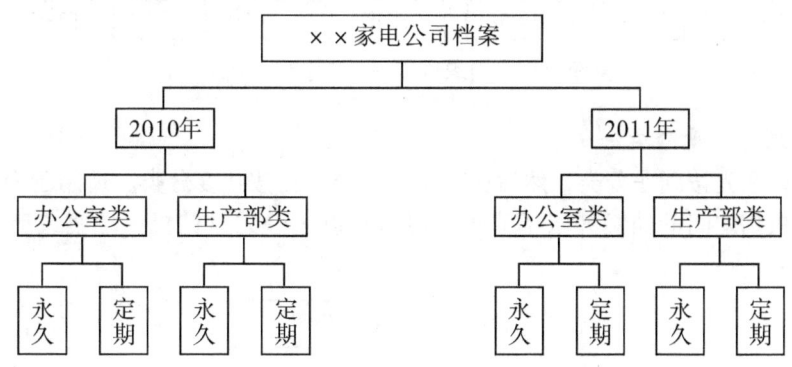

图3-6 年度—组织机构—保管期限分类法示意

(3) 保管期限—年度—问题分类法

全宗内档案先按保管期限分类，再在每个保管期限下按年度分类，最后在每个年度类下再按问题分类。适用于立档单位内部组织机构很少，或者内部机构变化频繁，内部机构之间的档案界限不清晰，无法按组织机构区分的现行机关档案的分类，如图3-7所示。

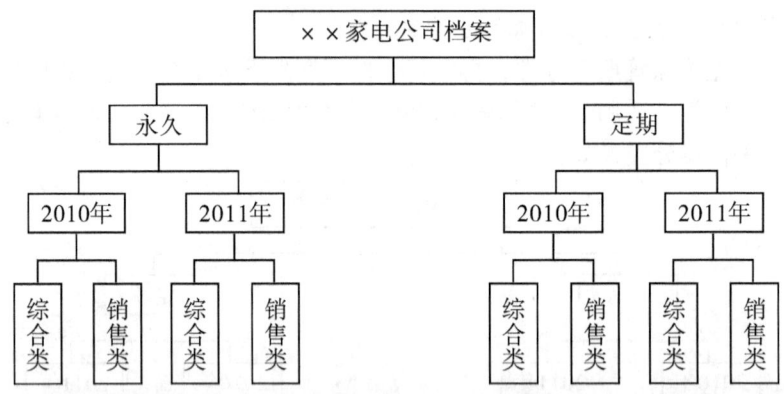

图3-7 保管期限—年度—问题分类法示意

(4) 组织机构—年度分类法

全宗内档案先按内部机构分类，然后在每个内部机构类下再按年度分类。适用于立档单位内部组织机构比较稳定的现行机关全宗或撤销机关全宗，如图3-8所示。

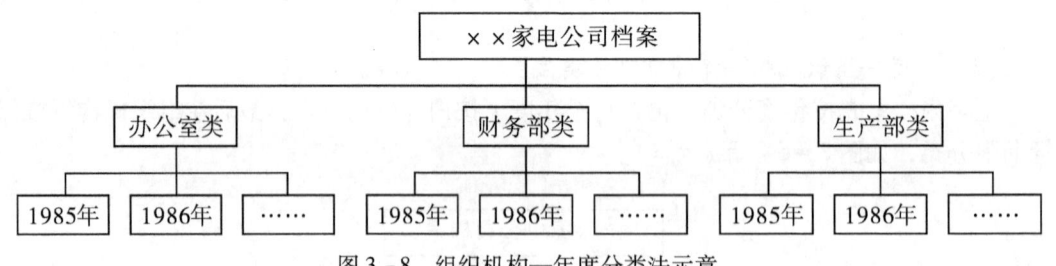

图3-8 组织机构—年度分类法示意

(5) 问题—年度分类法

全宗内档案先按问题分类，然后在每个问题类下再按年度分类。适用于内部机构变动频繁且内部机构之间的档案界限不清晰、混淆难以区分的撤销机关档案或历史档案的分类，如图3-9所示。

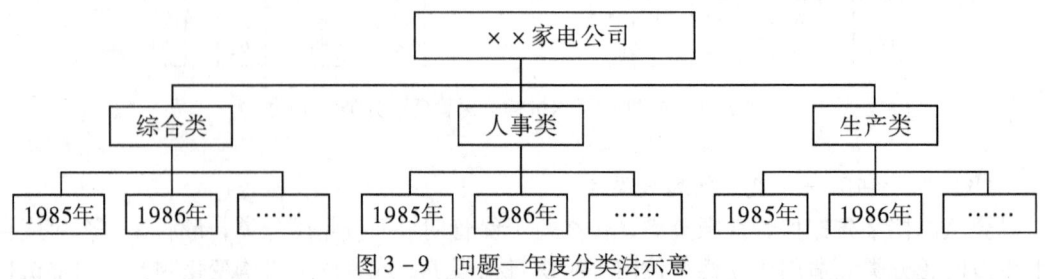

图3-9 问题—年度分类法示意

四、立卷

立卷是文件转化为档案的一个重要组织措施，是档案整理工作的重要内容之一。将一个类内的若干文件进一步系统化，组成案卷，称为"立卷"，又称"组卷"。立卷的具体步骤包括：组合案卷，拟写案卷标题，卷内文件的排列与编号，填写卷内文件目录和备考表，案卷封面的编目，案卷的装订。

（一）立卷的方法

目前，我国文书档案基本的立卷方法是"六个特征立卷法"，即根据文件在问题、作者、时间、名称、地区和通讯者特征六个方面的共同点将文件组合成案卷的方法。

1. 按问题特征立卷

按问题特征立卷即将内容反映同一事件、问题、人物、工作活动、案件等的文件组合成一个案卷。

这种立卷方法的优点是：既保持了文件之间的有机联系，又便于查找利用。

在使用这种立卷方法时应注意：

第一，这种立卷方法使用频率虽最高，但并不是任何文件都能使用（如综合性文件）。

第二，应准确划分"问题"。

第三，可根据文件数量多少酌情组卷，如同一问题的文件数量多，可适当分成几个小问题；少的话，就用大问题概括；如干部工作又可再细分为干部任免、干部调配、干部奖惩等数卷。

第四，虽属于同一问题的文书，如果保存价值相差悬殊，也应分开立卷。

2. 按作者特征立卷

按作者特征立卷即将同一作者制发的文件组合成一个案卷。

这种立卷方法的优点是：便于反映同一作者的工作活动，使利用者便于了解文件的来源、行文关系和重要程度。适用于外来文（主要是上级来文）的立卷，以表示作者的权威性，也为查找某一上级文件提供了极大的方便。

3. 按名称特征立卷

名称指文件的名称，如指示、通知、请示、报告、计划等。按名称特征立卷即将相同名称的文件组合成一个案卷。

这种立卷方法的优点是：由于不同名称的文件反映了文件在形成者的地位、用途、性质、价值等方面的不同，因此按名称特征立卷，能反映出案卷的重要程度和价值，便于区分文件的不同价值。适用于会议记录、计划、报告、总结、情况简报等综合性文件,命令、决定、决议等领导指导性文件,合同、协议书、统计表等专业性很强的文件。

在使用这种方法立卷时应注意:

第一,文件不多时,名称相近、保存价值相近的文件也可以合并立卷。如决议和决定,条例、办法与章则,指示、意见与带有指示性质的通知;计划、规划、安排、打算与工作要点;报告、总结、汇报与工作情况等。

第二,合并时注意不要把名称相同而反映的问题的内容性质和价值不同的文件组合在一起。如通知具体事宜的通知与指示性的通知不同。

4. 按时间特征立卷

按时间特征立卷即将针对同一年度或同一时期(相同时间段)的文件组合成一个案卷。

这种立卷方法的优点是:保持文件在时间上的联系,反映特定时间范围内的工作情况与特点。便于按时间线索查找文件和查考机关在不同阶段的工作情况。

在使用这种方法立卷时应注意跨年度的文件形成年度与文件内容所针对的年度不同的文件。

5. 按地区特征立卷

按地区特征立卷即将内容反映同一地区的某些文件组合成一个案卷。地区,可以是行政区域,如省、地、县、乡等行政区;也可指地理、自然区域,如长江流域、东北平原、珠江三角洲等。

这种立卷方法的优点是:便于反映一个地区的工作情况或有关问题的处理情况。多用于上级机关针对下属机关的来文、调查统计资料和某些专门文书。

6. 按通讯者特征立卷

通讯者指收发文机关双方。按通讯者特征立卷即将本单位与某一单位就同一问题进行工作联系而形成的问复性函件(往来文书)组合成一个案卷。

这种立卷方法的构成条件是:

一是作者——本单位与某一单位。

二是内容——同一问题。

三是文件——问复性函件。

在使用这种方法立卷时应注意:

第一,不能将本机关与某一机关互发的其他文件按此特征组卷。

第二,单位必须是平行的、不相隶属的,凡是上下级之间的来往文书不能使用通讯者特征立卷。

（二）立卷特征的灵活运用

1. 按文书的不同类型，采用不同特征立卷

计划、总结、类型特殊的统计报表、合同、名册，协议书、登记簿、交接凭证等按名称特征立卷比较好。

单一的、专题性工作形成的文件，如一项工程、一个案件、一项专门工作等按问题特征立卷比较好。

文书内容涉及地区性情况及统计数字材料的，按地区特征立卷较好。

2. 抓住主要特征，结合其他特征立卷

通常以一个特征为主，结合其他一两个特征进行立卷。

（三）拟写案卷标题的要求和方法

1. 政治观点正确

案卷标题的用词、用字应与国家政策及政治立场保持一致。

2. 内容准确、语言精练

要用简练的文字全面、准确、具体地揭示卷内文件的内容和成分，既要避免过于抽象笼统，也要避免具体罗列文件标题。一般以三四十字为宜，最好不要超过40字。

3. 结构完整，顺序统一

一般应表明卷内文件的责任者、问题、名称三个部分，排列的顺序通常是：

责任者—（时间）—问题—名称
（地区）　　　　　（地区）
（通讯者）　　　　（人物）

（1）拟写责任者时的注意事项

第一，可用简称，但要用规范的简称或习惯的简称。

第二，若卷内文件责任者较多，在标题中不可能全部标明时，标明主要责任者即可，后面加上等字。

第三，若责任者较多，在标题中不可能全部标明时，可以把同一系统、同一性质或同一地区的文件责任者概括标明。

（2）拟写问题时的注意事项

第一，具体、准确。

第二，简明扼要，高度概括。如卷内文件涉及问题很多，同类性质的问题可以概括，不同性质的问题可以列主要的，其他用"等"字代替。

（3）拟写名称时的注意事项

第一，卷内文件名称不是很多时，应尽可能全部列出。

第二，省略。卷内文件如文种较多时，可标出多数文件或几个主要文件名称，并按重要程度进行排列，其余用"等"字代替。

第三，概括。卷内文件如文种较多时，也可以将一些性质相同的文件概括为一个名称。如计划、纲要、要点、安排等名称，可以概括标为"计划"。

第四，对于围绕案件形成的案卷、会议案卷、按通讯者特征形成的一般案卷，以及正式文件以外的参辅材料形成的案卷，其标题名称可分别用"案卷"、"文件"、"往来文书"、"材料（有关材料）（材料汇编）"等专用名称予以概括。

（4）拟写时间时的注意事项

第一，凡属计划、总结、预算、统计报表及会议记录、简报等内容针对时间明显或按时间顺序形成的文件，应标明具体时间；其他针对时间不明显者可不标。

第二，卷内文件的时间必须具体、确切，不能含混不清。如不可把"1999年"写成"99年"，更不可用"今年"、"明年"等指代含糊的词。

（5）拟写地区时的注意事项

第一，对同属较大地区范围的若干责任者，可以用大的地区概念加以概括。

第二，涉及地区较多又不便概括时，可以标出主要地区兼指明涉及地区的数量，其后用"等"字或加具体数字简略标明。

（6）拟写通讯者时的注意事项

如果通讯者很多，则标几个主要的，同一性质的机关可以概括一个总称。

（四）卷内文件的排列与编号

1. 卷内文件的排列方法

卷内文件排列的目的是建立卷内文件之间的顺序，以便于管理和查找利用，卷内文件排列一般采用若干文件特征相结合的方法。文字材料的档案按问题、时间或重要程度排列。一般而言，卷内文件排列要注意以下事项：

第一，卷内文件材料要求文字材料在前，图样在后。

第二，卷内文件材料只有一个责任者、一个具体问题的，可按文件形成的规律、联系、重要程度及时间顺序排列。

第三，卷内文件材料有一个责任者、几个具体问题的，可先按问题的重要程度排列，后按文件材料联系或时间排列。

第四，卷内文件材料有几个责任者、一个问题的，可先按文件材料内容联系，再按责任者的一般级别分开，上级在前，下级在后；上级来文，对整个案卷起到统令性的文件放最前面。

第五，卷内文件材料有几个责任者、几个问题的，应先按问题联系，后按责任者或时间排列。

第六，卷内文件材料有几个地区的，可按文件材料的联系或地区和时间排列。

第七，会议文件按会议议程或会议材料的重要程度排列。

第八，会议文件、统计报表等成套性文件可集中按时间排列。

第九，若干人物性的文件材料组成的案卷，可按姓氏笔画或音序排列。

第十，密不可分的文件材料应依序排列在一起。注意保持请示与批复、正文与附件、同一文件的各种不同稿本（正本、原稿、草案等）之间不可分离的联系：

① 正本在前，定稿、草稿在后。
② 文件处理单在前，正文在后。
③ 正文在前，附件在后。
④ 原件在前，复制件在后。
⑤ 转发文在前，被转发文在后。
⑥ 计划在前，总结在后。
⑦ 复文（批复）在前，来文（请示）在后。
⑧ 案件性文件，结论、决定、判决性材料在前，综合性报告其次，依据性材料（旁证、罪证等）在后。

2. 卷内文件编号

卷内文件编号是指对案卷内每页文件进行排列，并用阿拉伯数字给文件编页号，以固定它们的排列顺序，这样便于统计和保护文件。

（1）编号要求

第一，每卷单独编号，页号从"1"开始。编号要细致、准确、统一、有序，禁忌漏号、空号、重号；卷内所有文件应逐张连续进行编号，不得遗漏，不得断号跳开。

第二，编号时，凡有文字或图像的版面均应作为一页，进行编号，一页编一个号，空白页不编号。

第三，编号时，编号应当先用铅笔，经检查准确无误后，再用打号机打号。编号后要仔细检查，若发现错误应立即更正。如6号重编了一页（即有两张第6页），可将6号分为甲、乙，写成6甲、6乙，并在备考表中注明"第6页共两页"。发现漏号的，如第6页后第7页写成了第8页，可将第6页改写成"6~7页"，并在备考表中注明"6~7页，共1页"。

（2）编号位置

左侧装订的案卷，文件的正面在右下角编号，背面在左下角编号。右侧装订的案卷，文件的正面在左下角编号,背面在右下角编号。照片、图表等文件材料,正面难于编号的,可在背面编号。

(五)填写卷内文件目录和备考表

1. 编制卷内文件目录

卷内文件目录是附着于案卷卷首的、介绍卷内文件内容和成分的卷内文件索引条目,是案卷的重要组成部分。《文书档案案卷格式》规定了文书档案卷内文件目录的格式,一共包括七项内容,如表3-1所示。

卷内目录要用钢笔或毛笔填写,如能打印最好。卷内目录可一式三份,一份装在案卷中,一份留在立卷部门供查阅,一份与案卷目录合编为全引目录,作为检索工具。

表3-1 卷内文件目录

顺序号	文号	责任者	题名	日期	页号	备注

(1)顺序号

指卷内文件排列顺序的编号,又称件号。按每份文件在案卷中的顺序依次填写。每份文件占一个顺序号,用阿拉伯数字填写一个栏目。

(2)文号

文号即发文字号,一般包括发文机关代字、年度和发文顺序号三个组成部分。凡有发文字号的文件,都应完整地填入"文号"栏内,没有的可以空着不填,也可以填写收文号。

(3)责任者

责任者是制发文件的组织或个人,即文件的发文机关或署名者。一般填责任者全称,若全称太长,可用通用的简称。

(4)题名

题名即文件标题,凡文件原有标题较正确的,一般如实抄录。

无标题或原文标题过于简单不能反映文件内容的,应重新拟写。如原文标题只有文种名称的,要概括出事由加在文种名称前;标题出现文号但未写明具体内容的,应根据原文内容进行补充。凡自拟、改换、补充的标题,应外加上方括号([ ]),以示区别,并在备注栏或备考表中说明。

(5) 日期

日期指文件形成的时间（以文件签发日期为准），即落款日期。填写时可省略"年"、"月"、"日"三字，用阿拉伯数字在年、月、日间加"."分隔表示具体日期，如"2010.9.18"。

(6) 页号

页号指卷内文件页的顺序号，应填写文件在卷内所排的起始页号。

填写时除案卷最后一份文件必须填写起止页号外，其他文件一般只需填写每份文件的起始页号。最后一份文件要填写起止页号。如最后一份文件由第31到第50页组成，就应写为"31~50"。

(7) 备注

在必要时填写必须注明的事项，如"缺附件一"、"原件缺标题"等。如卷内文件正常则不用填写。

2. 填写备考表

备考表是记述和反映立卷情况和卷内文件需要说明的事项，以备今后案卷的保管和利用时查考的文件材料，置于卷末。案卷立好后发生或发现的问题由有关的档案管理人员填写并签名，如表3-2所示。

表3-2 卷内备考表

本卷情况说明：
立卷人： 检查人： 年　月　日

(1) 本卷情况说明

是指立卷人对案卷情况的说明，如卷内文件的缺损、修改、补充、移出、销毁等情况。

(2) 立卷人

由立卷者签名。

(3) 检查人

由案卷质量检查者签名。

（4）立卷时间

填写完成立卷的时间。

（六）填写案卷封面

案卷封面一般印刷在案卷卷皮的首面，供填写案卷主要内容和成分的情况。

案卷封面应用毛笔或钢笔正楷书写，字迹工整、清晰、庄重、醒目。现在多用打印，使封面更美观、清晰。

案卷封面项目包括八项：全宗名称、类目名称、案卷题名、时间、保管期限、件（页）数、归档号、档号等，如图3-10所示。

（全宗名称）			
（类目名称）			
（案卷题名）			
自　　年　　月至　　年　　月	保管期限		
本卷共　　件　　页	归档号		
	全宗号	案卷目录号	案卷号

图3-10　案卷封面

1. 全宗名称

即立档单位名称，应用全称或通用简称。

2. 类目名称

即该案卷所属类别的名称（填一级类目），可参考《中国档案分类法》。

3. 案卷题名

即案卷标题，居中书写。

4. 时间

用阿拉伯数字填写卷内文件的起止时间。

5. 保管期限

即该卷划定的保管期限。

6. 件数/页数

装订的案卷填总页数，不装订的案卷填本卷的总件数。

7. 归档号

一般由文件材料年度号、分类号和案卷顺序号组成。不同性质的单位，归档号的编制方式略有区别，可参照《高等学校档案实体分类法》、《工业企业档案实体分类编号方法》、《中国档案分类法》等法规。以高等院校的档案为例，《高等学校档案实体分类法》规定，归档号的结构是：年度号 + 分类号 + 案卷号。

（七）装订案卷

1. 案卷装订概述

案卷装订是文书档案管理工作中不可缺少的一个环节，它是不同规格、不同纸质的文件组成案卷的一种物理手段。案卷的装订是为了固定文件之间的排列顺序，保护文件不受损坏和防止散失，便于保管和利用。

装订的方法是否科学合理，不仅直接影响立卷工作的质量和效率，而且直接影响档案的寿命。装订时应去除原有文件上原有的金属物，采用线装。特别珍贵的文件（图片、证书等）及其他不便装订的文件，可用合适的卷夹、袋、盒等装封。

2. 装订要求

装订后案卷厚度不超过 2 cm，以 1.0~1.5 cm 为宜。装订结实、整齐，做到"五不"：不掉页、不倒页、不压字、不损坏文件、不妨碍阅读。

3. 装订工具

包括起钉器、带钩的针锥或打孔机、棉线绳、铁夹、直尺、铅笔、剪刀、号码机、号码印章、印泥等。

4. 装订方法

（1）清除文件上原有的金属物

目的是防止因金属物氧化生锈损坏文件。清除时注意不能损坏文件材料，如图 3 - 11 所示。

（2）修补加固

对缺损或不规则的文件要进行修补和裱糊。对无装订位置或装订位置上有字迹而不便装订的文件材料，应用无字白纸条粘贴加边。小签条、小便条等不规则文件应粘贴在符合规格要求的白纸上。

（3）理顺文件

第一，检查文件顺序，防止错页、漏页、缺页、夹页和反页。

第二，防止修补加固的遗漏。

第三，理顺纸张，使之平整，防止折角、卷边。

第四，检查案卷组成部分是否齐全，并按顺序排好（案卷封面—卷内文件目录—卷内文件—备考表）。

（4）折叠取齐

封面和封底根据案卷的厚度折叠卷内文件必须下部对齐。在对齐案卷左侧的基础上再对齐案卷的底边和右边，如图 3 - 12、图 3 - 13 所示。

图 3 - 11　清除金属物　　　　图 3 - 12　对齐案卷左侧　　　　图 3 - 13　对齐案卷底边

（5）打孔

案卷装订一般采用三孔一线的打孔装订方法，三孔即在案卷左侧装订线上等距打三个孔（孔距为 10 cm），供穿线装订案卷用。可用打孔机打孔，亦可以手工打孔。

第一，先确定中间的孔位，横向距纸边 1.5 cm，纵向居案卷中间，取纵横两线交叉点，如图 3 - 14 所示。

第二，再以中间孔为基点，上下分别以 10 cm 为间距确定另外两个孔位，如图 3 - 15 所示。

项目三 档案整理

 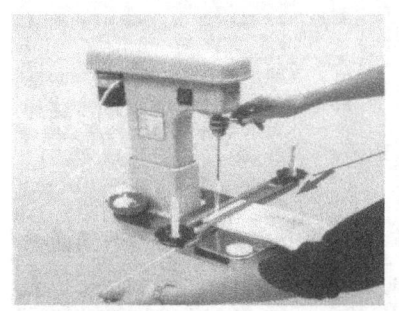

图3-14 确定中间孔位　　　　　　　图3-15 确定两端孔位

(6) 穿线

用一根棉纱线（约80 cm）穿过三孔扎紧案卷。所用线应粗细适中，忌用塑料、尼龙等人造纤维材质的线绳，也不能用带金属物的线绳。

先在中间穿一孔，然后将线两头各穿过一个边孔，再分别穿过中孔的线环，就可以紧线打结了，如图3-16至图3-22所示。

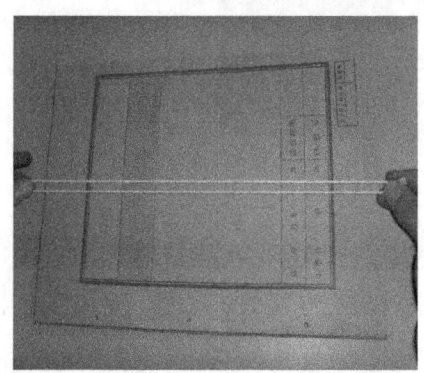 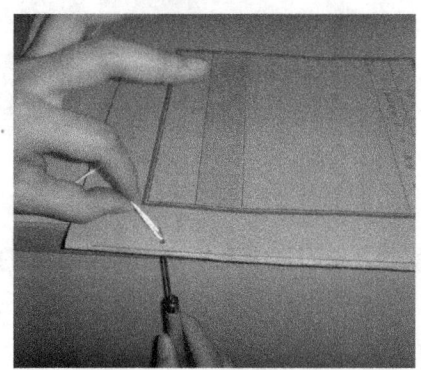

图3-16 取装订线　　　　　　　　图3-17 穿线（1）

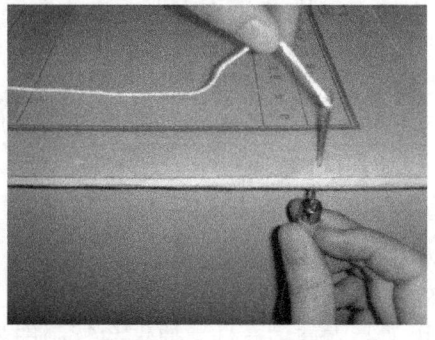 

图3-18 穿线（2）　　　　　　　　图3-19 两端对齐

图 3-20 穿线（3）

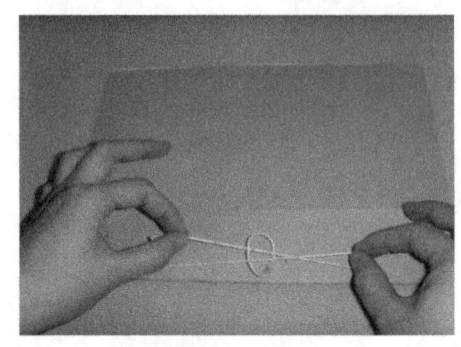
图 3-21 穿线（4）

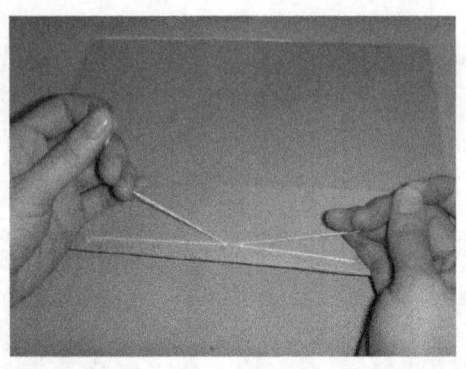
图 3-22 绑实装订线

注意，一定要把中孔的线环穿在案卷的背面，才能保证结头打在案卷的背面。打结最好打蝴蝶结，方便日后案卷的变化，结头应该打在案卷背面的中孔上，要结实、牢固。结头打好后，用木槌或其他工具将结头锤平。

（八）立卷改革

为适应档案管理现代化的需要，提高工作效率，2000年12月6日，国家档案局发布了中华人民共和国档案行业标准 DA/T 22—2000《归档文件整理规则》（以下简称《规则》）。《规则》以"简化整理、深化检索"为宗旨，对原有的归档文件整理方法进行了改革，推行文件级整理，大幅度地简化了整理工作中的手工操作。《规则》提出的整理方法与以往相比，其中最根本的一点就是整理单位的不同。传统上是以"卷"为单位进行的，改革后则以"件"为单位。以"件"为单位与以"卷"为单位的区别在于：

一是取消案卷，实行文件级管理，免除了烦琐、复杂的组卷过程。

二是界定"件"的概念时，从检索的实际需要及减轻整理工作量出发，规定"一般以每份文件为一件，文件正本与定稿为一件，正文与附件为一件，原件与复制件为一件，转发文与被转发文为一件，报表、名册、图册等一册（本）为一件，来文与复文可为一件"。

三是分类方法固定为年限、保管期限、机构（问题）三种，并允许各单位视具体情况组合及简化分类层次。

四是装订以"件"为单位进行，对装订材料不作统一规定，只要符合保护要求即可，装订方法也不限于三孔一线，并可随办、随归、随装盒。

五是文件排列方法强调按事由排列，时间、重要程度等作为参考因素，可根据实际情况选用，排列方法灵活，便于查阅，利于保密。

六是归档章的位置不限于首页右上角，首页空白处皆可；同时，对章上项目加以调整，只保留检索必备项目。

七是取消案卷、卷内文件两级目录，只编以"件"为单位的归档文件目录；无需编卷内文件的页号，无需拟写案卷题名和填写案卷封面，只需填写档案盒盒脊。

八是文件直接装盒保管，档案盒的项目设置有了较大变化：封面只设"全宗名称"项，取消了"类目名称、案卷题名、起止时间、保管期限、件页数量、全宗号、目录号、案卷号、归档号"等项目；盒脊取消"目录号、案卷号"项，保留"全宗号、年度"项，增设"保管期限、机构（问题）、起止件号、盒号"项。

九是分年度的时间更加简便。原立卷方法涉及时间问题有14种处理方法，比较烦琐。新方法只有两种情况，强调以形成时间为归档年度，跨年度文件放在结束年归档。

《规则》还体现了兼容性和灵活性，兼顾了我国机关档案工作的现实需要。归档文件的最终归宿是档案馆，而档案馆有着不同于机关档案室管理的特点和要求，《规则》对此进行了通盘考虑。同时，《规则》的许多条款对一些整理项目只提出原则要求，各级地方档案行政管理部门可以因地制宜地提出具体要求，各机关单位也可以根据自身的实际选择适宜的立卷方式。目前只对党群类、行政类文书档案要求按"件"立卷，其他类目的档案则可沿用原来的按"卷"立卷的方法。

五、案卷目录的编制

案卷目录是案卷的名册，其作用有三：一是固定全宗内档案分类体系和案卷排列顺序，集中反映了档案整理工作的成果；二是揭示全宗内案卷的内容和成分，是一种基本的检索工具，也是编制其他检索工具的基础；三是其作为一种基本的登记形式，是对档案进行清点、检查和统计的重要依据。

（一）案卷目录的编制方法

按照全宗内档案的分类，每个类编制一本案卷目录。

如以保管期限为主的分类方法，即将一年的案卷按永久、定期的保管期限分别编制目录。不同保管期限的案卷，再分别按组织机构（或问题）排列。

又如以组织机构（或问题）为主的分类方法，即案卷先按组织机构分类，再按保管期限分类排列。

案卷目录编制完毕后，应给每本目录编定一个案卷目录号，作为管理和检索标识。

（二）案卷目录的结构和内容

案卷目录的形式为簿册式，不宜用卡片式或活页式。应加上硬质封皮，装订线可在左侧或上侧。

1. 封面和扉页

由全宗号、目录号、目录名称、编制时间、编制单位等项目构成。全宗号和目录号并列写在左上角或右上角；目录名称由全宗名称或再加上全宗内类别、保管期限、密级和案卷目录构成，居中书写；编制时间位于目录名称下方中间位置；编制单位即编制目录的档案室（馆）及其保管机构名称，一般置于编制时间的前面或上方，如图3－23所示。

```
全宗号：
目录号：
                ××××（组织）案卷目录
              （年或组织机构、问题、保管期限、密级）

                          编制单位：
                          编制时间：    年    月    日
```

图3－23　案卷目录封面

2. 目次

即案卷目录中类目的索引。目次要标明每一类的类名及所在的起止页号，也可以同时标明案卷的起止卷号。

3. 序言或说明

对目录结构、编制方法、立档单位和全宗状况、档案完整程度等情况进行简要说明的文字。

4. 简称对照表

即目录中所用的名词简称与其全称的对照表。如果简称少且为人所熟知，可不设此表。

5. 案卷目录表

用于逐卷登记案卷封面上的基本信息。每一案卷目录条目的项目由案卷号、案卷题名、卷内文件起止日期、件数、页数、保管期限和备注构成,如表3-3所示。

表3-3 案卷目录表

案卷号	案卷题名	卷内文件起止日期	件数	页数	保管期限	备注

(1)案卷号

用阿拉伯数字填写案卷的实际编号。

(2)案卷题名

按照案卷封面上的案卷题名抄录。

(3)卷内文件起止日期

用阿拉伯数字填写卷内文件的起止时间。

(4)件数

卷内单份文件的数量。

(5)页数

卷内实有文件的总页数。

(6)保管期限

该案卷的保管期限。

(7)备注

用于说明卷内文件的情况,如文件纸张、字迹的老化情况和卷内文件的销毁、移出情况等。

6. 备考表

置于目录最后,用于总结性地记录案卷目录及其所包括案卷的基本情况,如案卷总数量和排架长度,案卷号总号数与案卷实有卷数的对应程度,即是否有分卷(一号两卷或几卷)、空号(有号无卷)等,如表3-4所示。

表3-4　案卷目录备考表

备考表
本目录共　　　页，包括　　　个案卷，一式　　　份。 案卷情况说明：   　　　　　　　　　　　　　　　　　　　　　　　　编制人： 　　　　　　　　　　　　　　　　　　　　　　　　检查人： 　　　　　　　　　　　　　　　　　　　　　　　　年　　月　　日

▶ 项目实施

1. 项目实施条件

① 实训场所：可安排在秘书实训室或模拟档案室。

② 实训材料：

a. 模拟文件：先模拟设计一个单位一年的文件，这些文件应该全面反映这个单位全年的工作情况。文件内容可以用不保密的真实文件，使其具有真实性。要根据班级人数的分组情况多复制几套，以满足分组练习之需。

b. 各种表格、档案卷皮等：这些表格都应依照国家规定的标准格式印制，使学生的实训具有规范性。

c. 文具用品：如装订机、装订针和线、号码机、号码印章、印泥、书夹子等。

③ 实训时间：4课时，要求学生在规定的时间内完成工作任务。

④ 全班学生4~5人组成一个小组，共同讨论，合理分工，完成案卷立卷工作的模拟。案卷立卷工作的模拟分阶段进行，规定学生在某一段时间内要完成某一环节的工作。如遇疑难问题，先由学生在小组内讨论，然后教师再给予指导。

⑤ 指导老师应熟悉文书立卷的规范和方法，对学生的实训进行规范性的指导。指导老师应事先设计好模拟档案，明确进行文件汇编的主题，提出工作要求，要求学生在规定时间内完成。

⑥ 条件许可时，也可安排学生到校内办公室或档案室参观见习，请办公室秘书或档案管理员现场讲解立卷及档案整理的具体环节。

2. 项目实施过程

任务：对上述文件进行整理立卷。

第一步：编制立卷类目。指导学生运用高校档案实体分类法的知识，编制出适合本学院的立卷类目。

第二步：分类。根据立卷类目对文件进行分类，分类时要结合采用常用分类法，即按问题分类、按组织机构分类、按作者分类。

提示：以上文件可分为三大类，即党群类（吸收党员、团委工作）、行政类（人事任免、合同、后勤总务）、教学类（教学计划、教学部门期中检查、申报专业备案表）。

第三步：组卷。对分好类的文件进行整理，拟写案卷标题等。

第四步：对卷内文件进行排列，先用铅笔编号，检查没有错漏后，再用自动号码机打号。

第五步：填写卷内文件目录。

第六步：填写案卷封面和备考表，学生根据所学知识，对封面和备考表各个项目进行填写。

第七步：装订案卷。

▶ 项目评估

1. 实训结果

整理、装订完毕的案卷。

2. 成绩测评

① 学生进行自评和互评。

② 将各小组的实操作业收集起来，教师将做得较好的作业推荐给全班同学，总结分析各小组实训过程中的优点和缺点。使学生进一步掌握正确而规范的文书立卷方法，同时指出学生在实操中所出现的错误，给予纠正。

③ 评分表：

文书档案立卷实训评分表

项目 组别	文件分类 （20分）	拟写案卷 标题 （20分）	卷内文件 排列 （10分）	填写卷内 文件目录 （15分）	填写案卷封 面和备考表 （20分）	装订案卷 （15分）	总分 （100分）

实训拓展

① 要求学生对上述的项目任务进行以"件"为单位的立卷，并总结出以"卷"为单位立卷和以"件"为单位立卷的不同之处及各自的优缺点。

② 到学校档案室参观见习，进一步熟悉档案整理的过程，掌握档案整理技能。

③ 联系学校档案室或某家企业进行档案整理实习，完成归档文件的分类整理工作。

项目四　档　案　鉴　定

▶ 教学目标

1. 知识目标

① 了解档案鉴定工作的内容和任务。
② 熟悉档案鉴定工作的制度、原则和标准。
③ 掌握档案鉴定工作的程序和方法。
④ 掌握档案销毁工作的程序和方法。

2. 能力目标

① 能够根据标准有效鉴定档案的价值。
② 能够有序组织档案销毁工作。

▶ 工作任务

1. 项目情境

参照项目三中的情境。新星学院办公室秘书兼档案管理员晓玲，在把相关文件整理好后，又要参考国家有关规定，对该批文档进行鉴定，确定文书的保管期限。

晓玲在归档文书的鉴定工作结束后，还需要对库房中那些保存期限已满的档案加以复审。保管期限已满的文件包括：本学院发布的日常事务性通知，本学院职工代表大会中讨论未通过的文件，本学院编写的简报，本学院各系部的学期计划、学期总结，本学院某些分项活动的总结，本学院行政管理工作中形成的各种备案文件材料，本学院购进实训设备、机房设备的合同（目前该批设备和电脑、交换机等已淘汰），本学院保卫部门的安全检查记录，上级部门制发的日常事务性工作的通知。除了这些保存期满的文件，晓玲还发现了一些保存期未满但有待复审鉴定的文件，包括：本学院已撤销的一个内部机构制发的一系列文件，本学院已经重新装修改变了功能的一个实训室的原有建设方案，几份离职员工的党员转正决定、表彰通报等。

2. 任务要求

① 针对项目三中整理好的文件，根据相关保管期限表，逐一判定其价值及确定其保管期限，并说明理由。
② 对于上述保存期已满以及保存期未满但有待复审鉴定的文件，判定其是否需要销毁，并说明理由。

③ 按照程序和相关要求，组织档案销毁工作。

> 知识准备

一、档案鉴定工作的内容和任务

（一）档案鉴定工作的内容

档案鉴定工作一般是指档案室（馆）按照一定的原则、标准和方法，分析和评价档案的价值，确定档案的保管期限，剔除失去保存价值的档案并予以销毁的档案业务活动。

档案鉴定工作的基本内容包括三个方面：

第一，制定档案鉴定标准，即制定鉴定档案价值的基本标准和档案保管期限表等。

第二，确定档案保管期限，即具体判定档案材料的价值，确定其保管期限。

第三，剔除有关档案并销毁，即剔除无保管价值和保管期满的档案，按规定进行销毁或作其他处理。

（二）档案鉴定工作的任务

1. 优化库存档案的质量

当今时代日新月异，各项工作发展变化较快，各单位档案的数量也随之不断增长，仅靠增加库房的方式来解决问题是不现实的。如果把所有的档案，不分价值大小，都以同样的方式保存，会严重影响对高价值档案的管理、利用。那些随着时间流逝已失去保存价值的库存档案，如果继续存放在档案库房中，就会导致库存档案非常庞杂，档案保存工作的难度必然大大增加。档案鉴定工作的任务，就是依据档案的价值进行区别对待，并剔除无保存价值的档案，为有保存价值的新档案扩展空间，优化库存档案质量。

2. 奠定档案保管、利用工作的基础

档案鉴定工作通过判定档案保存价值的大小，确定相应的保管期限，为档案保管、利用工作奠定基础。有效的档案鉴定至少有三方面好处：一是便于集中人力、物力，改善有价值档案的保管条件；二是便于保管保存价值较高的档案，提高档案的社会利用价值；三是便于在遭遇战争、水灾、火灾、地震等险情时，及时有效地抢救和转移重要档案。

因此，在确定档案的存毁及保存时间长短方面，档案鉴定工作是一个不可或缺的重要环节。这项工作的目的，就是通过判断档案价值确定保管期限，更好地分类保存，让档案室（馆）的相关工作有效地循环运转。

二、档案鉴定工作的制度、原则与标准

（一）档案鉴定工作的制度

档案鉴定工作是档案能否及如何发挥社会价值的先决条件。建立健全档案鉴定工作制度，有利于档案鉴定和销毁工作有组织、有监督地进行，提高鉴定工作的质量，防止出现价值误判或有意破坏档案的现象。

根据国家有关规定，档案鉴定工作制度的基本内容包括以下三个方面：

1. 档案价值的鉴定制度

档案价值的鉴定制度，是指由国家档案行政管理机关制定、发布，在全国统一推行、各有关单位参照执行的档案鉴定规范和依据。2006年国家档案局颁布的《机关文件材料归档范围和文书档案保管期限规定》就是这类指导性文件。

2. 档案鉴定工作的组织制度

出于严谨、认真的要求，档案鉴定工作必须在一定的组织机构领导下有序进行。《机关档案工作条例》和《档案馆工作通则》等相关文件规定，机关的档案鉴定工作必须在机关办公厅（室）主任的主持下，由档案部门和有关业务部门组成鉴定小组共同进行。而一般企事业单位、社会团体的档案鉴定组织，可以参照机关单位的规定，在本单位分管负责人领导下，由档案部门和有关业务部门的工作人员组成鉴定小组。鉴定小组一般要履行以下四项职责：

一是指导、监督档案鉴定工作；

二是讨论、审查档案销毁清册及相关待销档案内容的分析报告；

三是对档案的存毁作出决定，并报请有关领导审批；

四是鉴定工作结束后，撰写并提交鉴定工作报告。

3. 档案销毁的批准、监销制度

未经鉴定和批准，不得销毁任何档案。这就是档案销毁工作的批准制度。《机关档案工作条例》规定，机关应定期对已超过保管期限的档案进行鉴定。鉴定工作结束后，应提出工作报告，对确无保存价值的档案登记造册，经机关领导人批准后销毁。为保证档案销毁工作的安全性，其他各单位也要参照条例规定，对需要销毁的档案编制销毁清册，办理批准手续。尤其要注意的是，销毁1949年以前的历史档案，还应报国家档案局。

《机关档案工作条例》同时规定，机关销毁档案时，应指定两人负责监销，防止档案遗失和泄密。监销人要在销毁清册上签名盖章，注明"已销毁"字样和销毁的时间、地点、方式。这就是档案销毁工作的双人监销制度。各单位的档案销毁工作应参照这一条例

执行。

档案销毁清册及批准手续，要归入相关的全宗卷妥善保存。

（二）档案鉴定的工作原则

档案属于整个国家宝贵的历史文化财富，其形成、存在以及如何发挥作用，关系到各方面的利益。无论是国家行政机关，还是企事业单位、社会团体形成的档案，都是国家在各个发展阶段和各个层面的历史记录。无数案例表明，由于某种狭隘利益的支配，漠视某些重要档案的应有价值，或有意销毁有价值的历史记录，都会给国家造成不可估量的损失。

档案鉴定工作总的指导思想，是从国家根本利益出发衡量档案价值，这也是档案价值评价的基本准则。鉴定档案时，必须从国家根本利益出发，用全面的、历史的、发展的、效益的观点，去判定、研究档案的内容实质及其他各种要素，充分估计和预测档案对整个社会发展所起的作用，不得掺杂本单位私利和个人好恶。

1. 全面的观点

第一，分析档案要素要全面。档案的价值由多重要素构成。鉴定时，要综合分析具体情况，全面考虑各方面要素，切忌作出片面甚至歪曲的结论。

第二，要综合把握相关档案的关联。各个单位在各项工作中形成的文件往往具有密切联系，鉴定档案时，如果孤立地判断单份档案的价值，就会有失偏颇。要在一定范围内把具有关联性的文件材料联系起来一起鉴定，全面分析每份档案、某部分档案的真正价值。

第三，全面分析、预测档案的社会利用价值。档案的价值不只是对本单位有效，对社会也有重要意义。而且，社会对档案的需要体现在更多层次、更多角度和更多方面。鉴定档案价值，需要做全面、综合的分析，兼顾本单位和社会其他方面的需要，兼顾当前和长远的需要，统筹考虑人们在行政、业务、生产、科研以及学术研究、编史修志等方面的需要。不能仅从本单位或社会某一点需要出发，随意判定档案的价值和保管期限。档案鉴定时要充分考虑档案价值的不同层次、不同方面的需要。

2. 历史的观点

档案的形成离不开特定的历史环境，是某一历史阶段某项工作或事件的记录。因此，鉴定档案时要将其还原到当时的历史环境中，根据其时代背景、具体事件、本身历史作用等，预测档案的历史价值，同时要结合社会现实及未来需要判断其价值。档案价值鉴定不得使用狭隘的实用主义观点。

3. 发展的观点

档案的鉴定除了还原其产生的历史背景，也要考虑鉴定工作本身所处的历史情境。随着时间的不断推移和社会的变化发展，档案自身状况和社会利用需求也在变化之中，这就导致了档案在不同时期具有不同的价值。因此，档案鉴定工作要用发展的眼光，正确地预测档案的未来价值，不能只考虑现实价值。

4. 效益的观点

档案的效益有经济效益和社会效益两个方面，档案鉴定要对这两种效益同时并重。保存档案离不开人力、财力、物力的支持，档案保管期限越长，资源消耗就越高。鉴定档案时，要综合权衡投入和效益的关系，尽量让有限的档案保管资源发挥最大作用。

（三）档案鉴定工作的标准

建立明确的档案鉴定标准，有助于提高档案鉴定结论的客观性、可靠性和准确性，保证档案鉴定工作的质量。档案鉴定工作的标准是以客观存在的档案价值构成为基础，分析档案文件的各种特征及其社会意义的依据。主要分为两个方面：一是档案属性标准，包括来源标准、内容标准、形式特征标准、相对价值标准四个内容；二是社会利用标准，包括利用需求方向、利用面和利用时间三个内容。

1. 档案属性标准

（1）来源标准

档案来源指的是档案的形成者。档案形成者在社会上以及单位内的地位、作用和职能有时能够影响甚至决定档案的价值。美国档案学家谢伦·伯格认为，在判定文件价值时，必须知道文件是怎样产生的，如果对文件产生于什么样的政府行政单位或特定的来源不明，它的作用和意义就可能难以确定。因此，鉴定档案时要注意区分不同的形成者。

运用来源标准鉴定档案时，一般要注意两个问题：

第一，本单位与外单位的关系差别。一般情况下，本单位制成的文件应该重点保存。对于外来文件，要具体分析来文单位与本单位的关系紧密程度，以及来文内容与本单位业务活动的关系密切程度。从一般原则上讲，有隶属关系单位的来文要优于非隶属关系单位的来文；针对本单位主管业务、需要贯彻执行的文件要优于非本单位主管业务、参考性的文件。

第二，本单位文件作者的职能差别。在本单位制成的文件中，具体撰写、制发者对档案价值也产生一定的影响。单位主要领导、决策部门、综合性办公部门、主要业务职能部门、人事部门、外事部门制发的文件大多比较直接地反映本单位主要职能活动和基本情况，具有长久保存价值的文件所占比例较高；一般行政事务部门、后勤部门及某些辅助性部门形成的事务性文件，具有长久保存价值的文件所占比例较低。

（2）内容标准

人们对档案最普遍、最大量的需要来自档案的内容，包括档案所记载的事实、现象、思想、经验、数据、结论等。档案内容是决定档案价值最重要、最本质的要素。当档案内容解决了利用者的某种疑难，或满足利用者的某种需要，档案就具备了某种价值。运用内容标准鉴定档案时，要注意以下四个方面：

第一，内容的重要性。档案是对既有事实的记载，而这些事实本身的重要程度直接影响档案的价值。一般来说，反映方针政策、战略规划、重大事件、主要业务活动的文件要优于反映一般性事务活动的文件；反映本单位主要职能活动、中心工作和基本情况的文件要优于反映非主要职能活动、日常工作和一般情况的文件；反映全面情况的文件要优于反映局部情况的文件；反映典型性问题的文件要优于反映一般性问题的文件。

第二，内容的独特性。档案内容的独特性是指其反映了本单位、地区、系统、行业的特点，或具有某种新颖性和典型意义。如记载某公司经营特色、某学校办学特色、某地区文化特色、某行业技术特色的档案，都属于内容上具有独特性的档案。对企业来说，要注意保存反映公司经营特色或特色产品的档案和记载本单位特殊事件、特殊人物、特殊成果和某些特殊传统的档案，以及叙述具有开创意义的新人、新事的档案，对具有本单位特色的档案给予特别重视。因为内容独特、新颖的档案对利用者富有吸引力，价值相对较高。

第三，内容的时效性。文件是处理事务、记录事实、传递信息的一种手段，在行政、业务、法律等方面具有一定的时效性。文件内容有效期的长短与档案价值的高低息息相关。例如，方针政策性、法规性、综合计划性文件在失去现行效用后，原有的行政价值消失，转变为科学研究价值；契约、合同、协议等法权方面的文件通常在有效期及法律规定的起诉时效期内才有意义，之后就降低以致失去了实用价值，只剩下历史记载的价值。在鉴定档案时，应注意档案的时效性及其变化情况对档案价值的影响。

第四，内容的真实性、完备性等。在鉴定档案时，要注意考察档案内容的真实性、完备性等。这有利于准确、全面地把握档案的价值。

（3）形式特征标准

档案的形式特征是指文件名称、形成时间、载体形态、记录方式等。这些形式特征有时会对档案的价值产生特别的影响。

运用形式特征标准鉴定档案时，要注意考察以下四个方面：

第一，文件名称。文件名称表明文件的适用范围和特定性质，可以在一定程度上反映文件的价值。

一般来说，命令、指示、决定、决议、公告、会议纪要、条例、制度、规定等往往用于记载方针政策、规章制度、重大事件和主要业务活动，具有一定的权威性、指导性、规定性，价值相对较高；而通知、通报、简报、来往函件等往往用于处理一般事务，价值相对较低。

在通过文件名称鉴定档案时，要结合文件的内容一起考察分析。因为在实际工作中，某些文种如通知、函等的使用范围比较宽泛，有一部分会涉及单位的重要业务活动，并具有较高的价值；同时，有的单位的文书所选文种并不十分准确，如决定与通知、通报不分，导致文种与实际用途不符，因此不能仅从文件名称判定档案价值，而应该结合内容和形式一起进行档案鉴定。

第二，文件形成时间。文件的形成时间是历史的标志，进行档案鉴定工作要看文件产生的时间与现在的远近程度和具体所处历史时期的特殊意义。

一般来说，档案产生时间越久，留存下来的越少，价值也就越珍贵，越值得保存。如涉及单位建立初期、重大调整、重大变化和发展情况等的档案，一般来说价值都相对较高，需要长久保存。

第三，文件稿本。稿本是指同一文件在撰稿、印制过程中形成的正本、副本、草稿、定稿等。不同稿本的文件，在行政效能和凭证作用等方面有所不同，价值也不一样。

具体而言，定稿是经单位领导人审核和签发后形成的稿本，是缮印正本文件的依据，具有凭证价值；正本在定稿的基础上产生，具有标准的文面格式，有文件的生效标识——单位的印章或最高领导的签署，是单位开展工作的依据，具有法定的效能和凭证作用。这两种稿本可靠性大，价值相对较高。

草稿或草案是文件形成过程的产物，没有现实效用，可靠性比定稿和正本文件要差，价值也小。但某些重要文件的草稿、草案反映了文件修改、丰富、完善的过程，同样具有较高的科学研究或历史价值，也要注意保存。

第四，文件外观。外观是指文件的制成材料、记录方式、笔迹、图案等。文件外观的特殊性在一定程度上影响着档案的价值。

如有些文件因其载体材料的独特、古老、珍稀而具有文物价值，有些文件因出自书法家之手或装帧华美而具有艺术价值，有些文件因有著名人物的题词、批注、签字而具有纪念价值等。鉴定档案时，对外观独特的文件要通过具体分析才能判定其价值大小。

（4）相对价值标准

从理论上讲，文件的价值取决于档案属性及其满足社会需求的程度。但在实际工作中，还有一种因被鉴定档案与其他档案相比较而存在的价值，即在某一特定情况下，某些文件的保存价值和保管期限可以做相应的提升或降低。鉴定档案时，可参考相关档案的保管状况，根据实际需要，人为地延长或缩短某些文件的保管期限，以便于有效地控制档案室（馆）保存档案的质量和数量。

运用相对价值标准，通常要注意以下两个方面：

第一，完整程度。完整程度是指一个立档单位、一个时期档案数量的齐全状况。档案的完整程度在一定条件下对档案的价值产生影响。通常的方法是分析全宗和全宗群内档案的完整程度。全宗和全宗群内档案保存比较完整时，各种类型文件的价值基本正常；如果保存不完整，残存档案的保存价值就会相对提高，一些本来不重要的文件价值也会上升。例如，鉴定档案时，某份文件的价值本来不大，但由于这个时期该单位保存下来的档案数量很少，如果再剔除这份文件，就可能造成历史空白，于是这份文件的价值自然就相应提高，可以适当地延长其保管期限。

第二，内容的可替代程度。内容的可替代程度是指文件的内容是否能被其他更全面、更重要的文件所包含。例如，按规定，单位的年度总结和统计报表等应该永久保存，季度、月份的总结和统计报表应定期保存；但如果年度总结和统计报表缺失，季度和月份的总结和统计报表就变成了重要信息来源，价值也会相应提高。又如，定稿和正本文件均在，副本和草稿就不重要，一般可以不归档；一旦定稿和正本丢失，副本和草稿就可等同于正本的价值，按照正本的保管期限进行保存。

2. 社会利用标准

留存档案的根本目的是以备查考，满足社会利用需要。各项事业、工作以及个人对档案的利用，影响和决定着档案价值的大小。

鉴定档案时运用社会利用标准，要注意以下三个方面：

第一，利用方向。利用方向是指利用者对档案内容和类型需求的趋向性。不同时期、不同职业、不同目的的利用者，对所需档案内容和类型的要求有较大的差别。例如，单位的领导从事决策性工作，常常需要方针政策性的档案，或反映单位全面状况的档案；业务部门人员根据工作内容不同的实际需要，日常工作经常需要查考上级发布的决定、条例、指示等文件，制订计划和总结经验要根据各种调查材料、统计报表、工作报告、之前工作总结等；处理有关事故，必须参阅之前的处理材料和相关政策、规章制度等的规定。档案鉴定人员要加强对现有档案利用状况的统计和研究，认真总结、找出规律，进行科学预测。档案鉴定工作通过考察利用方向，使保存的档案尽量满足各方面的实际需求。

第二，利用面。利用面是指档案利用者的广泛性。鉴定档案时，要以社会广泛的利用面为前提，不能只考虑单位的需要而忽视公民个人的需要，否则将不可避免地导致鉴定工作的片面性。

第三，利用时间。利用时间是指需要利用某具体档案的长久性，也就是在未来多长时间内，人们利用某份档案的可能性较高。档案利用的长久性，是档案鉴定工作人员判断档案保管期限的重要依据。

总之，在根据上述几项标准分析档案价值时，要坚持辩证思维方法，综合考察文件各方面的特点及作用，全面联系地把握档案的价值，切忌只见树木、不见森林，机械、片面地强调某一方面，而忽略其他方面。

三、档案保管期限表

档案保管期限表是指用表册形式列举档案的来源、内容和形式，指明其保管期限的一种指导性、标准性文件。它是档案室（馆）鉴定档案价值和确定档案保管期限的依据和规范。

档案保管期限表的主要作用包括三个方面：

第一，有利于统一档案鉴定人员的认识，避免因个人认识的局限导致误判，保证档案鉴定工作的质量和效率。

第二，有利于单位在文书立卷时依据档案保管期限表，按照文件的不同价值组卷，初步确定保管期限。

第三，有利于档案室（馆）依据档案保管期限表对归档、移交和保管期满的案卷进行复审鉴定。

（一）档案保管期限表的类型

目前，我国的档案保管期限表的类型大致有五种。

1. 通用档案保管期限表

通用档案保管期限表，也称标准档案保管期限表，由国家档案行政机关编制，供全国各机关、团体、企事业单位鉴定档案使用。如2006年国家档案局颁发的《文书档案保管期限规定》就属于这种类型。

需要注意的是，各单位、各系统制定自己的档案保管期限表时，各条款的保管期限应该相当于或者略长于"通用档案保管期限表"中相应条款的保管期限，不得任意缩短。

2. 专门档案保管期限表

专门档案保管期限表由国家档案行政机关会同有关主管部门编制，供各机关、团体、企事业单位鉴定专门性档案时使用。

1998年财政部和国家档案局联合颁发的《财政总预算、行政单位、事业单位和税收会计档案保管期限表》就属于这种类型，供全国各级财政机关、行政机关、团体、企事业单位鉴定会计档案时使用。

3. 同系统机关档案保管期限表

同系统机关档案保管期限表由主管领导机关编制，供同一系统内各单位鉴定档案时使用。这种档案保管期限表须经本机关领导人批准后执行，报送国家档案局备案，同时抄送各省、自治区、直辖市档案局，以备查考。

如交通部制定的《交通文件材料保管期限表》、水利部制定的《水利科技文件材料保管期限表》，均属于这种类型。

4. 同类型单位档案保管期限表

同类型单位档案保管期限表由档案行政机关或主管领导机关编制，供同一类型单位（如学校、医院、政府机关等）鉴定档案价值时使用。

如《上海市县级机关文书档案保管期限表》、《辽宁省乡镇机关文件材料保管期限表》，均属于这种类型。

5. 单位档案保管期限表

单位档案保管期限表由各单位根据本单位档案的具体情况自行编制，条款详尽、具体、针对性强，专供本单位鉴定档案时使用。它几乎包括了一个单位在工作活动中可能形成的所有文件及其保管期限。

如《××省××厅文书档案保管期限表》、《××市教委文书档案保管期限表》、《××大学文书档案保管期限表》，均属于这种类型。

(二) 档案保管期限表的结构

档案保管期限表包括顺序号、条款、保管期限、附注以及说明等几个部分，其中条款和保管期限是最基本的项目。条款较多的保管期限表，要把条款分类。

1. 顺序号

档案保管期限表的各条款经系统排列后，在各条款前统一编排的号码，就是顺序号。编制顺序号，是为了固定条款位置。此外，顺序号还可以作为引用档案保管期限表条款的代号。编号时，大多采用层累编号法，既能反映条款内容关系，又能表示先后顺序。

2. 条款

条款是指一组类型相同的文件的名称或标题。需要注意的是，条款不是某一具体档案材料的名称，而是对一类档案文件名的概括，如"谈判记录"、"产品鉴定书"、"本单位召开会议的文件材料"、"本单位召开的工作会议和重要的专业会议文件材料"等。

拟制条款时要遵循如下要求：反映出一组文件的来源、内容和形式，文字简明确切、合乎语法逻辑。根据实际需求，条款可以明确指出具体作者、问题和种类，也可以只概括地指出其类型，如"省直属各局"、"领导性文件"、"各学校"、"报表"等。

当然，条款名称并非绝对要求文件的来源、内容、形式都一应俱全，也可以根据档案保管期限表的适用范围、文件特点及价值，作出一些适当的调整。

必要时，条款中还应指明文件的用途，包括执行、批准、备案、参考等，还应指明文件的稿本情况，包括草稿、定稿、正本、副本等。

一般来说，每一条款都应该代表一组有内在联系的、价值相同的文件。但有时为了使条款简洁醒目，也可以将价值不同但有一定关联的一组文件写成一个条款，不过要在条款下面分别指出不同的保管期限。

3. 保管期限

保管期限是根据各类文件的保存价值所确定的保管年限，列于每一条款之后。根据2006年国家档案局发布的《机关文件材料归档范围和文书档案保管期限规定》，机关文书档案的保管期限分为永久和定期两种。定期一类中，根据档案的重要性程度，又分为30年和10年两种。

4. 附注

附注是在条款之下对条款及其保管期限所作的必要注解或说明。

例如，对条款中"重要的"和"一般的"进行注释；一些经济合同、协议书、借据等文件的保管期限，需要从有效期满后算起，因此可以在保管期限后面注明"失效后"字样。

5. 说明

说明部分主要用来介绍编制和使用档案保管期限表的有关问题。内容包括制定档案保管期限表的依据，保管期限表的适用范围、计算方法、批准时间、开始使用日期，以及使用保管期限表应注意的问题等。

四、档案鉴定工作的程序和方法

（一）档案鉴定工作的程序

一般单位的档案鉴定工作，多参考国家有关规定和标准展开。因此，日常的档案鉴定工作通常分三个阶段：一是初审鉴定，分析归档文件的价值，确定保管期限；二是复审鉴定，复审那些保存期已满以及保存期未满但有待复审鉴定的文件；三是销毁无价值档案。档案鉴定工作程序如图4-1所示。

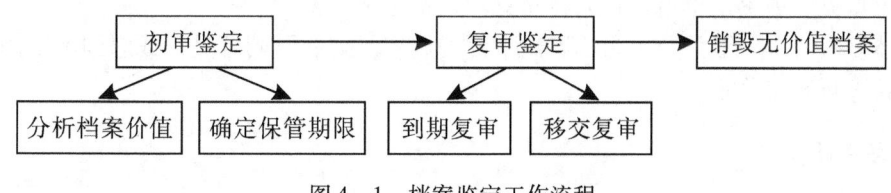

图4-1　档案鉴定工作流程

1. 初审鉴定

初审鉴定特别重要，是档案鉴定工作的核心。开展这项工作时，要根据档案的来源、内容、形式特征、技术因素、功能因素等，全方位鉴定档案价值，并参照相关档案保管期限表，划定档案的保管期限。

做好这项工作，一般分两个步骤。

（1）个人初步鉴定

档案鉴定小组的成员先进行分工，约定时间，根据实际情况分别审阅档案，进行定性分析，提出鉴定意见，并将其填写在档案鉴定卡片上，如表4-1所示。

表4-1 档案鉴定卡

全宗名称		类别		数量	
档号		归档时间		原保管期限	
鉴定意见			鉴定人：		鉴定时间：
鉴定小组意见			鉴定小组组长：		鉴定时间：
备注					

鉴定卡中的各项内容，以鉴定人的意见最为重要，这是档案价值判定的依据和初步结论。鉴定意见主要包括档案形成情况、利用情况的分析与预测，案卷的保管期限，以及其他与鉴定结论有关的内容。

(2) 集体审查

到了约定时间，档案鉴定小组全体成员集中讨论，在个人初步鉴定意见的基础上形成集体鉴定意见，由鉴定小组负责人将意见填入鉴定卡片。

集体审查时，一般只分析讨论鉴定卡片的内容。如有不同意见，或遇到不明问题，要调出案卷进行直接鉴定。

2. 复审鉴定

非永久保存的档案在保管期满后，要进行复审鉴定。即审查其是否确实丧失保存价值，是继续保存还是予以销毁。复审鉴定主要采取以下两种形式：

(1) 到期复审

到期复审是指对于定期保管的档案，在保管期满后重新审查其是否确实丧失了保存价值。到期复审可以逐年进行，也可以若干年度进行一次。

(2) 移交复审

移交复审是指档案室向档案馆移交档案时，档案室人员和档案馆接收人员共同对所移交档案的保管期限进行复审。

为确保工作安全，移交复审档案时，应直接审查档案本身，不得根据档案保管期限表和案卷封面上原定的保管期限将档案拣出销毁。

3. 销毁无价值档案

对经过鉴定和复审确认为没有保存价值的档案，应按规定手续和方法予以销毁。

（二）鉴定档案的基本方法

鉴定档案的基本方法是直接鉴定法，即以案卷为单位进行鉴定。要求鉴定人员先直接、具体地逐件逐张地审查文件，从作者、内容、文种、时间、可靠程度、完整程度等各方面考察，然后根据鉴定原则和标准判定其价值和保管期限。

鉴定档案时，要注意以下几种情况：

第一，如果对一些文件是否保留存有疑义，不要匆忙下结论，要"留有余地"，弹性处理，慎重地判定档案价值，减少价值预测的失误。一般应遵循以下原则：

① 保存从宽，销毁从严。

② 孤本从宽，复本从严。

③ 本机关从宽，外机关从严。

④ 历史档案从宽，现行档案从严。

⑤ 1949年前档案从宽，1949年后档案从严。

⑥ 首脑机关从宽，一般机关从严。

⑦ 上级机关从宽，下级机关从严。

⑧ 撤销机关从宽，现行机关从严。

第二，如果在一个案卷内的文件价值不同，且有密切关联，则"就高不就低"，以重要文件的价值来确定该案卷的保管期限。

第三，在具有密切关联的一组文件中，如果只有一两件文件的保存期限较短，其他文件的保存期限较长，则可合并立卷，从长保管。

在剔除保管期满的档案时，一般以卷为单位，以短从长，尽量不拆卷。如果一卷中只有个别文件需要继续保存，可以将其挑选出来，剔除其他；如果一卷中只有个别文件失去保存价值，可暂不剔除，继续保留原卷。

（三）档案销毁工作的程序和方法

经过复审鉴定判定确实失去保存价值的档案，可以着手销毁工作。为了保证严肃性，档案销毁工作必须严格遵照有关程序进行。

1. 编制档案销毁清册

档案销毁清册是专门为了销毁档案而编制的表册，用来登记要销毁档案的内容、成分、数量等。正式销毁档案前，需要让领导和主管领导部门审查批准，可用请示向上级有关部门提出销毁请求，也可以直接呈送档案销毁清册。用请示请求上级审批销毁档案时，还需要编制档案销毁清册等文件作为附件。因此，无论哪种情况，都必须编制档案销毁清册。销毁档案工作具有不可逆性，档案销毁清册就成为日后查考档案销毁情况的凭据。档案销毁清册一般由封面和内页组成。如图4-2和表4-2所示。

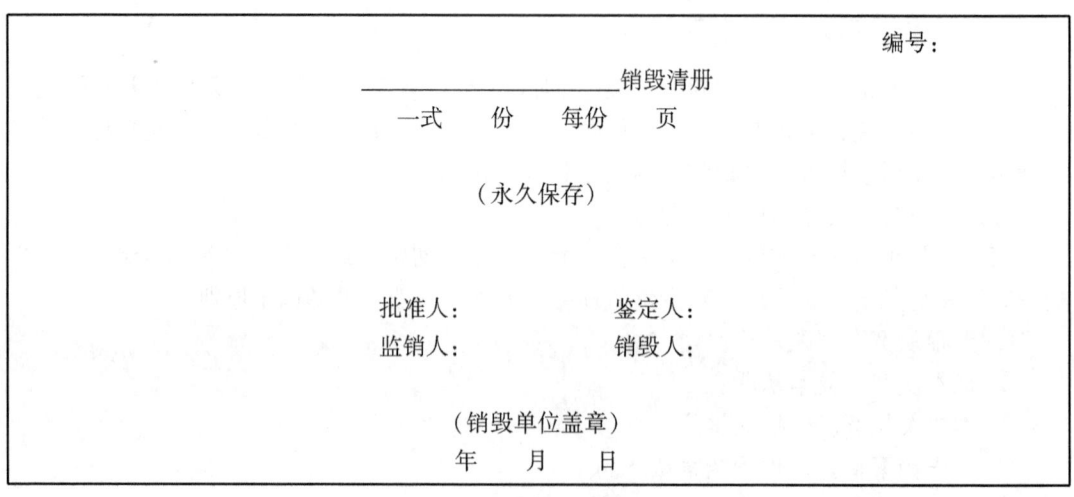

图4-2　档案销毁清册封面

表4-2　档案销毁清册内页

序号	年度	档号	案卷或文件题名	文件数量（页/件）	原保管期限	销毁原因	鉴定时间	备注

为便于领导和主管领导部门审查，有时也可以在档案销毁清册中增加"档案保管期限表中的条款号"（方便领导和领导机关对应规定审查待销毁的档案）、"审查意见"（方便领导人和领导机关填写相关审查意见）等项。

登记准备销毁的档案时，一般以案卷为单位，必要时也可以单份文件登记。

在清册上登记准备销毁的档案时，最好按照原来全宗的分类次序进行，并在适当地方标明类名。

档案销毁清册必须按照各个全宗分别编制。一式两份，一份留档案室（馆），一份送单位领导审查批准。如需送档案管理机关备案，则需一式三份。

2. 编制立档单位和全宗简要说明

档案部门编制立档单位和全宗情况的简要说明，是为了使审核的领导和主管领导部门了解待销毁档案的有关情况并作出正确判断。

立档单位和全宗情况的简要说明，应该包括以下四方面内容：一是立档单位的成立、内部机构、工作职能等简要历史；二是全宗的形成历史概况、保管情况、完整程度以及现存档案的主要成分等；三是档案鉴定工作概况；四是销毁档案的数量及内容的简要情况。其中前三项均可沿用以往文件，第四项需要有针对性地加以整理。

档案室（馆）应该将立档单位和全宗情况简要说明与档案销毁清册一并向单位领导或主管领导部门送审。

3. 档案销毁方法

待销毁档案获批准之前，应系统地单独保管，以便审批时检查或未批准时拣出保存。

待销毁档案经批准之后，一般可以送往造纸厂作纸浆原料；离有关造纸厂远的档案室（馆）或待销毁档案特别机密的，可以自行焚毁。

为保守国家机密，严禁将应销毁的档案作其他用途，更不准出卖。

无论采用什么方法销毁，均应指派两名以上专人监销。档案确已销毁后，监销人须在销毁清册上注明销毁方式、"已销毁"字样和销毁日期，并由监销人签字。

如有个别案卷和文件未被批准销毁而需要继续保存，应该在销毁清册上作出适当说明。

为慎重起见和防止错销，对已获批准确定要销毁的档案，除特殊情况外，一般可以"暂缓执行"，保存一段时间以后，经审查没有发现问题，再次确认已无利用价值时再行销毁。

4. 善后处理工作

有关档案销毁之后，通常需要做好以下工作：

一是注销。将已被销毁档案的情况从各类相关文档、材料、工具中注销，包括在相关的登记簿上勾除，并在有关的管理工具中注明或撤销相应的条目或卡片。

二是调整案卷。如果案卷内有部分档案被销毁，应该对案卷进行调整或重新组合；如果整个案卷都销毁，则涉及周边案卷的摆放。在案卷调整之后，应及时更新相关管理工具的信息。

三是调整排架。档案销毁后会影响到库房中留存档案的排列摆放。因此，需要对周边档案的排架情况加以调整，重新安排位置。

四是整理并保存鉴定工作文件。销毁工作结束后，将鉴定工作文件按其编号排列，装订成册，与鉴定工作中形成的其他文件，如鉴定工作报告、档案销毁清册等，一起组成鉴定工作案卷，妥善保存。

项目实施

1. 项目实施条件

① 实施场所：可安排在秘书实训室或模拟档案室。

② 实施设备：电脑等。

③ 所需文具：笔、尺等。

④ 全班按 4~5 人一组分组，各小组作为一个鉴定工作组开展工作。

⑤ 指导教师事先提醒学生携带项目三实训时整理好的档案，明确任务要求，由教师指定各小组任务，或由各小组临时抽题，根据任务要求进行实训。

2. 项目实施过程

任务 1：对已经整理好的档案进行初审鉴定，划分保管期限。

第一步：个人从档案属性标准出发，从档案来源标准、档案内容标准、档案形式特征标准、相对价值标准四个方面，判定档案价值。

第二步：个人从社会利用标准出发，在档案利用需求方向、利用面和利用时间三个方面，判定档案价值。

第三步：个人参照附录档案保管期限表，独立对项目三中整理好的文件进行初步鉴定，并填写档案鉴定卡。

第四步：小组集体鉴定该批文件的价值，并填写档案鉴定卡。

任务 2：对保存期已满以及保存期未满但有待复审鉴定的文件，判定其是否需要销毁。

第一步：个人参照附录档案保管期限表，独立对有关文件进行复审，并填写档案鉴定卡。

第二步：小组集体讨论并判定有关文件的价值，确定文件是否都要销毁，并填写档案鉴定卡。

第三步：小组整理需要销毁的文件。

任务 3：按照程序和相关要求，组织档案销毁工作。

第一步：编制档案销毁清册（包括封面和内页）。

第二步：编制立档单位和全宗简要说明（重点是整理销毁档案数量及内容的简要情况）。

第三步：分角色演示履行审批手续的过程：档案部门人员向领导提交销毁清册等文件；领导审批同意；档案部门人员收到领导审批后的文件；准备组织档案销毁工作。

第四步：确定档案销毁方法，演示执行销毁工作的过程。

第五步：演示善后处理工作的过程：注销被销毁的文件；调整案卷的顺序；调整排架的存放位置；整理并保存整个鉴定工作所用的文件材料。

▶ 项目评估

1. 实训结果

① 学生对已经整理好的档案进行初审鉴定，正确划分保管期限。
② 学生对保存期已满以及保存期未满但有待复审鉴定的文件，正确判定其是否需要销毁。
③ 学生演练档案销毁工作，包括填写档案销毁清册、编制立档单位和全宗情况简要说明、报批、销毁及监销、善后处理。

2. 成绩测评

① 学生进行自评和互评。
② 教师对学生的实训过程和实训结果进行讲评。
③ 评分表：

档案鉴定实训评分表

组别＼项目	初审鉴定 （40分）	复审鉴定 （30分）	组织档案销毁工作 （30分）	总分 （100分）

实训拓展

① 鉴定所在院（系）本年度收集的文件的价值，逐一确定其保管期限。
② 判定所在院（系）档案部门保存期满的档案是否需要销毁。
③ 按照程序和相关要求，参与所在院（系）的档案销毁工作。

项目五 档案保管

▶ 教学目标

1. 知识目标

① 了解档案保管工作的内容、任务和要求。
② 了解档案保管工作的物质条件。
③ 熟悉档案库房管理制度。
④ 掌握库房管理的方法与要求。

2. 能力目标

① 能够正确使用档案保管的各类工具。
② 能够掌握档案库房管理的方法。
③ 能够编制和填写各类表册、卡片、索引等管理工具。
④ 能够有效开展日常档案保管工作。

▶ 工作任务

1. 项目情境

天宇小家电有限公司是中国小家电行业著名企业。公司成立于2000年，专注于厨房小家电研发、生产和销售，公司规模日益扩大，居行业前列，在广州、杭州、株州等地建有多个生产基地，下属员工超过2000名。随着公司业务的不断扩展，档案管理的工作量也不断增大。公司行政部的档案科专门负责管理公司经营过程中形成的文件与档案。公司原有2个档案库房，都设在行政楼四楼，2个库房中各有10个大型档案柜，但仍不能满足档案日益增长的需要。如今由于公司规模的扩大，公司新建了一座12层的办公楼，准备将公司行政部门整体迁移到新办公楼内办公。新办公楼为档案科划拨4个房间做档案专用库房。为此，公司行政部秦经理要求档案科陈科长提出库房的选址及装修要求，每个库房配备档案装具及控温、控湿等相关设备，需要绘制出平面图，并列出需要配备的相关设备。

公司按照陈科长提供的相关要求和设计，设置了4间档案专用库房，并购置了统一的档案装具和设备，准备将档案整体迁移到新建的办公楼库房中。这就需要对库房和档案柜进行排列和编号，并对各类档案进行合理排列和存放。档案科全体人员出动，行政部也抽调了3位人员帮忙……

2. 任务要求

① 根据档案保管的相关要求，确定库房的选址、装修和档案装具、设备配备方案，绘制档案库房平面图。

② 参照所设计的库房平面图，根据规定进行库房的编号和档案装具（架、柜、箱、盒等）的排列、编号。

③ 按照要求，对库房内不同类型的档案进行合理存放。

④ 运用各类表册、卡片、索引等管理工具，对流动过程中的档案进行管理。

▶ 知识准备

一、档案保管工作的内容、任务和要求

（一）档案保管工作的内容

档案保管工作是根据档案的成分和状况所进行的存放管理和维护完整与安全的活动。主要有三个方面的内容：

第一，档案的库房管理，即库房内档案科学管理的日常工作。

第二，档案流动过程中的维护和保护，即档案在各个流动环节中的安全管理与防护。

第三，保护档案的专门措施，即为延长档案的寿命而采取的技术处理。

（二）档案保管工作的任务

1. 建立和维护档案的存放秩序

档案部门一般都要根据所存档案的来源、载体等特点，建立一整套档案保管工作的制度和办法，使各种档案无论是在存放还是流动过程都处于受控状态，保持档案及库房的良好秩序，保证整个档案管理工作的顺利进行。

2. 保持档案的良好状态

档案必须以某种物质形态存在，在库存保管期间会受到自然因素和人为因素的影响。自然因素分两个方面：一是内因，即档案本身的制成材料，如纸张、胶片、磁带等载体材料，墨水、油墨等书写、印刷材料及其他附着材料，这些因素的变化直接影响档案的寿命。二是外因，即档案所处的环境和保管档案的条件，如不适宜的温湿度、光线、有害气体、灰尘、生物及微生物以及机械磨损等因素都会影响档案的寿命。人为因素包括各种故意损害和无意损害，这些都会给档案保管工作造成许多麻烦。

为此，在档案保管工作中需要了解和掌握不利于档案长久保存的各种因素及规律，通过经常性工作，采取有效技术措施，最大限度地防止和减少档案的损毁，使档案保持良好的理化状态，有效延长档案寿命。

3. 维护档案的安全

维护档案的安全包括档案实体的物质安全和机密内容的政治安全两个方面。档案是一种实体，存在损毁、失窃等潜在危险。档案又是由文件有条件地转化而来。很多文件具有机密性，或者属于内部资料，不宜外传，即使在其履行现实功能之后仍有某种保密性质。因此，文件转变为档案，机密性仍在，保存过程就要注意保密。维护档案的安全，既要维护档案的物质形态安全，又要维护其思想内涵的安全，保证不失密、不泄密。

（三）档案保管工作的要求

对档案保管工作有如下要求：

1. 注重日常规范管理

为保持档案及库房的良好状态，档案部门应该建立、健全档案保管的相关规定、制度和手续，提高档案管理人员的素质，加强日常管理工作的规范性。在库房管理过程中，档案管理人员应该做到如下几点：一是归档和接收的案卷分类及时入库上架；二是调阅完毕的案卷及时放回原位；三是运用各种管理文档及时记录档案的入库和输出情况，做好过程控制；四是定期进行案卷的清点和检查，发现问题及时处理。

2. 预防为主，防治结合

档案保管涉及档案本身两大工作：一是防止档案被损坏，二是档案被损坏后进行补救。库房在归档或接收档案时，绝大多数档案均处于"健康"状态，因此主要保管工作就是通过了解、认识和掌握档案损坏的原因和规律，采取有效措施积极"预防"档案受损害，确保这些档案在其保管期限内能安全地保存在库房中，这是主动治本的工作。当然，档案在入库后，多少会因受到各种因素影响而改变其原有的良好状态，档案保管工作还应该通过日常管理中的清点和检查，及时发现档案出现的"病变"情况，迅速地、有针对性地采取各种措施，阻断或消除破坏档案的有关因素，修复被损害的档案，使其在最大程度上恢复"健康"状态。

3. 突出重点，兼顾一般

存放在库房中的档案，由于各自的价值不同决定了保管期限的长短不一，由于载体不同使存放方式多种多样，档案保管时必须根据各类档案的情况进行分类、科学管理。在管理过程中，应该把握突出重点、兼顾一般的原则。重点档案一般需要长久保存，应该加以重点保护，尽量延长寿命；一般档案相对来说保存期限较短，可以加以一般保护，当然也要保证其保管条件符合基本要求，确保其在保管期限内保持良好的状态。

4. 正确处理"管"、"用"关系

档案为了利用而存在。在档案保管工作中,要处理好保管和利用的关系。保管工作的各项制度和技术措施,既要考虑保护档案,又要考虑利用方便,既要降低利用带来的损耗,又要充分发挥档案的作用。在利用过程中,要立足长远,保证当前,提高档案的利用率。

二、档案保管的物质条件

开展档案保管工作,离不开一定的物质条件作保证。这里的物质条件是档案库房管理所需一切物质装备的总称,大体上有以下六种:

(一)档案库房

档案库房是保存档案的场所和基础设施,属于档案保管最基本的物质条件,是档案保管中长期起作用的因素,直接关系到档案的保护和安全,其质量直接影响档案保管中各项设备的采用与效果。

新建、改造、扩建档案库房时,必须考虑到其重要性及长期、永久保存档案的使用要求。为此,国家档案局制定了《档案馆建筑设计规范》(国家建设部和国家档案局2000年6月联合批准),作为档案管理机构建设档案库房的标准。各单位档案室在档案库房的选址和建造上,应该尽量符合《档案馆建筑设计规范》的要求。但在实际工作中,因受职能、规模、财力等因素的限制,各档案室(馆)在库房配置上不可能完全一致。如果无法达到要求,也必须遵循经济、适用、美观的原则。

机关、企事业单位的档案库房一般设在办公楼内。在单位办公楼内选择档案库房时应注意以下四个方面:

第一,必须是坚固的正规建筑物,不能是临时性建筑。

第二,要有足够的面积,开间大小合适。

第三,要符合防潮、防光、防尘、隔热等基本要求,不宜设在办公楼的顶层或底层,不宜设在阳光直射、温度高的房间,也不宜设在靠近盥洗室和锅炉房的地方。

第四,必须专用,做到办公室、阅览室、库房分开。

(二)资料库

有条件的单位应在档案库房附近设置档案资料库,收集和保存与档案有关的图书资料,以作为补充之需。为节约企业资金,在设置资料库时,也可以将档案工作办公室、阅档室和资料库合一使用。

(三)档案装具

档案装具是指用以存放档案的架、柜、箱,是档案室(馆)必需的基本设备。档案

装具的形式、用材、结构、规格等都直接影响到档案的保护条件。因此，档案装具的设计应符合坚固耐久、不损害档案、便于管理、有利于合理利用库房空间以及经济美观的要求。

档案装具在制成材料、形式和规格上种类繁多，有档案架、档案柜、档案箱等。这些装具各有所长，各单位应根据档案室、档案库房的特点和档案价值、档案规格的不同，合理选用、灵活配置。一般来说，封闭式的柜、箱比敞开式的架子更有利于保护档案。金属装具比木质的更坚固，并有利于防火、防虫和防腐。当然，金属装具防潮隔热性能不及木质装具，且造价较高；木质装具的防潮隔热性能较好，造价低、自重轻，但耐用性差。在选择档案装具时，应该根据需要综合考虑、择优选用。

其中，活动式密集架平时合为一体，用时可以手动或电动打开，比常规固定架柜节省近2/3的库房面积，且节省近1/3的建筑费用。活动式密集架防火、防光、防尘性能较好，而且节省库房空间和库房建筑费用，是目前较为先进的一种档案装具。但是，安装活动式密集架对库房的要求较高，地面承重能力需在每平方米2 400 kg以上，还必须考虑整个建筑物的坚固程度以及使用年限等相关因素。

（四）档案保管技术设备

档案保管技术设备包括档案保管、保护工作中使用的相关机械、仪器、仪表、器具等，但不包括库房、装具、卷皮、卷盒、药品等。

档案库房的基本技术设备包括防火、防盗监控设备，空气温湿度监控与调节设备及其他设备。

1. 防火、防盗监控设备

档案库房防火、防盗监控设备主要有无线红外探测器，烟感、温感火灾探测器，自动报警器和气体灭火设备。

2. 温湿度监控与调节设备

目前，国内常用的温湿度测量与监控设备有：普通温湿度计、干湿球温湿度计、日记（周记）式温湿度记录仪、智能温湿度记录仪、多路温湿度自动测控仪、温湿度自动监控管理系统等。其中，温湿度自动监控管理系统能进行库房温湿度自动检测和数据的记录、采集、储存、即时显示，并定时或根据要求设定温度、湿度的自动调控，还可根据需要打印任意时间内的温湿度数据或变化曲线，能大大提高档案保护的现代化管理水平。

空调设备主要有中央空调、单体空调（窗式、分体、柜式等）。

湿度调节设备有抽湿机、加湿器等。

3. 其他设备

除了以上设备，档案库房一般还包括装订机、复印机、缩微拍照及缩微品阅读复制机、光盘刻录机、通讯及闭路电视监控设备、消毒灭菌设备以及档案进出库的运送工具等。

（五）档案包装材料

档案包装材料主要有三种：卷皮、案盒和包装纸。在2001年1月1日国家档案局《归档文件整理规则》实施以前，卷皮是使用比较多的包装材料。《归档文件整理规则》则要求纸质载体的文书档案必须使用案盒。

现行国家标准《文书档案案卷格式》（GB/T 9705—1988）规定：卷皮分软卷皮和硬卷皮两种。使用过程中，应注意按文书档案的规格尺寸选用相应尺寸的卷皮。

案盒即档案盒，现在多用牛皮纸、无酸纸和美国纸制成。用案盒保管案卷，有利于防光、防尘、减少机械磨损，便于管理且整齐美观，是目前比较好的方法。案盒必须带有绳带等扣紧装置。

一些不适合装订也不便于盒装的档案，一般采用结实的包装纸包装。这是保存特殊档案的应急措施，前提是这部分档案不需经常使用。

需要说明的是，包装纸只是对纸质文件较为适用。对声像档案和实物档案等其他类型的档案，则要采取其他相应措施妥善保管。

（六）消耗品

消耗品是指用于档案保管工作的易耗低值物品，包括防霉防虫药品、吸湿剂、各种表格及管理性的办公用品等。

总之，档案库房、资料库、装具、技术设备、包装材料和消耗材料在档案保管工作中构成了一个相互关联的保护链条，共同为档案创造良好环境、防护档案免受侵害、维护档案完整和安全。

三、档案保管的方法

档案在库房及装具中的存放要有秩序，不能杂乱无章。维护档案存放秩序，一般有以下五种方法：

（一）档案库房编号

拥有多间或多幢档案库房的档案室（馆），应对库房统一编号。对一般单位来说，楼房内库房自下而上分层编号，每层的房间从楼梯入口处自左至右顺序编号；平房库房应先分院或排，再从左至右统一按顺序编号。

（二）档案装具的排列和编号

库房中档案装具的排列应合理有序，要做到：

第一，整齐一致、横竖成行。不同规格、不同式样的档案架、柜、箱应该分开排列，整齐划一。所有档案装具应统一编号，以便于对库房内档案进行管理。库房内装具的编号方式一般以库房房间为单元，每一单元的所有装具按某一排列走向和顺序依次编列号（排号）、柜架号、格层号（箱号），号码采用阿拉伯数字。一般情况下，从库房门口起，从左至右、自上而下，依次逐一编号。如为5层档案柜编号时，从上到下依次编号为1~5号。

第二，避光通风。对于有窗库房，档案装具每一列的走向应与窗户所在的墙壁垂直，以避免户外强烈光线直射进来；对于无窗库房，档案装具的排列也要以有利于库房的通风为原则。

第三，空间利用充分合理。档案装具的排放应最大限度地利用库房空间，同时考虑管理方便，宽度要适宜，为档案的取放和搬运留有空间。一般来说，档案装具之间的通道宽度要便于档案管理人员的工作与小型档案搬运工具的通行。此外，排放档案装具时不要紧贴墙壁，尤其不能紧贴有窗户的墙壁。

（三）档案的存放顺序

档案在库房以全宗为单位进行排列。排列方法有两种：一是按全宗顺序号排列。这种方法比较有利于对全宗和全宗实体的安排；二是全宗分类排列法。这种方法比较有利于对全宗的系统管理和对全宗信息的控制。

这里所说的档案按照全宗进行排列，并不是说各种不同类型的档案不论在何种情况下都必须存放在一起。在同一载体内，通常按全宗排列，即一个全宗内的档案集中在一起存放、排列，按档案号顺序排放。档案存放与档号编制一致。而一些特殊类型的档案，如照片、影片、录音、录像档案，会计档案以及科技档案等，应该分别保管，不必放在一起。但在案卷目录、全宗指南等检索工具中，要说明属于同一全宗、因类型不同而分别保存的档案的保管情况，并在全宗末尾放置全宗保管位置参见卡（如表5-1所示），指明存放地点，以保持应有的历史联系。

表5-1 全宗保管位置参见卡

全宗号	载体形态	存址	备注
1号全宗	纸质档案	×号库房	1995—2004年
	纸质档案	×号库房	2005—2011年
	声像档案	×号库房	
	科技档案	×号库房	
	会计档案	×号库房	

入库全宗应按照档案进馆的先后顺序排列。全宗的位置确定后，就可以组织档案上架。上架次序按照档案架、柜、箱以及栏、格的编号顺序进行，小号在左，大号在右，从上到下进行存放。

（四）档案的存放方式

档案存放方式一般有竖放、平放、卷放和折叠四种。

1. 竖放保管

竖放时案卷的脊背朝外，库房管理人员可以直接看到卷脊上面的档号，调卷方便。这是目前较为广泛采用的方式。装订成卷（册）、盒装档案和声像档案一般应采用竖放方式。

2. 平放保管

平放比竖放有利于保护档案，空间利用率也较高，但不便于查看卷脊上的档号，存取不便，应注意适当控制档案叠放的高度。这种方法适用于保管珍贵档案和卷皮质地比较柔软、幅面过大、不宜竖放的档案，如底图等。

3. 卷放保管

将档案以张（件）或套（卷）为单位，按照分类排列次序，卷成圆筒，放进特制的纸质筒、金属筒内或柜箱中，这种方法叫卷放保管。卷放保管方法一般适用于较大幅面的领导题词、字画、底图等。

4. 折叠保管

将一些纸质较好、机械强度较高、幅面较宽的图纸档案按 A4 图纸幅面大小为标准折叠（装订或不装订），放进卷盒或柜中，为折叠保管。蓝图一般采用优质纸张，机械强度较好，适宜折叠保管。

（五）档案存放秩序的管理

对档案存放秩序的日常管理和维护是一项基础性工作，非常具体，也十分重要。具体使用的管理工具和方法主要有以下几种：

1. 档案存放位置索引

档案存放位置索引也叫档案存放地点索引，是以表册或卡片的形式，记录档案在库房及装具中存放位置的一种引导性管理工具，指引档案管理人员准确无误地调取、归还案卷，以及进行其他项目的管理工作。档案存放位置索引能清晰地反映各个全宗、案卷的存址，在档案迁移过程中起到重要的引导和控制作用。

档案存放位置索引有以下两种类型：

（1）指明档案存放位置索引

这种索引以全宗及各类档案为单位编制，指明档案存放于哪些库房及装具中。如表5－2所示。

表5－2 指明档案存放位置索引

全宗名称：			全宗号：					
案卷目录号	案卷目录名称	目录中案卷起止号	存放位置					
			楼	层	房间	柜架（列）	柜架	层（格、箱）

（2）指明库房保管档案情况的存放位置索引

这种索引以档案库房和架、柜、箱为单位编制，指明在哪些库房和装具中存放了哪些档案。如表5－3所示。

表5－3 指明库房保管档案情况的存放位置索引

楼：	层：		房间：				
柜架（列）	柜架	层（格、箱）	存放档案				
			全宗号	全宗名称	案卷目录号	案卷目录名称	起止卷号

档案存放位置索引还可以制作成大型图表，张贴在档案工作办公室或库房入口的醒目之处，方便管理人员使用。

2. 装具所存档案标识牌

装具所存档案标识牌是在每一列、每一件、每一层（格、箱）装具表面醒目处设置的标牌，用以标明每一个档案架、柜、箱中所存放档案的起止档号，方便档案管理人员检查和调还档案。

3. 档案代理卡

档案代理卡即代卷卡、代理卡，是库房管理人员编制和使用的一种专门指明档案去向的替代卡片。在档案室（馆）的档案需要暂时移到库外使用时，就要在档案原存放位置放置档案代理卡，便于库房管理人员随时掌握档案流动情况和进行安全检查。

档案代理卡的使用方法是：事先准备好印有固定栏目的卡片；每当从库房中调出一个或一组卷号相连的案卷，就填写一张代理卡，然后放置于所调出案卷的位置上；归还案卷时再将其取出。

档案代理卡实际上是案卷的"替身"。库房管理人员在调卷时应认真填写、正确放置，还卷时仔细核对，这样可以有效地防止档案放错位置。在档案利用频繁、出入库数量大的时候，档案代理卡的效用更为明显。档案代理卡还有另外一个作用，即将使用过的档案代理卡积累起来，可以用来统计、分析档案利用的情况和规律。档案代理卡如表5－4所示。

表5－4 档案代理卡

全宗号	目录号	卷号	移出日期	移往何处		库房管理人员签字（移出）	归还日期	库房管理人员签字（收回）
				单位名称	经手人姓名			

（六）全宗卷

全宗卷是档案保管工作的一个重要管理工具和手段。它是档案部门在管理某一全宗的过程中形成的，记录和说明该全宗历史情况的专门案卷；是一个全宗在形成和管理活动中形成的"档案"，是档案管理活动的原始记录。

档案工作人员在每一个全宗的管理中都应该建立全宗卷。全宗卷包括七个方面工作中形成的文件材料。

第一，档案收集，包括档案移交目录，档案接收、征集记录，档案移交书，档案来源和价值说明等。

第二，档案整理，包括档案整理工作方案，档案分类方案，立档单位和全宗历史考证，案卷目录说明，整理工作小结等。

第三，档案鉴定，包括档案鉴定小组成员名单，档案保管期限表，档案鉴定分析报告，销毁档案的请示与批复，档案销毁清册等。

第四，档案保管，包括档案安全检查记录，档案受损与修复记录，重点档案采取的特殊保护措施等。

第五，档案统计，包括档案收进、移出登记，档案数量与状况统计，案卷基本情况统计和重要的利用统计表等。

第六，档案利用，包括全宗指南（全宗介绍），开放和控制使用说明，档案利用的登记，机关工作大事记，机关组织沿革等。

第七，档案管理新技术的应用，包括缩微复制和计算机管理等情况的文字说明等。

总之，凡是在档案管理活动中形成的对全宗状况及全宗历史有原始记录意义的文字、图表等材料，均应归入全宗卷。

全宗卷的建立是一个由少到多、不断积累的过程。全宗卷不宜装订，适宜使用活页夹或档案盒保存，以便于材料的积累和整理。全宗卷内的材料不能无限积累，积累到了一定程度，就要进行清理。如果全宗卷内的文件数量较多，可以分为若干卷。

全宗卷也可以看作是全宗的"档案"、档案的"档案"，但不是全宗内的档案。因为档案部门所管理的档案是由立档单位在社会活动中形成的，全宗卷则是档案部门在对其所管全宗的管理活动中形成的，不能将全宗卷当做全宗内的一个案卷看待。因此，为防止在管理上与全宗内的档案混在一起，全宗卷要单独另行存放（按全宗顺序保管），并实施统一管理。一般的存放方式是：每个全宗的全宗卷，既可以按照全宗号进行排列并专柜保管，也可以放置于每个全宗排列的卷首。

四、档案库房管理制度和措施

档案库房管理是档案保管工作的主要体现形式。因为档案绝大部分时间存放在库房里，档案保管工作也大多在库房中进行。

为了保证档案的安全，必须根据档案库房的具体情况采取适当措施，将库房环境控制在适宜档案实体保存的安全范围之内，最大限度地避免外界不良因素的侵害。为此，档案库房管理要建立以下八个方面的制度或措施：

（一）人员进出库制度

库房作为档案保存的重要场所，人员进出不可避免，但各种问题也随之而来。为了保证档案的绝对安全，防止档案因为进出库人员的过失或有意行为而受到损害，必须对进出库房的人员及其进出的方式、时间、要求等进行必要限制，并作出专门规定。

库房管理人员是库房管理的主体，也是库房管理的客体，因此也应该对其行为进行必要的限制性规定。库房管理人员自身也应该提高认识，自觉遵守库房管理的有关制度，其基本内容包括：一是非工作时间一般不允许进入库房；二是库房内不允许从事与库房管理工作无关的活动;三是不得携带饮料、食物进入库房,不得在库房内吸烟、喝水、吃东西;四是库房无人时必须关灯、关窗,并将库房门上锁等。

除了库房管理人员,其他人员一般不允许进入档案库房。如果非档案工作人员因工作需要,如参观、维修库房或设备等进入库房,必须登记来访的人员、时间、目的,并由库房管理人员始终陪同。制作《人员进出库房登记表》(如表5-5所示)的目的就在于此。一般是制作成表册,放置在库房入口处,其他人员每次进出库房必须进行登记。

表5-5 人员进出库房登记表

日期	进入时间	离开时间	部门	人员签字	备注

建立健全人员进出库制度,有助于把人员对库房的不良影响降到最低。

(二)档案出入库管理制度

档案的寿命与出入库过程有很大关系,经常处于流动和变化状态的档案尤其如此。为了保证这些档案保管得当,档案部门应加强对库存档案变化情况的管理,收进、移出、保存、销毁、展出等都要履行严格手续。因此,要制作《档案出入库登记表》、《档案收进、移出登记表》(如表5-6、表5-7所示),档案借出登记簿等表册和档案代理卡,以便库房管理人员随时掌握档案的库存量、借出量、阅览量、移出量、销毁量,保证账物符合,完整无缺。这一点将在下面档案流动过程中的维护和保护部分详述。

表5-6 档案出入库登记表

出库时间	档号	数量	出库原因	归入时间	经办人

表5-7 档案收进、移出登记表

日期	部门	类别	起止卷号	起止件号			档案所属年度	档案数量（卷/件）					移交人	接收人
				永久	30年	10年		合计		其中				
								卷	件	永久	30年	10年		

（三）档案清点制度

清点档案是为了及时发现档案秩序错乱现象及缺失问题，并予以纠正和追寻，使档案实体完整、齐全、有序。

档案清点工作一般在以下情况下进行：一是档案接收入库时；二是库房管理人员工作变动时；三是库房管理人员与其他利用档案人员在档案日常管理利用后交接时；四是发生与档案安全有关的突发事件，或档案大规模搬迁、整理、利用后；五是定期清点，一般档案室2~3年、档案馆3~5年全面清点一次。

档案清点后要形成记录，并归入全宗卷。清点人和交接人在清点记录上签名，对清点中发现的问题及产生原因都应详细记录在案，特别要准确记录档案的缺损情况，并落实到卷号。

（四）档案安全检查制度

为及时了解库存管理和档案实体的真实状态，防患于未然或及时改进工作，要开展档案安全检查工作。建立并严格执行档案安全检查制度，是库房管理的一项重要工作，也是维护档案安全与完整的一项重要措施。

安全检查工作主要围绕档案保管状况、库房管理状况、保密工作情况等展开，包括：检查档案保管各项制度的执行情况，检查档案的收进、移出数量与档案登记簿中的数量是否符合，检查档案有无遗失、泄密、破损情况，检查档案库房是否存在某种安全隐患，检查档案文件有无机械磨损、人为撕毁、自然老化、字迹褪变、泅水、渍化、受潮粘结、虫蛀鼠咬、霉变等损坏情况，检查消防器械是否齐全，检查门窗是否牢固，等等。

（五）库房用电安全制度

建立库房用电安全制度是保证库房安全管理的重要措施之一。为了防止因电力、电气设备的安装使用不当造成安全问题，库房用电要注意安全。库房用电安全制度主要包括：

一是电器设备应定期检查、保养，发现隐患及时排除；二是空调机、抽湿机、微波杀菌灭虫机等设备要有专人管理；三是严禁工作人员擅自改接电线、电源；四是严格控制使用明火及电炉、电熨斗等电器设备，严禁在库房吸烟。

（六）库房的"八防"措施

防火、防水、防潮、防霉、防虫、防光、防尘、防盗措施构成了库房管理的"八防"。这"八防"基本囊括了可能损害档案的各种自然因素和人为因素，是库房管理工作的重要内容。

1. 防火

防火是库房"八防"的第一大要求，具体包括：
第一，在库房装具、照明灯具及其他电器的选用时，保证材质、性能上的安全性。
第二，在各种器材的安装方面严格按照规范执行，保证线路的安全。
第三，档案库房中按照消防规定配备性能良好、数量足够的消防器材，并安放在便于取用的地方。
第四，消防通道严禁堆放杂物。
第五，库房管理人员学习消防的基本知识并掌握灭火的技术方法。
第六，在条件允许的情况下，安装防火（烟雾）报警器和自动灭火装置。
第七，档案部门应建立消防预案，在有条件的情况下经常进行演练。

2. 防水

防水主要涉及库房的选址。档案库房不能设置在地势低洼处，库房应远离洪水易发多发的地点，选择有利于防洪的地段，库房内及附近不能有水源。

3. 防潮

防潮要求注意库房温湿度的控制，尤其是湿度的控制。措施有：采用密闭隔热技术，安装通风、降湿、空调设备，采取通风、换气、除湿和降湿措施等。具体做法可参考"控制库房温湿度的措施"部分。

4. 防霉

防霉主要是预防或抑制以霉菌为主的微生物在档案库房内的生长、发育、繁殖及其对档案实体的破坏。具体方法有：
第一，及时清理和打扫库房、装具、设备、档案中的灰尘，定期清除库房内的垃圾，维持库房内的清洁卫生。
第二，对库房的进出口、通风口等主要空气通道采用过滤设施，净化入库空气。

第三，严格控制库房的温湿度。

第四，在档案实体和装具上放置低毒、无色、高效、性能稳定的防霉药品，抑制有害微生物的生长、蔓延。

5. 防虫

创造并维持不利于害虫生长且不损害档案的环境，是防虫的关键。具体措施有：

第一，库房的选址要远离粮仓、货仓、食堂等场所。

第二，库房地基要采用钢筋水泥或石质结构，要加强门窗、地板、墙面、屋顶的封闭性。

第三，搞好库房内外的清洁卫生，做好档案入库前的灭菌消毒工作。定期检查档案，一旦发现疫情，立刻进行熏蒸消毒处理。

第四，在档案库房和装具内放置驱虫药物。

6. 防光

光线对档案实体有一定的破坏作用，紫外线的破坏作用更大。防止和减少光线对档案危害的具体措施有：

第一，库房的建造应尽可能采用全封闭（即无窗）样式；若有窗户也应尽可能小。如果库房本身即为有窗建筑，要采用安装遮阳板、滤光玻璃或窗帘的方式加以遮挡，尽量减少光线的透过量，降低紫外线造成的危害。

第二，档案库房内使用含紫外线少的白炽灯，并加乳白色灯罩。灯泡以磨砂灯泡为宜，禁止使用日光灯。

第三，档案使用过程中，应尽量减少受光照射的时间和光辐射的强度。档案受潮、水浸、霉变、生虫时，不能在阳光下直接曝晒，要置于通风处晾干。

7. 防尘

灰尘是危害档案的隐性因素，也会对档案造成一定污染。预防措施有：

第一，库房选址应尽量避开工业区或人口稠密地区。

第二，库房建筑要选择坚硬、光滑、易清洗的材料作为墙面、地面，防止库房内表面起尘，提高库房的密闭程度，采用空气净化装置过滤和净化空气等。

第三，档案入库前要进行除尘处理，日常管理工作中要注意清扫档案库房以及装具、档案本身的灰尘。

8. 防盗

档案库房的门窗要坚固，有关人员进出时一定要锁门，并尽可能安装防盗报警装置。

（七）控制库房温湿度的措施

档案库房内的温湿度直接影响档案的自然寿命，这是危害档案的环境因素。根据有关规定，适宜于纸质档案保存的库房温度是 14～20 ℃，相对湿度是 50%～65%，一昼夜允许温度变化范围为 ±2 ℃，湿度变化范围为 ±5%。档案室（馆）应在库房内配置精确可靠的温湿度测量仪器，随时测量并记录库房温湿度的具体指标状况，以便准确掌握库房温湿度情况，及时进行控制和调节。根据库房的不同条件，具体措施主要有两种。

1. 严格封闭库房

隔绝库房内外温湿度的流通；在库房内安装空调或恒温、恒湿设备，将温湿度人为地控制在适宜的指标范围内。但是，这种方法所需费用较高，并非所有档案室（馆）都能做到。

2. 人工调控

对于难以做到密闭库房又无力承担配置空调或恒温、恒湿设备费用的档案室（馆），可以采用一些机械性或自然性的措施，人工调控库房的温湿度。具体措施有：

第一，给档案库房门窗加密封条，减少库房内外温湿度的相互交流，并防尘。

第二，使用增（降）温、增（降）湿机械设备调控，改变库房原有温湿度。这种措施要同时配以适当的密封措施。

第三，当库房外温湿度适宜而库房内较高时，可打开门窗，或用排风扇、换气扇等进行自然通风，用库房外的自然温湿度来调节库房内的温湿度，使其渐趋一致和均衡。这种方法局限性较大，需要把握好库房内外温湿度的差异，以及通风时机、具体时间、过程长短和强度等。

第四，用简便的人工方法调节。例如，在库房地面洒水，放置水盆、湿草垫，挂置湿纱布、麻绳等来增湿；在库房中或档案装具内放置木炭、生石灰、氯化钙、硅胶等物质，用来降湿。但这些方法只能产生局部效果，且很有限。

总体上看，上述措施虽然达不到库房密闭的效果，但若运用得当，也可以在一定程度上控制库房的温湿度。

（八）档案应急抢救措施

为保证档案在突发灾害事故时获得及时救护、最大限度地避免损失，档案部门一般要编制应急抢救预案，并做好相应的准备工作。在许多单位已具备现代化档案管理条件的情况下，仍然需要在强化安全意识和管理措施的前提下，做好应急准备，确保各类档案特别是重要档案的安全防护。具体措施包括：

第一，编制档案应急抢救预案。针对可能发生的水灾、火灾、塌方、盗窃等灾害，要设计防范和抢救措施，包括对档案进行分级抢救，以便在非常紧急的情况下保证永久保存档案的完整和安全。

第二，落实档案应急抢救预案要求，在组织、人员、设备、环境等方面提供切实保障；经常进行模拟演习，使相关人员熟悉紧急情况发生时的应对方法，保证预案的可行性和有效性。

五、档案流动过程中的维护和保护

档案在流动过程中处于有静有动、动静交替的状态，档案管理工作因此带有了明显的动态性、复杂性和综合性。

档案流动的根本原因在于对档案的使用。使用档案的原因大体有两种：一是社会各界对档案的利用（要求档案部门做好档案的提供利用工作）；二是档案部门出于管理与开发的需要对档案的使用，如整理、鉴定、编制检索工具、缩微复制和编研等。无论是哪种情况，为了保证档案实体的有序和完好无损，需要做好档案使用过程中的维护与保护工作。一般从以下两个方面入手：

（一）建立并严格执行档案在流动过程中的维护与保护制度

1. 档案使用的登记和交接制度

档案无论因何原因被使用，库房管理人员都必须对调卷、还卷及交接行为实行严格的登记和交接手续。要设计《档案阅览登记表》、《档案借出登记表》、《档案复制、摘抄登记表》等表格（如表5-8、表5-9、表5-10所示），用于辅助管理。

表5-8　档案阅览登记表

序号	日期	姓名	单位/部门	借阅档案信息				归还时间	签收人	备注
				借阅时间	档号	名称	数量（卷/页）			

表 5-9 档案借出登记表

借阅日期	单位	利用目的	借出档案								归还	
			档案门类	年度	保管期限	档号	数量	期限	借阅人	接待人	日期	经手人

表 5-10 档案复制、摘抄登记表

编号	利用者			拟复制、摘抄档案		份数	用途	审批		日期	复制摘抄人签名
	姓名	职务	工作单位	文件标题	档号			意见	审批人		

档案出入库时、与使用者交接时，必须全面清点数量是否准确，全面检查档案状况良好与否，并做好记录。履行签收手续时，要做到清楚、细致、严格。

2. 档案使用行为的管理与限制制度

库房管理人员除了要管理好档案的出入库情况，还应该严格管理和限制档案使用者的行为，防止出现损害档案的情况。使用档案时，应禁止下列行为：

第一，使用者吸烟、喝水、吃食物。

第二，在档案上勾画、涂抹、撕损、剪切等。

第三，擅自带离规定的使用场所（办公室、阅览室等）。

第四，使用者之间私自交换阅览其他人借阅的档案。

第五，擅自拍照、抄录、复印档案（经批准的这类行为，不得损坏档案的理化状态）。

为了防止档案损毁，要在档案库房的醒目处张贴档案的保护措施和要求，并对损害档案的行为作出严格的惩罚规定。

(二) 档案在流动过程中的维护与保护方法

1. 数量与顺序的控制

当使用者所需档案的数量较大时,应按制度规定分批定量提供,并要求使用者在使用和交还档案时保持其排列秩序,以免错乱。

2. 对利用行为现场的监督与检查

档案部门应在档案利用现场配备管理人员进行监督,并随时检查使用者的行为,发现问题要及时指出并予以纠正。有条件的档案部门还可配备闭路电视监控系统,协助管理人员实施监控工作。

3. 利用方式及利用场所的限制

档案的利用以现场阅览为基本方式。拍照或复印等利用方式,必须经过批准,且原则上由档案工作人员亲自完成。

档案利用场所应为集中式的大阅览室。一般不为使用者安排单独房间,以免出现意外。

4. 对重要档案的保护性措施

对重要档案要重点保护。主要措施有:
① 严格限制利用。
② 即使提供利用,一般不提供原件,只提供缩微品或复印件。
③ 利用中要特别注意监护,必要时可责成专人始终陪同,监护使用者的行为。
④ 对重要档案拍照或复制,应比一般档案有更严格的限制和保护性措施。

▶ 项目实施

1. 项目实施条件

① 实施场所:可安排在秘书实训室或模拟档案室。
② 实施设备:各类档案装具、各类技术设备、包装材料等。
③ 所需文具:笔、尺等。
④ 全班按4~5人一组分组。
⑤ 指导老师明确任务要求,由老师指定各小组任务,或由各小组临时抽题,根据任务要求进行实训。
⑥ 条件许可时,可安排学生到校内办公室或档案室参观见习,请办公室秘书或档案

管理员现场讲解档案保管的具体做法和要求。

2. 项目实施过程

任务1：确定库房的选址、装修和装具配备方案，并绘制档案库房平面图。

第一步：参照《档案馆建筑设计规范》，根据项目情境，讨论4个库房在办公楼中的选址要求。

第二步：根据档案库房建筑要求，讨论库房装修、装具、设备配备要求。

第三步：确定库房各设备的摆放位置，并绘制档案库房平面图。

任务2：为库房和装具（架、柜、箱、盒等）进行排列、编号。

第一步：根据任务1的设计，从楼梯入口处自左至右为4个库房编号。

第二步：根据任务1的设计，对每一库房内的装具，从库房门口起，从左至右、自上而下，依次编号。

第三步：为编好号的装具贴上标签。

任务3：对库房内不同类型的档案进行合理存放。

第一步：对不同类型的档案进行分类。

第二步：确定各类档案的存放位置。

第三步：将不同类型档案按顺序和规格的不同，分别有序摆放在相应的库房及装具中。

任务4：对流动过程中的档案进行管理。

第一步：阅览者提出要阅览某一档案，工作人员进入某库房。

第二步：工作人员查找档案存放位置索引，找到后放入档案代理卡，拿出该档案，填写档案出入库登记表。

第三步：阅览者在阅览室借阅档案，填写档案阅览登记表。

第四步：部分阅览者需借出档案，填写档案借出登记表。

第五步：部分阅览者需复制或摘抄档案，填写档案复制、摘抄登记表。

第六步：阅览者归还档案，工作人员填写完相关信息，进入库房，填写档案出入库登记表，存放档案，取出档案代理卡，离开库房。

▶ 项目评估

1. 实训结果

① 学生绘制完毕的库房平面图。

② 学生按要求编好库房和装具的号码。

③ 学生演示在不同的装具中存放不同种类档案的过程。

④ 学生正确进行档案流动过程的管理。

2. 成绩测评

① 学生进行自评和互评。
② 教师对学生的实训过程和实训结果进行讲评。
③ 评分表：

档案鉴定实训评分表

项目 组别	绘制库房 平面图 （30分）	库房和装具 编号 （20分）	档案的存放 （20分）	档案流动 过程管理 （30分）	总分 （100分）

实训拓展

① 把所在院（系）本年度不同类型的档案，按照合适的存放方法放入档案装具。
② 制作各类表册、卡片、索引等管理工具，在所在院（系）档案库房演示流动过程中档案的管理。

项目六 档案提供利用

▶ 教学目标

1. 知识目标

① 了解档案提供利用工作的含义。
② 熟悉档案提供利用工作的内容和意义。
③ 熟知档案提供利用工作的要求。

2. 能力目标

① 掌握档案提供利用的方式。
② 能够按利用者需求进行档案利用服务。
③ 能够编写档案参考资料。

▶ 工作任务

1. 项目情景

永乐贸易有限公司是宏达电器有限公司在华南地区的独家经销总代理商,最近两家公司在产品的购销活动中出现了纠纷,现需查找 2005 年两家公司签订的合同以解决纠纷。永乐贸易有限公司档案管理员晓慧接到任务后,需在众多的档案中快速准确查找到 2005 年的这份合同。请你帮助她运用不同的手段快速查找到所需档案,并按要求提供利用。

2. 任务要求

根据利用者需求,运用多种方式,提供档案利用服务:
① 通过手工查检 2005 年签订的这份合同。
② 通过档案管理软件检索 2005 年签订的这份合同。
③ 根据需要将合同复制好提供给利用者使用。
④ 将本单位与合作单位的合同汇集起来,制作成专题文件汇编,以方便查找利用。

▶ 知识准备

档案提供利用是以利用者为服务对象,以档案室(馆)藏档案资源为基础,根据利用者的需求,通过一定的形式和方法,直接提供档案为利用者服务的一项档案业务工作。档案提供利用工作是档案工作服务性的集中体现,也是档案工作的根本目的。

一、档案提供利用工作的内容、意义和要求

（一）档案提供利用工作的内容

档案室（馆）所展开的档案提供利用工作包括前台服务，也包括后台的组织与准备，主要包括如下内容：

第一，根据室（馆）藏档案的数量、内容、成分、价值等基本情况，编制各种类型的检索工具供利用者使用。

第二，以档案室（馆）藏档案资源为基础，通过各种方式、方法，为利用者提供档案信息，进行咨询服务。

第三，调查、分析和预测单位和社会对档案的需求，根据需求制作档案文件汇编、参考资料等。

第四，建立档案利用服务反馈机制，及时了解和掌握档案利用情况，以及用户的意见和建议，不断改进档案提供利用方式方法。

（二）档案提供利用工作的意义

档案提供利用工作兼承着档案工作的内外关系，在档案工作中占有突出地位。开展档案提供利用工作，对档案工作的发展具有重大乃至决定性影响。其意义主要表现在三个方面：

第一，档案提供利用工作代表整个档案工作的成果，集中体现了档案工作的方向和作用。档案提供利用工作做得如何，是衡量档案室（馆）业务工作开展的程度及其质量高低的主要标准。

第二，档案提供利用工作在一定程度上体现了单位及社会利用档案的需要，对整个档案工作能起到一定的推动作用。它促使档案工作人员认真做好档案的收集、整理、保管等业务工作环节，促进这些工作环节的开展和业务水平的提高。

第三，通过开展档案提供利用工作，档案室（馆）与广大利用者有更广泛的联系，使档案工作产生更大的影响，这是对档案工作最实际、最有效的宣传，能引起各级领导和各部门对档案工作的重视和广泛支持，更能促使全社会都重视档案工作，提高档案意识。

（三）档案提供利用工作的要求

1. 依法开展档案利用工作

档案是一种独具特色的公共信息资源，又是受一定限制利用的信息资源。由于一些档案的内容涉及国家、单位的一系列重大机密事项，或涉及公民的个人隐私，所以对它们的利用范围和程度必须加以控制。

目前，在档案提供利用工作中，除了档案工作的基本法《中华人民共和国档案法》

之外，还有一些直接相关的法律法规对其起规范作用，包括《中华人民共和国保守国家秘密法》、《中华人民共和国民法通则》、《中华人民共和国著作权法》等。档案工作人员要熟悉相关的法律法规，严格按照法律法规开展档案的提供利用工作；同时，还要积极地向档案用户进行法律法规宣传，使其依法利用档案。

2. 主动开展档案利用服务

主动分析社会需求，把握需求动向，是主动开展档案利用服务的一个前提。在提供利用服务的过程中，要充分了解单位或国家各个时期的工作目标和任务，掌握档案的现实需求和需求动向。可以通过用户了解档案利用需求，利用一些调查统计的手段，如发放调查问卷、进行网络专题调查等，统计和分析利用者对档案的需求倾向或愿望。然后根据社会需求，采用多种形式和方法，如介绍室（馆）藏档案内容、开展档案展览、编写档案参考资料等，主动开展档案利用服务工作。

3. 积极进行档案业务建设

档案提供利用工作，需要依托于扎实的基础性工作、必要的硬件设施和完善的规章制度等的支持。因此，档案室（馆）应全面加强业务建设，为档案利用服务奠定坚实的基础。要充分利用现代化管理手段，如信息处理和网络技术，开发新型的档案信息文献资料，以满足用户对档案信息不同层次、类型的需求。要建立良好的运行机制，最大限度地为用户提供档案信息服务，帮助用户解决问题。与此同时，档案工作人员应熟悉档案室（馆）藏档案的情况，成为档案管理的技术能手，切实做好档案提供利用工作。

4. 正确处理利用和保密的关系

档案保密的目的就是为了利用。但是，有一部分档案涉及单位或国家的机密，在提供利用过程中要注意保守机密。利用与保密，从根本目的上说二者是一致的，都是为了更好地发挥档案的作用。但是，过分强调利用而不注意保密，或片面强调保密而忽视提供利用，都会影响档案价值和作用的发挥。所以，应当正确处理两者对立统一的辩证关系。档案在什么情况下保密或可以利用，都必须服从国家和人民的利益。在这一大前提下，应解放思想，积极提供利用，严谨务实，注意保密，把保密和提供利用有机地结合起来。

二、档案提供利用的方式

（一）档案阅览

档案阅览服务是指档案室（馆）在内部开辟阅览室，向利用者提供档案原件的一种服务方式。在档案室（馆），大都辟有供利用者查阅档案的阅览室，这是档案部门提供档案利用最为普遍和主要的服务方式。

档案室（馆）通过开辟档案阅览室，提供档案现场阅览，有利于保护档案原件的安全，并在一定程度上提高了档案的利用率。同时，阅览室是档案部门联系利用者的纽带，档案部门可以通过阅览室直接了解利用者对档案的需求，与用户建立良好的互动关系。

为了保证阅览室既能为用户提供良好的服务，又便于档案室（馆）的管理，在阅览室的设置上应注意以下几点：

第一，选址适当。档案阅览室的地址应选择在环境安静、空间宽敞、光线明亮的地点，以便利用者阅读文件。

第二，分区合理。档案阅览室内部应以利于管理、方便利用为原则，合理划分服务、检索工具、资料、阅读、视听、休息等不同功能区，使其布局既合理又实用。

第三，设备适用。阅览室应设有服务台、阅览桌、存物处、布告栏、目录柜、检索工具、监护设备、参考资料以及电脑、复印、扫描等设备。为了方便利用者，还要准备与档案相关的历史、经济、政治等方面的文摘资料以及索引、书目、辞典、年鉴、手册、指南之类的工具书，供利用者随时查阅使用。

第四，制度健全。为了便于用户查阅档案，防止档案遭受损失，确保档案的安全，必须制定阅览室服务人员和用户共同遵守的规章制度，比如《阅览室接待范围》、《阅览室借阅档案范围》、《阅读档案须知》、《阅览室利用登记制度》等，张贴在醒目处。同时，阅览室工作人员还要大力宣传，并特别提醒利用者：不能在档案上面做任何记号，不得涂改、污损、剪裁档案等；不得在档案室内吃食物、喝水以防止污染档案；不允许将档案带出阅览室。在阅览完毕归还档案时要进行严格检查，确认无误后方履行签字手续。对于发生违规行为的，必须予以严肃处理。

有些企业、事业单位因其科技人员众多，阅档数量巨大，应建立内部开架阅览室。其具体做法是：第一，只允许本单位内部有关科技人员进入开架阅览室；第二，提供科技档案的副本以及非密或密级较低的档案开架阅览；第三，编制开架部分科技档案的检索目录，并注明存放位置；第四，对开架阅览的档案资料及时进行整理，以便他人阅览。

（二）档案外借

档案外借是指在特殊情况下，档案室（馆）允许利用者将档案原件或副本借出室（馆）利用的情况。单位的领导和业务人员出于工作需要，从档案室向外借阅档案的情况较多。对于特别珍贵且易损的文件、古稀文本以及照片、录音带、录像带等原件，禁止借出使用。档案馆通常不出借档案。

为了对档案外借进行控制和管理，档案室（馆）要建立严格的制度，其中包括外借的权限、范围、审批手续、归还手续以及借阅者责任和义务等。对档案一次外借的数量要适当控制，期限也不宜过长；借阅单位要注意保密和妥善保护档案，严禁将档案转借和私自摘录、复制、翻印，更不能遗失、拆散、调换、抽取和污损档案材料。借阅单位要按时归还档案；归还档案时，档案管理人员要仔细检查档案的质量和数量，确保其完好无损。

（三）制作档案复制本

随着信息处理技术手段的不断进步，根据档案原件制发复制本，已经成为档案部门提供档案利用的一种趋势。

档案复制本分为副本和摘录两种类型。副本是通过摄影、扫描和复印等方式整体"克隆"档案原件，反映了原件的所有部分；摘录是通过手抄、打字、复印等方式，根据利用者的要求"克隆"档案的局部，所反映的是原件中的某个问题、段落或事实。

制作档案复制本提供利用具有明显的优点：其一，用复制本代替档案原件提供利用，可以有效地减少利用档案原件时对原件造成的磨损或损害，延长档案原件的寿命；其二，制发复制本，可以为档案孤本制作出多份"替身"，满足不同利用者的需求，提高档案的利用效率；其三，档案室（馆）在提供利用过程中制发档案复制本，还在一定程度上降低了孤本档案遭受损坏的风险，万一档案原件损毁，复制本可以起到"复原"的作用。

档案室（馆）制作档案复制本有两种情况：一种是作为业务建设，普遍将档案原件通过缩微或扫描技术制成缩微胶片或光盘，在阅览室替代原件提供利用；另一种是利用者需要将复制本携带出档案室（馆）阅读或作为凭证等。在这种情况下制发档案复制本，需要由用户提出复制申请，说明复制的理由、内容和份数等，经一定的批准手续后方能复制。复制本要与原件进行校对，确认无误后需在复制本的边上或背面注明档案原件的编号、档案室（馆）的名称，并加盖公章。

（四）制发档案证明

档案证明是档案室（馆）根据用户的申请，为证实某件事实在本室（馆）的档案中的记载和如何记载而开具的书面证明材料。档案证明在解决单位或个人用户权益问题中具有可靠的凭证作用，为此，在制发证明时须严格遵守如下规定：

第一，制发手续：用户申请。档案证明必须根据单位或个人的正式书面申请才能制发。在申请书中要写明获取档案证明的目的，要求证明的事项，以及事项发生的时间、地点等基本信息，以便对申请书进行审查和对档案材料进行查找。

第二，制发依据：档案原件。档案证明必须依据档案正本或可靠的抄本来编写。在没有正本或可靠抄本的情况下，才可以根据草案草稿编写，并在证明书上注明"未经签署"、"记录草稿"等。如发现档案材料互相矛盾，应将几种不同的材料同时列入档案证明中，以供用户分析研究。所有的档案证明都要注明材料出处和根据。

第三，制发方法：引述原文。档案证明不同于国家公证机关制发的公证文书，它不是直接对事实下结论，而是证明某种事实在档案中有无记载以及如何记载。因此，档案证明以引述或节录原文为主要方法，如果必须由档案工作人员根据档案内容综合或摘要叙述，则务必保证表述的准确性和真实性，不能擅自对档案材料进行解释说明。

第四，制发标志：加盖印章。档案证明的内容必须针对性强，不能超出申请证明的问题而列入其他材料；文字表达要字斟句酌确切无误。档案证明写好后，需要认真校对，并加盖档案室（馆）公章才能生效。

（五）档案展览

档案展览是档案室（馆）根据需要，按照一定的主题，采用平面或立体的展示手法，系统地陈列展示档案原件或复印件的一种主动提供利用的方式。

1. 档案展览的形式

（1）按展览的期限划分

有长期性档案展览和短期性档案展览。长期性档案展览通常在档案馆内固定的展厅展览，内容多为珍贵室（馆）藏、国家或地区重要历史面貌方面档案史料的展出。例如中国第一历史档案馆的《馆藏珍品陈列展》、北京市档案馆的《中华民族不可侮——北京地区抗战史料展》等。短期性档案展览有时是根据单位的工作需要而举办，有时是为了配合单位的重要活动、纪念日等而举办，如公司、学校等组织成立周年庆典时所举办的成就展、回顾展等。

（2）按展出的内容分

有综合性档案展览和专题性档案展览。综合性档案展览的内容通常涉及一个国家、地区、单位或著名人物全面的情况，例如由国家档案局、中央档案馆主办，各地市档案局（馆）协办的《中国档案文献遗产珍品展》，展品是精心选自全国20多个国家综合档案馆的我国顶级档案文献珍品。而展示一个国家、地区、单位或著名人物的某一方面的情况的，则为专题性档案展览，如由广东省档案局（馆）与中国第一历史档案馆合作举办的《海邦剩馥——广东侨批档案展览》、由外交部档案馆举办的《新中国外交历程图片文献展》。

（3）按展出的地点和方式划分

有固定档案展览、巡回档案展览和网络档案展览。固定展是在档案展厅、博物馆展厅或单位展室举办的展览，其特点是展品数量较多、规模较大、展出布局比较复杂。巡回展是档案馆为了扩大档案展览的社会教育面，将档案展品进行流动展示，其特点是选题与广大群众的关系密切，展览的规模不大，展品布置比较简单，方便布置。例如，由国家档案局、中央档案馆主办，各地市档案局（馆）协办的《中国档案文献遗产珍品展》，就在全国各地巡回展出，吸引了众多市民前往参观，充分发挥档案应有的价值。随着我国档案馆工作网络的建立，许多档案馆已经在网站上开辟了展览与展示专栏，有的将现场展览的一些内容在网上展出，有的则直接在网络上组织各种专题展览。这种方式具有展览组织快捷、展出方式灵活、节省展出空间、用户参观方便、扩大展览效果的优点。

（4）按档案展览的组织过程划分

有档案室（馆）独立主办的展览和档案室（馆）与其他单位联合举办的展览等。

总之，档案展览的形式多样，各单位举办档案展览要根据实际需求及目的，选择适当的展览形式。

2. 档案展览的组织

（1）确定主题

举办档案展览首先要确定好主题。应围绕本单位的重大任务，把握好形势的发展和需求，选择有馆藏基础又能够抓住观众关注点或具有宣传、教育意义的题目组织展览。

（2）精选材料

档案展览要在有限的空间内将题目所应揭示的内容充分展示出来，因此，展出材料的选择是一个关键的环节。档案展览要求选择能够正确揭示事物本质和反映历史事件真实面貌的档案，以及最具典型意义的和具有长远查考利用价值的档案材料。

（3）设计格局

档案展览的布局需要根据展出目的，既揭示主题的全貌与实质，又要表现出独到的艺术效果，所以应将展品、场地、光线等因素有机地结合起来。通常做法是，根据展览主题，将档案文献分为若干专题，再按照一定的时间和事件顺序进行排列，充分照顾各个专题之间的互相联系以及整个展览的系统性和完整性。为了便于观众充分理解展览主题，主办者还需为展览编写前言、专题提要和介绍等文字材料，将其穿插布置于展品之间，起到提示引导的作用。

（4）保证档案安全

档案展览是将档案置于公共场所供参观者观看。由于档案本身的特殊性，除非特别必要，通常展出的档案大多使用复制品。如果必须展示档案原件，则应采取安全的展出装置加以严格保护，防止档案的损毁和遗失。

（六）档案咨询

利用者在利用档案过程中会遇到一些疑难问题，如不了解检索工具的使用、档案形成的背景、专业的名词术语以及档案室（馆）的情况等，这时就需要档案工作人员给予准确的解答。档案室（馆）通过口头、书面或网络的形式解答利用者的问题，就是档案咨询工作。档案室（馆）积极开展咨询工作，不仅能够有效地帮助用户解决档案的利用问题，而且还能起到宣传档案及档案工作的作用。

1. 档案咨询的类型

档案咨询的类型包括三类：

一是事实性咨询，即档案室（馆）解答用户关于特定事实或数据问题的过程。

二是知识性询问，即档案室（馆）解答用户关于检索工具使用、名词术语、历史知识、档案室（馆）情况等方面问题的过程。

三是查询性咨询,即档案室(馆)根据用户的需要向其提供专题档案信息的过程。

2. 档案咨询的程序

档案咨询的程序有以下五个步骤:

第一,接受咨询。当用户提出咨询要求时,应首先了解其咨询的目的、内容、范围及要求等,对本室(馆)承担咨询任务的能力进行评价;确认能够承担任务后,通过登记的方式接受咨询任务。对于本室(馆)暂无能力解决的问题,要将问题记录下来,设法为用户寻找解决途径。

第二,分析问题。为了准确把握用户的意图与目标,在接受咨询任务后,需要对用户的问题进行分析,以确定查找档案的范围和深度,选择适合的工作方法等。

第三,查找档案。根据对用户问题的分析,查找档案和相关资料,并将所需信息记录下来,作为解答询问的依据,或直接提供给用户。

第四,答复咨询。根据咨询的深度或范围,答复咨询可以采用现场解答、电话解答、书面解答、提供材料等不同方式。

第五,建立咨询档案。为了掌握咨询工作的规律,积累咨询问题和相关资料,不断提高咨询质量,对于咨询过程要进行登记和记录,定期整理、鉴定和分析,建立完整的咨询档案。

(七)网络提供利用

网络提供利用是档案室(馆)通过互联网或局域网提供档案原件和档案检索信息、举办档案展览、进行咨询等在线开展档案信息服务的方式。与传统档案提供利用方式相比较,利用网络开展工作可以摆脱场地、时间、人员等因素的制约,集多种信息服务形式为一体进行全天候服务,有利于档案部门和人员充分发挥主体作用,创造性地开展档案提供利用工作。开展网络档案提供利用工作的主要步骤如下所述:

1. 选择形式、题目与制订计划

开展网络提供利用工作是一项时间较长的建设任务,应该根据本单位的需要事先规划好提供利用的形式,由简单到复杂逐步实施。例如,开始可以将档案目录和少量原件上网;进一步可以开展档案展览、网上咨询。条件允许的情况下,还可以建立 BBS 论坛、进行问卷调查,与各相关部门、用户建立联系,"在线"了解需求、讨论问题等。在选题上也应该贴近本单位突出人物、特色产品、典型事件等方面的题目。在解决查找需求的同时,还要有宣传教育意义。基于上述的考虑,应该制订一个工作计划,规定分别实施的时间、具体内容和所需的条件等,逐一落实。

2. 数字化准备与信息鉴定

在开展网络服务之前,需要将上网信息进行数据化处理,包括通过计算机、扫描仪等设备把纸质档案、传统照片等转化为数字化信息；对视听型录像录音档案按照格式要求处理。上网的信息应以档案为主，根据需要，也可以采用报刊、图书等其他信息资料。同时，对可以上网和因政治、经济、技术、人事等原因不能上网的信息进行鉴定，保证上网信息符合国家的法律规定，并有利于维护单位和个人的合法权益。

3. 网站设计与数据维护

网站设计主要指版式的规划和设计，在这个过程中需要设计不同的栏目，以按照不同的题材、类型或形式多途径地提供档案信息。网站设计一般请专业人员承担，档案工作人员需要与设计人员不断沟通，使网站的功能、版式、布局、图案、色彩等符合专业要求，达到形式与内容的和谐统一。当网站运行以后，档案工作人员需要定期检查其运行情况，了解用户的反映，根据需要补充和更新数据。

三、档案检索工作

档案检索工作就是对档案各类信息进行系统存储和根据需要进行查检的工作。它是开展档案提供利用工作的基础和前提，是开发档案信息资源的必要条件。为了提高档案提供利用的效率，秘书必须从利用者的角度出发，将档案的主要特征标识出来，存储在一定的检索工具中，以方便利用者查找利用档案。

（一）档案检索工作的内容

档案检索工作包括档案信息存储和查检两方面工作。存储和查检是密切相连、不可分割的，存储是查检的前提，查检是存储的目的。

1. 档案信息存储

档案信息存储是指将档案中具有检索意义特征的信息，记录在一定的载体上，进行分类或主题标识，建立档案检索系统的过程。它包括档案的著录和标引、编制检索工具等环节。

（1）档案著录和标引

档案著录是指将档案信息的内容和形式特征进行分析和记录的过程。档案的内容特征是指从档案正文中获取的信息与特征，如内容提要、主题词、分类号等。档案的形式特征是指从档案正文以外直接获取的特征，如责任者、文件字号、文件日期、密级、档号等。

标引是指对文件进行主题分析，将其主题概念转换成规范化的检索标识。这项工作内容是档案馆检索工作的重要内容。但在一般企业或机关组织中，这项工作所涉及的著录项目体现在检索工具中即可。

（2）编制检索工具

即对著录标引后所形成的条目加以系统排列，组成各种检索工具，或输入计算机，建立计算机检索数据库。各种检索工具组合成检索工具体系,它是著录标引的体现,也是查找利用的基础。这个检索工具体系必须符合科学性、实用性、规范性、多面性的需求。

2. 档案查检

档案查检是指利用检索工具和检索系统查找所需档案的过程,包括如下环节:

① 确定查找内容。对利用者的需求进行分析,确定利用者所需档案信息的实质内容,明确档案检索的类目及范围。

② 通过手工检索工具或计算机数据库中的标识进行相符性比较,将符合利用需求的条目查找出来。

(二) 常用的档案检索工具

常用的检索工具有目录、索引和指南。

1. 目录

目录是将一批相关档案的著录条目按照一定的次序编排而成的检索工具,是最常用的检索工具。一般单位中可编制的档案目录主要有四种:

(1) 归档文件目录

由不同的文件条目按照一定的体系和方法排列而成,包括件号、责任者、文号、题名、日期、页数和备注等项目。如表6-1所示。

表6-1 归档文件目录

件号	责任者	文号	题名	日期	页数	备注

归档文件目录应装订成册,一般一年一本,并加上目录封面。目录封面视实际需要设置全宗名称(立档单位名称)、年度、保管期限、问题(机构)等栏目,如图6-1所示。

归档文件目录
全宗名称_____
年　　度_____
保管期限_____
问题(机构)_____

图6-1 归档文件目录封面

(2) 分类目录

按照体系分类法的基本原理，将档案主题按《中国档案分类法》的逻辑体系组织检索工具。分类目录一般采用卡片式，即分类卡片，一文一卡或一卷一卡。分类目录的编制有如下两个步骤：

第一，填制卡片。要根据《中国档案分类法》和《档案著录规则》的有关规定和档案标引的有关要求进行填制。因为分类目录是以分类号为排检项的，所以特别要注意分类标引的准确性。

第二，排列。将填制好的卡片进行系统排列，排列方式应以《中国档案分类法》为准。要注意的是：不同历史时期的档案应分别排列；而同一时期、不同种类的档案应统一排列，不能分别排列。常见的排列方法有年度、发文级别、责任者、时间、地区等。

(3) 主题目录

按照主题法的原理，依据主题词的字顺组织起来的检索工具。主题目录大多以卡片形式编制，一般是一文一卡。编制步骤如下：

第一，编制条目。将一份文件的主题词按一定的顺序著录在卡片上，形成一个条目。

第二，排列。主题卡片目录可按汉语拼音排列，也可按字序排列的，字序排列包括部首、笔画等。

(4) 专题目录

专题目录是系统地揭示档案室（馆）内某一专题档案的内容和成分的一种检索工具。专题目录一般都采用卡片的形式，所以又称为档案专题卡片目录。其编制步骤如下：

第一，选题。选题要注意三个原则：一是不要选择与分类类目重复的专题，如分类表中已设有产品类，就不必再编有关产品的专题目录，以避免重复；二是选择利用频率较高的档案编成专题目录，以便于查找利用；三是选择能够反映室（馆）藏档案特色的专题，这样的专题往往是利用者需要作为专题研究的，具有较高的利用率。

第二，选材。选材可分为粗选和精选两个步骤。粗选的范围应尽量广泛一些，避免疏漏，在此基础上再作精选，通过对有关材料的分析、对比，选取最合适的专题材料。

第三，填卡。将选择好的材料填入卡片，可以一文一卡、一卷一卡、多文（卷）一卡。在一个专题目录中，这三种形式常常交叉使用，主要视文件内容而定，内容相同或相近的文件可填在一张卡片上。

第四，排列。根据专题目录的内容进行分类，类内目录的排列可按时间、级别、重要程度等排列。

2. 索引

索引是将档案文献中各种事物名称、档号或存放地点按照一定的原则和方法排列起来的检索工具。常用的有人名索引、地名索引、文号索引。

（1）人名索引

人名索引是揭示档案中涉及的人物并指明出处的检索工具，是查找涉及人物档案的有效途径。人名索引包括人名和档号两部分，两者对应，即可指明相关档案的所在。

人名索引可按姓氏笔画、汉语拼音字母顺序排列。编制人名索引时，应注意同姓名而不同人的情况，以免发生误检或漏检。

（2）地名索引

地名索引是揭示档案中所涉及的地名并指明出处的一种检索工具。它可从地区角度提供较为全面的档案资料线索。地名索引包括地名和档号两部分。

地名索引一般按照地名首字的字母顺序排列。编制地名索引时，一定要考察清楚各个地区的行政区划、名称等方面的沿革、变化情况，以免出现错误。

（3）文号索引

文号索引是揭示档案的文号和档号之间对应关系的检索工具。它提供了按照文号检索档案的途径，适用于对有文号的档案的查检。文号一般采用表格形式，所以通常称之为"文号、档号对照表"。也有的档案室以文号为检索项，设置较为全面的项目，形成文号目录。

文号索引应按年度、发文机关分别编制，即将同一年度、同一发文机关文件的文号与档号编制成一张表，然后将所有的表装订成册，形成一个档案室的文号索引。

3. 指南

指南是以文章叙述的方式综合介绍档案情况的一种书面材料或工具书。常用的有全宗指南和专题指南。

（1）全宗指南

以文章叙述形式介绍某一全宗档案内容和成分及其意义的书本式检索工具。

全宗指南的具体内容主要是介绍立档单位的历史（包括立档单位成立的历史背景、成立时间、地点，单位名称、性质、职能、职权范围、隶属关系、内部组织机构，经历的重大事件等）、全宗的形成历史（档案的起止日期、来源、案卷数量、种类、主要内容、完整程度，档案的移交、接收、整理、鉴定、保管及检索工具等）以及全宗内档案的内容和成分等。可使档案利用者和管理者比较全面地了解有关全宗的情况，掌握查询档案的线索。

（2）专题指南

按照一定的题目，以文章叙述的形式揭示和介绍档案室（馆）收藏的有关该题目的档案内容、成分的一种工具书。

专题指南的选题原则与专题目录相同，其基本结构有序言（包括专题的含义、意义、选材范围、档案价值以及编写方法等）和专题档案内容和成分（档案的来源、内容、起止时间、种类、价值等）的介绍。当需要时，还可编制全宗名单、人名索引、地名索引等作为附录，为利用者提供更全面的参考线索。

（三）档案查检的一般过程

无论是档案管理人员还是档案利用者，都需要掌握一定的利用检索工具查检档案的方法，才能顺利地查找到所需档案，实现对档案的利用。

利用档案检索工具查检档案，这一过程一般由档案利用者自己操作，档案工作人员也有义务协助或代为完成。档案查检过程如图6-2所示。

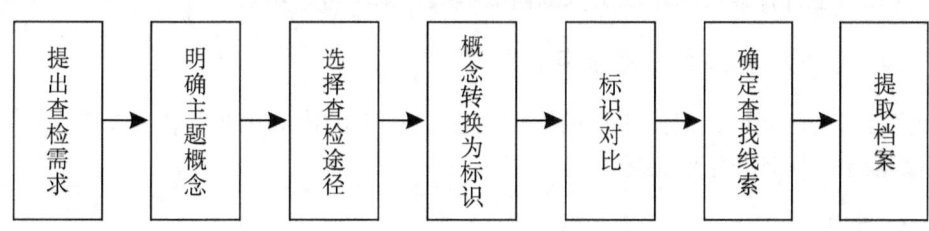

图6-2　档案查检的一般过程

四、档案编研工作

档案编研工作是档案部门以室（馆）藏档案为主要对象，以满足利用需要为主要目的，在对档案资料研究的基础上编辑史料、编写参考资料、参加编史修志、撰写专门著作的工作。

（一）档案编研工作的主要内容

第一，编辑档案史料和现行文件汇编。编辑档案史料和现行文件汇编又称"档案文献编纂"，它是指按照一定的作者、专题、时间或文种等，将相关的档案文件选编成册，在一定的范围内使用或出版发行。例如：政策法令汇编、会议文件汇编、统计数字汇编、商务合同汇编等。

第二，编写档案参考资料。档案参考资料是档案室（馆）按照一定的题目，根据档案内容进行综合、加工编写的一种书面材料，如大事记、组织沿革、统计数字汇编、专题概要、会议简介等。它是开展档案提供利用的重要方式之一。

第三，编史修志。以档案室（馆）藏档案为基础，参加历史研究、编史修志、撰写文章或专门著作。它可以将档案工作与社会的研究力量结合起来，共同开发出更高层次的档案资料产品。

（二）档案编研工作的原则

档案编研工作有下面三个原则：

第一，存真性原则。在编研工作中坚持存真性原则，最根本的就是要坚持实事求是的科学态度，不能歪曲或更改档案原文，避免主观随意性。要保证编研材料的真实性和可靠性，维护历史的真实面貌。

第二，实用性原则。从档案编研的选题、选材、加工方式，到发放、交流范围等，都应当根据实际需要进行，注重实用性，使档案编研成品适合社会各方面的客观需要。

第三，可行性原则。档案编研课题的选定必须是可行的。一方面，必须在室（馆）藏档案内容所覆盖的范围内才是可行的；另一方面，必须在符合档案法规制度规定的前提下进行，凡属不符合开放利用规定范围内的档案，都不可选用。

（三）几种常用档案参考资料的编写

档案参考资料是档案编研工作的主要内容。一般单位常用的档案参考资料有：大事记、组织沿革、统计数字汇集等。

1. 大事记

大事记是按照时间顺序，简明地记载和反映一定历史时期内发生的重大事件和重要活动的档案参考资料。大事记系统扼要地记录重要事件的历史过程，客观地揭示其中的各种因素及其相互关系，从而为人们查考、研究事物发展过程和规律提供可靠资料。

（1）大事记的内容结构

大事记主要由大事时间和大事记述两部分组成。此外，可以根据大事记的编写目的、篇幅大小、年限长短等因素，设置编写说明（或序言）、目录、材料出处和注释等。

公司大事记包含的内容有：

① 公司成立日期。
② 公司组织结构方面的重大变动和调整。
③ 公司的投资规模、主要产品等。
④ 公司的经营情况、年度销售额等。
⑤ 新技术引进、新产品开发，科研成果、技术改造、改扩建情况。
⑥ 媒体对公司的重大宣传报道。
⑦ 公司所获的各项荣誉。
⑧ 政府机关、外界同行、专家来公司的指导、考察、调研和交流等工作。
⑨ 公司高层领导的变动、引进人才、举办大规模的培训方面的重大活动。
⑩ 公司高层领导参加的重要会议，对外的重要联系和交流活动。
⑪ 公司董事会会议以及会议的决议，公司内部重要的会议。
⑫ 企业文化建设情况，如外部形象宣传活动、大型的公关活动。
⑬ 公司内部的管理，如质量管理体系的建设、工程管理、财务管理、人力资源管理、生产管理、信息化建设等内部管理方面的重大情况。

（2）大事记的编写要求

编写大事记有有如下四个要求：

第一，准确记载大事发生的日期。尽可能写全年、月、日等要素，不用或少用上世纪、月初、上旬等不确定表述。对于持续时间较长的大事记述，要标明起止日期，如"2012年5月8日—2012年5月15日"。

第二，大事记述要坚持一条一事。不能将若干事件放在一个条目中记述。即使在同一时期内有许多大事需要记载，也应各立条目。内容要求有时间、地点、人物、事件内容等诸要素的完整记载。

第三，文字要求简洁、准确、真实。采用陈述性语言，表达上不应带有个人感情色彩。

第四，大事的选择要坚持"大事突出，要事不漏，小事不要"。大事是指事件涉及的范围广、影响大，不仅在当时，而且对事后都产生重大而久远影响的事件。要事是指在一定范围、一定时间内有较大影响，事后仍有一定参考意义的事件。小事是指那些局部性的、只有一般意义的事情。

例：

马自达汽车销售有限公司大事记（选录）

（2011年）

2011-01-05   睿翼精英版上市
2011-01-11   新马自达5价格发布会及一汽马自达新春媒体答谢宴
2011-01-20   日本马自达山内社长来访
2011-01-25   2011年员工大会
2011-02-13   2011年经销商营销年会
2011-03-19   第二届第四次董事会
2011-07-12   2011年年中员工大会
2011-07-19   第二届第五次董事会
2011-07-22   年中经销商营销大会

2. 组织沿革

组织沿革是系统记载一个机关、地区或专业系统的组织机构、人员编制、体制变革情况的一种参考资料。

（1）组织沿革包含的内容

组织沿革的内容包括：机关或地区、系统的历史概况，行政区划，建制变更情况，机关名称的改变、地址迁移，成立、合并以及撤销时间，职权范围，隶属关系，领导人的任免、编制发展情况、内部组织机构的设置变化情况。

（2）组织沿革的编写体例

组织沿革的编写体例有如下三种：

一是编年法。就是按年代顺序，逐年列出该单位内部组织机构设置与人员任免等情况。这种方法的优点是能比较清楚地反映出组织机构产生、发展变化的脉络，符合组织沿革的时间性要求。其缺点是在机关的机构和人员比较稳定时，会出现重复。而且把整个机关的变化情况分散在不同年度内记载，也不易集中。该体例较适合于组织机构常有变化的单位组织沿革的编写。

二是系列法。就是以组织机构为主线，将每个机构及主要领导成员的变化作为一个系列来编写。这种体例的优点是，能比较清楚地反映机关的整个组织体系和每一个机构及主要领导成员变化的历史线索。其缺点是在机构变化频繁时，系列繁多，不够清晰。该体例较适用于组织机构相对稳定、变化不大的机关的组织沿革的编写。

三是阶段法。就是根据单位自身的重大变革，划分为若干阶段，在每个阶段内划分为若干系列进行编写。该体例的优点是，符合一个单位发展的阶段性和阶段内相对稳定的特点，能比较完整地反映机关内部机构、人员编制、领导成员以及主要职能、隶属关系的沿革等线索。

（3）组织沿革的形式

组织沿革的编写可采用文字叙述和列表格两种形式。通常对历史沿革、主要职能部分多用文字叙述形式，对机构、人员变化情况多用表格形式。

3. 统计数字汇集

统计数字汇集又称基础数字汇编，是以数字形式反映一定地区（单位）或某一方面基本情况的一种档案参考资料。由于这种材料简单明了，形式灵活，因而是了解情况、研究问题、制订计划、指导工作和总结经验不可缺少的依据和参考。

（1）统计数字汇集的种类

统计数字汇集按其内容可分为综合性和专题性两种。综合性的统计数字汇集即系统记载和反映一个地区（单位）的全面情况，包容性广，篇幅较大。专题性的统计数字汇集则是系统记载和反映某一方面或专题的基本情况，可依据需要来确定其范围和内容。

（2）统计数字汇集的格式

统计数字汇集大多采用表格式，也可采用示意图方式。采用表格式时，既可将每年的数据汇成一表，逐年续表，也可将某一段时间的数据汇成一表，便于比照。要设计好表格式样，使其条理清晰，一目了然。采用示意图时要注意图形准确、规范、示意性能好。

（3）统计数字汇集的编写要求

统计数字汇集的编写要求有如下三个：

一是选用的数据必须准确可靠。各种数据要以来自权威部门正式公布的数字为准，切忌采用估算数据、未定论数据和非正式渠道数据。如果对档案中记载的某些数据有疑问，应认真查证核实，查不清楚时应加以注明。

二是数据的计量单位要统一。如遇有计量单位前后不一的情况，可加以换算或给予说明。

三是进行适当的统计分析。统计数字汇集不是对有关数字的简单汇集，而是要通过数据之间的关系反映事物的发展变化规律，因此，在对数字进行整理汇集时，应适当分析数据变化的幅度及原因，给利用者提供更明了的参考资料。

项目实施

1. 项目实施条件

① 实训场所：可在有电脑设备的模拟档案室或秘书实训室进行。

② 实训设备：具备查找档案的手工检索工具、档案管理系统软件设备、复印机、装订机。

③ 所需文具：档案专用印章、模拟公章、装订针线、夹子等。

④ 指导教师事先设计好模拟档案，明确进行文件汇编的主题，提出工作要求，要求学生在规定时间内完成档案检索、制发档案复制件、专题文件汇编等任务。

⑤ 全班学生按 4 人一组分组实训。

2. 项目实施过程

任务 1：通过手工查检 2005 年签订的这份合同。

第一步：首先运用所学的档案分类知识，分辨合同类档案所属的一级门类。

第二步：找出此门类中 2005 年的档案目录。

第三步：在档案目录中找出合同协议类档案的二级类目，按时间顺序查找该份合同的档案号。

第四步：根据档案号入库房调出档案。

任务 2：利用档案管理软件检索 2005 年签订的这份合同。

① 单一条件查找：

第一步：进入档案管理系统单击"查找"图标。

第二步：单击"新搜索"按钮，在属性页框中输入要查的属性。

第三步：单击"查找"按钮。如图 6-3 所示。

② 多条件模糊查找：

第一步：进入"档案管理系统"单击"查找"图标。

第二步：按"新搜索"按钮，在"自定义"页框中输入要查的多项属性，（例如查找 2005 年度的所有标题包含有"合同协议"的案卷）。

第三步：单击"查找"按钮。如图 6-4 所示。

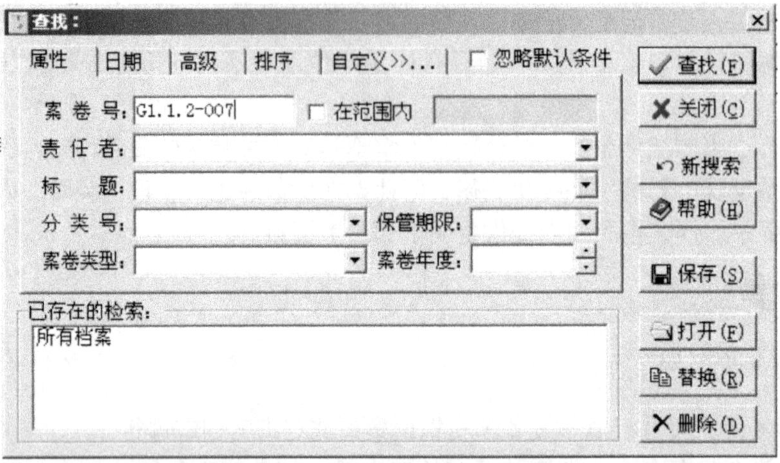

图 6-3　单一条件查找档案窗口

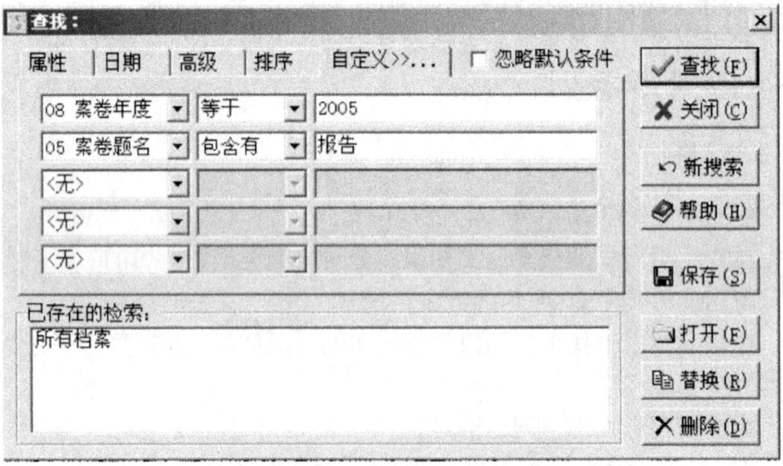

图 6-4　多条件模糊查找档案窗口

任务 3：制发档案复制件。

第一步：由用户提出复制申请，须说明复制的理由、内容和份数等，经一定的批准手续后，方能复制。

第二步：将复制本与原件进行校对，确认复制内容准确无误后，注明复制件与原件相符。

第三步：在复制本的边上或背面注明档案原件的编号、档案室（馆）的名称，并加盖公章。

任务4：进行专题文件汇编。

第一步：选材。就是按照所确定的专题，选取与该专题相关的档案资料，把这些档案资料汇集在一起。上述工作任务要求是要将本单位与该合作单位的合同汇集起来。

第二步：复制。将选取的档案资料全部复制一份，原件仍然留在原来的卷（盒）中。这样既不打乱原先整理好的案卷，又能有效保护档案原件。

第三步：排列。把文件资料复制件按成文时间的先后顺序进行排列。

第四步：制作专题文件汇编目录。包含序号、责任者、文件标题和成文日期等内容的文件汇编目录，如表6-2所示。

表6-2　文件汇编目录

序号	文号	责任者	文件标题	成文日期	页号	备注

第五步：装订成册。目录放置在文件汇编的首页，对齐文件左侧及下页脚，放入专用档案硬夹内，打孔、穿线装订成册。

项目评估

1. 实训结果

① 学生演示运用手工查找方法，查找到所需的档案。
② 学生演示利用软件查找档案的过程，快速查找到所需的档案。
③ 按要求制作好档案复制件。
④ 按要求制作好专题文件汇编。

2. 成绩测评

① 学生进行自评和互评。
② 教师对学生的实训过程和实训结果进行讲评。
③ 评分表：

档案提供利用实训成绩表

项目 组别	运用检索工具 手工查检档案 （20分）	利用管理软件 查检档案 （20分）	制作档案 复制件 （20分）	编制专题 文件汇编 （40分）	总分 （100分）

实训拓展

① 编写你所在院（系）上一年度的大事记。

② 编写你所在学院的组织沿革。

③ 以档案利用者的身份，到学校所在地的档案馆进行档案检索，进一步掌握档案检索技能。

项目七　人事档案管理

教学目标

1. 知识目标

① 了解人事档案的含义和特点。
② 熟悉人事档案工作的内容和基本要求。

2. 能力目标

① 掌握人事档案的收集和鉴别方法。
② 能够对人事档案进行分类整理和排列编号。
③ 能够按要求保管和转递人事档案。

工作任务

1. 项目情景

宏达科技开发公司根据业务扩展的需要，先后招聘了几批基层管理人员和业务员，这些人员有的是从外单位调动过来的，有的是刚从高校毕业直接被该公司录用的。他们根据公司人事管理的需要提供了个人的资料，包括履历材料、学历、学位、培训和专业技术职务材料、获奖论文、获奖证书等材料，填写了入职表格。公司人事部在办理完相关人事管理手续之后，便将这些材料移交给公司档案室。档案管理员接收了这些材料之后，接下来的工作就是要及时对这些材料进行鉴别和整理，为每个新入职的员工建立人事档案，并按相关要求管理好人事档案。

2. 任务要求

① 对收集到的履历材料、学历、学位、培训和专业技术职务材料、获奖证书、入职表格等进行鉴别，哪些属于人事档案，哪些不属于人事档案，并说明理由。
② 对人事档案进行分类整理。
③ 根据相关规定转递人事档案。

知识准备

人事档案是国家机构和社会组织在人事管理活动中直接产生的，记述和反映个人经历、德才能绩、工作表现的，以个人为单位集中保存起来以备查考的文字、表格及其他各种形式的历史记录材料。人事档案工作是人事管理工作的一个组成部分，又是一项专门档案的管理工作，有着特殊的管理要求和内容。主要是为开发人力资源、量才录用、选贤任能提供必要的信息和数据。

一、人事档案的特点和作用

（一）人事档案的特点

人事档案有如下四个特点：

第一，真实性。人事档案是组织了解和使用干部、职工的重要依据，真实性是人事档案发挥其作用的基础和前提。人事档案的真实性是指档案从来源、形式和内容等方面都必须是完全真实的，人事档案记述的内容必须符合客观情况，不得有虚假、夸张和想象的成分，要真实地反映一个人的面貌。

第二，现实性。由于员工仍在工作，其人事档案则成为人事（劳动）部门正确使用人才、合理确定工资等级的一个重要依据，直接为现实工作服务是人事档案区别于其他档案的重要标志。

第三，动态性。人事档案的动态性表现为两个方面。其一，人事档案随着个人社会实践活动的发展变化，其数量不断增加，内容日益丰富。例如，在工作中，各单位的人事部门需要对人员进行培训、考核、任免、奖惩等，在这些活动中所形成的人事档案，必然随着个人经历的发展变化而不断增加。其二，人事档案随着人员的流动或人员主管机关的变动发生转移，即"档随人走"。人事档案的管理与员工的人事管理相统一，才便于发挥人事档案的作用。

第四，保密性。人事档案的内容记载了人员不同时期的各方面情况，包括自然状况、个人素质、工作情况、兴趣爱好、成绩错误等，其中会涉及一些国家机密、单位的内部情况或个人的隐私，因此具有机密性。为了维护国家的安全、单位的利益以及个人的权益，人事档案管理要严格遵守国家的有关规定，防止失密和泄密。

（二）人事档案的作用

人事档案有如下三个方面的作用：

第一，考察、了解员工的重要手段。人事档案是有关部门在选拔、任用、考核、奖惩、培训等一系列工作中形成的，记载着一个人的经历、德才能绩以及家庭和社会关系等重要的信息与数据。人事工作的主要任务是知人善任、举贤选能。要实现这一任务，就必须全方位了解员工。了解的方法除了直接考核该人员的现状外，还必须通过人事档案考察其以往情况。因此，人事档案是全面考核、了解员工的重要手段。

第二，解决当事人个人问题的凭证。在现实生活中，每个人都会遇到改变福利待遇、确定工龄、党龄、团龄、调整工资级别、评定职称学衔等个人问题，也有些人还会遇到冤假错案或历史遗留问题。人事档案作为当事人历史和现实的原始记录，可以为查考、处理这些问题提供可靠的线索和凭证。

第三，编写人物传记和历史研究的宝贵材料。人事档案对于发现人才、培养人才、使用人才都有十分重要的意义。而一些著名人物的经历和成长过程，还常常影响着一个时期的历史。因此，人事档案既可为编写人物传记提供原始资料，还可为研究历史或某一专史提供珍贵的第一手史料。

二、人事档案工作的内容和要求

（一）人事档案工作的内容

我国目前人事档案工作的组织体系是：各级组织、人事劳资部门同时又是人事档案管理部门。按照统一领导、分级管理的原则，对人事档案实施具体的管理。根据劳动部、国家档案局颁布的《企业职工档案管理工作规定》，实行档案综合管理的企业单位，档案综合管理部门应设专人管理职工档案。比如，一个公司的人力资源部负责本公司人事管理工作，该公司的档案综合管理部门负责管理本公司人事档案。人事档案工作的内容主要有：

① 登记人员变动和工资变动情况。
② 收集、整理和鉴别人事档案材料，充实人事档案的内容，为国家积累档案史料。
③ 保管人事档案，保证人事档案的完整与安全。
④ 办理人事档案的提供利用和咨询工作。
⑤ 专递人事档案。
⑥ 定期向档案室（馆）移交死亡人员档案。

（二）人事档案工作的要求

人事档案的管理在总体上要贯彻档案工作的基本原则，其具体要求如下：

第一，根据人事管理的权限，集中统一管理人事档案。我国人事档案实行集中统一、分级管理的体制，即一个单位的人事档案管理部门必须将属于本单位管理的人员的人事档案集中起来，按照有关规定统一管理。单位人事部门和其他部门形成的人事档案，都要交由本单位人事档案管理部门集中进行鉴别、立卷等工作。不允许将同一级人事管理权限内的人事档案分若干处保存，也不允许非组织人事部门或非档案管理部门管理人事档案，任何个人都不得私自保存人事档案。

第二，维护人事档案的真实、完整与安全。人事档案管理工作应做到认真鉴别、分类准确、编排有序、目录清楚、装订整齐，使每一个档案达到真实、完整、精炼、实用。人事档案管理部门在收集、鉴别人事档案时，应认真执行有关规定，严格把关，保证归档材料的真实、完整；在管理中必须执行人事档案保密制度，加强技术保护，防止人为和自然因素对档案的损坏，确保人事档案的秘密与安全。

第三，便于人事工作和其他有关工作的利用。人事档案管理工作的目的是为单位人力资源的管理和开发、量才录用、选贤任能提供必要的信息服务,以充分调动干部、职工的积极性,这是人事档案工作的基本指导思想。为此,人事档案管理工作应以本单位的发展目标和工作需要为中心,积极做好保管、提供利用等工作。

三、人事档案的收集和鉴别

（一）人事档案的收集

人事档案的收集是指档案综合管理部门根据本单位人事管理权限及人事档案的收集范围,将本单位形成的人事档案集中及统一保管的工作。

1. 收集的途径

人事档案材料来源广泛,形成相对分散,凡与有关个人发生联系的工作部门都有可能产生人事档案材料,这就需要人事档案管理部门通过多种途径收集人事档案。

一是通过组织、人事部门收集人事工作中形成的人事档案。例如,各种履历表、简历表、登记表,鉴定、考核、考绩、任免、调动、晋升技术职称、提干、调整工资级别、出国、离休、退休等方面的材料。

二是通过员工所在党团组织收集入党、入团、退党、退团、评议、奖励、处分、审批等方面的材料,如加入中国共产党或共产主义青年团的申请书、志愿书、登记表、自传以及外调和表决文件等。

三是通过党代会、人代会、政协会以及工会、共青团、妇女联合会等群众团体代表会议的筹备部门或临时机构收集代表登记表、委员登记表和个人政绩材料。

四是通过教育、培训部门收集学生(学员)登记表、成绩单、毕业登记表、授予学位的材料、学历证明或证书(复印件)、鉴定等材料。

五是通过纪检、监察、司法及有关部门收集处分或免予处分的决定、查证核实报告、上级批复、个人陈述或检查、法院判决书等材料。

六是通过本人或报纸杂志及有关部门收集发明创造、科研成果、著作、译著和有重大影响(如获奖)的论文等的目录。

七是通过卫生部门收集工作人员因病、工伤及其他事故致残的体检表或有关材料,通过治丧部门或临时机构收集去世者的悼词(生平)、公开报道、非正常死亡的调查报告(遗书)等材料。

2. 收集的方法

收集人事档案有如下三种方法:

一是定期收集。要根据人事档案形成的特点定期收集一定阶段形成的人事档案材料,如季度收集、年终收集等。各单位人事部门的中心工作是有一定规律性的,如每年的职工录用、年末的干部和职工考核、每年一定阶段的职称评定等，这时就会形成人事档案，所以应把握时机，定期收集在这些中心工作中形成的人事档案。

二是随时收集。有些人事档案材料的形成是没有固定的时间规律的，如遇有重大事件或活动时单位开展的评先表彰活动、遇有机构变动时会进行人员职务任免。这些活动都会产生一批人事档案，所以要及时掌握人事管理信息，随时进行收集。

三是追踪收集。人事档案材料不是孤立形成的，它是围绕一定的工作、学习、事件而形成的。人事材料之间有着密切的联系，这种相互间的联系为人事档案的收集提供了一定的线索。为了齐全、完整地收集人事档案，就要根据有关线索，"按图索骥"地进行追踪收集，补充档案材料。

3. 建立、健全人事档案收集制度

人事档案的形成单位分散，形成时间不固定，这给及时、全面地收集人事档案增加了难度。为此，必须建立人事档案收集工作制度，以保证人事档案的齐全、完整。

一是索要制度。应确定与本单位人事档案形成有关的部门，经常与其保持密切的联系，采取电话、发函或登门等方式索要应归档的人事档案。

二是检查核对制度。应根据本单位人事档案数量情况，确定检查核对的周期。例如：每季度、半年或一年对人事档案进行一次检查。对缺少的材料进行补充，对不符合要求的材料要重新制作或补办手续，对不属于归档范围的材料进行清退等。

三是登记制度。包括收文登记和送交单位填写移交清单，作为转出或接收的底账。建立登记制度是为了掌握人事档案的数量、成分和去向，避免遗失和散落。

四是补充材料的制度。为了及时掌握干部和职工有关的情况变化，组织、人事或劳资部门应不定期地对人事档案进行补充，如统一布置填写履历表、登记表等。

（二）人事档案的鉴别

人事档案的鉴别是指档案综合管理部门根据人事档案的归档范围和要求，对收集起来的文件进行审查甄别，判定文件真伪和保存价值，确定是否属于人事档案。它是维护人事档案真实性和完整性的重要手段。

1. 人事档案鉴别工作的内容

人事档案的鉴别工作包括如下七个内容：

一是判定文件是否属于人事档案。由于各种原因，在人事档案管理部门收集来的材料中，有些是人事档案，有些则属于行政文件或业务文件等。鉴别工作的任务之一就是将人事档案和非人事档案区分开来，各归其位。

二是判定是否属于同一对象的人事档案。人事档案是以员工的姓名为标志进行整理和保管的。因此，在确定文件是否归档时，应核实清楚人事档案的对象，避免因相同姓名而

张冠李戴，或一人多名而将档案材料分散的现象。

三是判定归档的文件是否为处理完毕的正式文件。未经办理或未经查证核实的文件材料不得归档。

四是判断材料是否真实、准确。人事档案的内容必须真实、准确，如果在鉴别中发现内容不实、观点不明、表达含混或相互矛盾的材料，都应退回形成单位进行核实或修改。

五是审核文件是否手续完备。凡规定经组织盖章的文件，须有组织的印章；组织鉴定、政审结论、处分决定、考核文件等须经本人见面或签字的，必须有本人签字或组织注明已经本人见面；任免呈报表、录用或聘用批审文件，必须注明批准机关名称、时间和文号。

六是核查归档文件的质量。核查的内容有：归档文件是否内容完整、文字清楚、对象明确，是否注明作者（单位）、时间。如果发现文件不完整，要补充收集；对于文字不清、对象不明、无作者和时间的文件，要退回形成单位，进行更换。

七是判定文件是否有保存价值。其一，凡属于归档范围办理完毕的正式文件，对象清楚、内容真实完整、文字清楚、手续完备的都具有保存价值，应归档；凡使用价值不大或没有使用价值的文件不归档。其二，审查文件是否有重复，不要将文件重复归档。

2. 对不符合归档要求材料的处理

对于不符合归档要求的材料可采用以下四种方法进行处理。

一是转出。经鉴别凡属于非人事档案或非员工本人的材料，均应将其转给有关单位保存或处理。文件转出时，应填写转递材料通知单。

二是退回。对于内容需要核实或手续不够完备的文件，均应提出具体意见，退还有关单位，待修改、补充或完备手续后再交回。凡退还本人的材料，要经领导批准后退还本人；退还时应履行清点和签字手续。

三是留存。对于不属于人事档案归档范围而具有参考价值的文件，经过整理后，可以作为组织、人事部门的业务资料予以保存。

四是销毁。无保存价值和重复无用的材料，应按有关规定履行相应手续后作销毁处理。

四、人事档案的整理

人事档案的整理是指对收集起来并经过鉴别确定要归档的人事档案，按照有关要求，以个人为单位，进行分类、排序、编号、登记、技术加工等，使文件材料条理化和系统化。

人事档案的整理有集中整理、经常性整理和补充整理三种情况。集中整理是指对本单位管理的全部或批量人事档案集中时间、集中人力所进行的整理工作；经常性整理是指档案管理人员在日常工作中对新收集的未经过整理或整理不合格的个别人事档案进行的整理；补充整理是指将零散的人事档案材料归入相应的类别，并补充填写目录的工作。

（一）人事档案的分类

人事档案由全面反映一个员工的历史和现实情况的材料所构成。目前，人事档案根据中共中央组织部、国家档案局颁发的《干部档案工作条例》来确定其类别及内容。具体可以划分为以下十类：

第一类，履历材料。包括履历表、简历表、登记表以及属于个人经历的材料。

第二类，自传材料。由本人撰写的叙述自己经历、思想变化过程、社会关系等情况的材料，包括自传以及其他自传性质和以自传为主的材料。

第三类，鉴定、考核、考察材料。以鉴定（含自我鉴定）为主要内容的登记表，组织正式出具的鉴定干部表现情况的材料，作为干部任免、调动依据的正式考察综合材料，干部考核和民主评议的综合材料，党政机关、事业单位工作人员年度考核表等有关德、才、能、绩的考核、考察材料。

第四类，学历和评聘专业技术职务的材料。包括学历、学位、学习成绩、培训的结业成绩，评聘专业技术职务、考绩审批材料，报考学校及毕业登记表等材料。

第五类，政治历史审查情况的材料。包括甄别复查和依据材料、党籍、参加革命工作时间等的审查材料。

第六类，加入党、团组织的材料。包括入党、入团志愿书，申请书，转正材料以及退党退团材料。

第七类，奖励材料。包括科学技术材料、业务奖励材料、英雄模范先进事迹材料。

第八类，处分材料。包括甄别、复查材料，免于处分的处理意见，本人的检查申诉材料。

第九类，反映职务、职称、工资待遇等方面的材料。有录用、任免、聘用、晋级、转业、退休（离休）退职、出国审批等材料及参加各种代表会的代表登记表。

第十类，其他可供组织参考的材料。如个人写的思想、工作、学习总结、检查等。

确定人事档案的类别，应以材料的内容为主要依据，材料的名称一般直接反映了材料的内容，可作为分类的依据之一。总之，材料的分类要条理清楚，材料涉及几类内容而又无法分开的，应按其主要内容划分类别。

（二）人事档案的排序与编码

1. 排序

人事档案材料分类后，每类中的材料均应按照一定的顺序进行排序。在排序时，应注意保持人事档案材料之间的历史联系，保持材料本身的系统性、连贯性，以便于查找利用和补充新的材料。具体的排列方法有以下三种：

一是按时间顺序排列。适于按时间顺序排列的材料有履历表、自传表、鉴定表、考核类等人事档案。采用这种方法,便于掌握员工的经历、成长和变化情况,也有利于新材料的补充。

二是按问题结合重要程度排列。适于按问题结合重要程度排列的材料有加入中国共产党或中国共青团组织的材料、政审材料、奖励或处分的材料等。例如,加入中国共产党组织的材料,可按入党志愿书、组织转正意见、入党申请书、外调材料的顺序排列。

三是按问题结合时间顺序排列。按问题结合时间顺序排列适于反映职务、工资等方面的材料。排列时先分为职务、职称、工资、离休、退休等问题,每一问题内再按材料形成的时间顺序排列。

2. 编码

按照一定的方法对文件排序后,应对每一份文件进行编码,以固定排序的结果。人事档案的编码包括顺序号、页码。顺序号包括材料的类号和份号。类号是指对干部人事档案材料所划分的十个大类号,份号是每类中具体材料的排序号。编写顺序号用铅笔,标在每份材料第一面的右上角。格式如下:

1-1   1-2   ……
2-1   2-2   ……
3-1   3-2   ……
……   ……

前面的数字代表材料所归属的类别,后面的数字代表材料在每类中的排序号,如"1-1"表示第一类中的第一份材料,依此类推。

(三) 卷内文件目录的编制

每卷人事档案必须有详细的目录。人事档案材料的目录编制,就是将材料经过排序之后,按照固定的目录栏目要求,将相应的材料逐份进行登记的工作。目录编制可以起到索引的作用,同时也有助于复查、保护档案材料。人事档案卷内目录表如表7-1所示。

表7-1 人事档案卷内目录表

序号	材料名称	材料形成时间			份数	页数	备注
		年	月	日			

（四）人事档案装具的选用

我国劳动部、国家档案局在《企业职工档案管理工作规定》中规定："档案卷皮、目录和档案袋的样式、规格实行统一的制作标准。"目前，人事档案装具常用的有袋装、夹装、盒装三种。由于用袋装容易对人事档案材料造成折皱、翘角和磨损，用夹装又需要对人事档案材料进行打孔穿夹，造成了档案的破损，损害了档案的原貌，加上人事档案各类别材料的规格大小不一，难以规整地进行袋装或夹装。因此，建议采用档案盒长宽稍大于 A4 纸的，其大小为长 310 mm、宽 220 mm、厚 4 cm 的人事档案专用盒。用盒装既方便整理人事档案，也能够很好地保护人事档案，还便于对人事档案的利用。

五、人事档案的保管

人事档案的保管是指采用科学的方法，对人事档案实施日常管理，确保档案的秘密与安全。我国人事档案保管工作的范围是由各个单位的人事管理权限决定的。根据规定，具体范围划分如下所述。

（一）在职人员人事档案的保管

对于在职人员人事档案的保管应遵循如下原则：

第一，在职人员人事档案的管理与人员管理的范围相一致。即由哪一级组织或人事部门管理的人员，其人事档案的正本也就由该部门保管。

第二，人事档案的副本由主管或协管该人员职务的部门管理。所谓协管部门，一般是指人员所在的单位或主管部门指定的有关部门。

第三，军队人员兼地方职务的，其档案正本由军队保管；地方人员兼军队职务的，其档案正本由地方有关部门保管。

第四，干部档案由各级单位的组织、人事部门保管。

第五，职工档案一般由劳资部门或单位政工部门保管，也可由人事部门保管。

第六，学生档案一般由学校设立的专门部门保管，也可由学校人事部门保管。

（二）退（离）休人员人事档案的保管

离休和退休人员的人事档案，一般由原保管部门保管。如果人员退（离）休后，易地安置而未转关系的，其档案仍由原单位保管；如果将组织关系转到安置地，则其人事档案应转交接收单位的人事部门保管。

（三）死亡人员人事档案的保管

对于死亡人员人事档案的保管应遵循以下原则：

第一，由中央和国务院管理的省部级干部死亡后，其档案先由原管理单位保管 5 年，之后移交中央档案馆。

第二，中央、国家机关各部委和各省、市、自治区管理的司局级职务的干部以及全国著名的科学家、艺术家、教授和有特殊贡献的英雄、模范人物、知名人士死亡后，其档案先由原工作单位保管5年，之后分别移交本机关档案部门保存，并按照《机关档案工作条例》规定的期限，定期移交同级档案馆保管。

第三，处级以下一般工作人员死亡后，其档案仍由原单位保管，5年后移交本单位档案部门保存，在规定的期限届满后，按同级国家档案馆接收范围的规定进馆。

（四）其他人员人事档案的保管

对于其他人员人事档案的保管应参照以下原则：

第一，退职、自动离职、辞职（解聘）的人员，其人事档案转至有关组织、人事部门或所属的人才服务中心保管。

第二，被开除公职而未就业的人员，其人事档案由原单位保管；已就业者，其人事档案由有关的人事、劳动部门或所属的人才服务中心保管。

第三，受刑事处分或劳动教养的人员的人事档案，由原单位保管；刑满释放或解除劳教以后重新安置工作的，其人事档案由主管该人员的部门或所属的人才服务中心保管。

第四，出国不归、失踪或逃亡等人员的人事档案，由原主管部门保管。

（五）"无头档案"的处置

"无头档案"是指查找不到档案涉及人下落的人事档案。造成这种情况的原因主要有：单位人事档案管理制度不健全，以至于单位变动或人员调动时，未及时转递相关人事档案，或转递工作出现差错，等等。

为了防止"无头档案"的产生，各单位的人事档案管理部门应该健全制度，及时根据机构或人员变动情况接收、鉴别、整理、补充人事档案，严格登记制度，堵塞漏洞。

若发生了"无头档案"的情况，其处置应注意如下几点：

第一，认真鉴别档案材料的保存价值。人事档案部门在处置"无头档案"时，必须依据有关规定，鉴别判定档案材料是否具有保存价值。对一般性简历登记表格和作为组织参考性的人事档案，可以报领导批准销毁；对有保存价值的人事档案，要继续保存，并应尽量查清人员的下落，转递有关部门。

第二，认真查询档案人下落。可以通过人事档案的形成部门、涉及人员原工作单位或其直系亲属和社会关系等线索，查询其下落。

第三，转存档案。经多方查询确实难以找到档案人下落的"无头档案"，可以根据规定将其转交档案人原籍档案馆保存。

六、人事档案的提供利用和转递

（一）人事档案检索工具的编制

人事档案的检索工具是记录档案线索、查找档案原件的手段，是人事档案提供利用的基础和前提。

目前，单位人事档案检索工具主要有两种类型：其一，卡片式检索工具。以人为单位，每人一卡；卡片正面登记人员的自然情况、档案号等，背面记载该人员档案的接收和转出情况。其二，名册式检索工具。即在簿册上记录档案编号、人员姓名等情况。

人事档案检索工具的编制方法，主要有如下几种：

一是笔形编号法。笔形编号法是根据人员的姓和名字的笔形，按照笔形编号的规则，依次取角编制档案的卷号。这种方法有两种编号规则：一种是四角号码编号法，另一种是由人事部门自行制定的类似四角号码的"笔形编号法"。笔形编号法的特点是：简便，易学，效率高，误差少，存放档案位置稳定。这种编号方法对于管理档案数量多、档案流动性大的单位比较适宜。

二是姓氏笔画编号法。姓氏笔画编号法是按照人员的姓氏分类，然后按名字的笔画多少为序来编制档案号。这种方法的优点是易学，存放位置稳定，较易查找；其缺点是编制号码时要数笔画，比较烦琐。由于每个姓氏都编制一个序列号码，在检索时，档案工作人员要先查姓氏，然后再查档案号码才能取到档案，因此，人事档案数量大的单位不宜采用这种编号方法。

三是汉语拼音字母编号法。汉语拼音字母编号法是根据汉字"音序检字法"的原理，按人员姓名的汉语拼音字母次序排列编号。采用这种编号法的优点是：档案存放比较集中且位置稳定，查阅档案也较快。

四是部门编号法。部门编号法即按人员所在的部门集中存放档案，编制顺序号。这种方法的优点是：单位内每一部门的档案集中在一起，便于了解和研究各个部门人员的情况。其缺点是：如果人员调动则会打乱原来的顺序号，在管理上比较烦琐。

除了上述的编号方法外，还有职务编号法、大流水编号法等，各单位可以根据实际情况选择适合的方法。

（二）人事档案的提供利用

人事档案的提供利用是指人事档案管理部门根据有关规定向利用者提供有关人员的人事档案或情况的工作。

1. 人事档案提供利用的要求

人事档案提供利用的基本要求是：在维护人事档案秘密和安全的前提下，积极稳妥地为利用者提供优质服务。具体要求如下：

第一，单位的人事部门应根据有关规定和本单位人员的职务级别情况，制定查阅人事档案的范围、批准权限、登记手续以及查阅注意事项等制度，保证利用工作有章可循。

第二，查阅、借用人事档案必须是因工作需要，并按规定办理查阅或借用手续。未经组织授权，任何人不得查阅人事档案。

第三，严格限制查阅、借用人事档案人员的政治身份。

第四，查阅人事档案人员应遵守保护个人隐私的规定。

第五，不允许本人查阅、借用自己和直系亲属的人事档案。

2. 人事档案提供利用的方式

人事档案提供利用有以下五种方式：

一是阅览室提供阅览。阅览室提供阅览是人事档案的主要利用方式。利用者要按规定办理查阅手续，到人事档案主管部门借出档案，在阅览室阅读。

二是外借。人事档案一般情况下不外借。当利用者确需外借时，档案部门必须严格办理借用手续，并采取限期归还和定期催还等措施加以控制。

三是出具证明材料。当利用者需要以人事档案作为凭证时，档案部门可以按规定向利用者提供相关的证明材料。提供证明的人事档案材料以复印件为主，也可以采用拍照或摘录等形式。

四是提供综合整理的材料。当利用者需要了解某些人员的多方面情况时，档案部门可以按规定撰写综合材料以提供利用。

五是咨询服务。当有关部门就某一人员多方面情况提出咨询时，档案部门可以按照规定给予答复。在解答咨询时档案部门应注意准确、适度和保密。

（三）人事档案的转递

人事档案的传递是指人事档案管理部门之间、人事档案管理部门与人事档案的形成部门及利用部门之间转出和接收人事档案的活动。在实际工作中，由于人事管理权限变动、人员调动、人事档案管理需要、查阅利用需要等，人事档案经常发生转递的情况。进行人事档案转递工作时应注意如下事项：

第一，转递档案必须办理转递手续。转递单位按规定填写"档案转递通知单"，通知单的项目包括档案涉及人姓名、转往何单位、存根、回执等，如图7-1所示。

第二，转出的人事档案必须保持完整，不允许分批转出或留存部分档案。人事档案转递时，应包装严实密封，按规定的密级发出，保证档案的安全。

第三，人事档案必须由单位内部派专人送取，或通过机要交通转递，不允许公开邮寄或让本人自带。

第四，收到人事档案的单位应在核对无误后签名、盖章，并及时予以回执。

```
┌─────────────────────────────────────────────────────────────────┐
│              人事档案转递通知单存根      年   第   号            │
│   根据需要，    年   月   日已将         等   名同志的人事档案材料共│
│ 册，转往          。                                             │
│                                      转出单位：                  │
└─────────────────────────────────────────────────────────────────┘

┌─────────────────────────────────────────────────────────────────┐
│              人事档案转递通知单          年   第   号            │
│ _____：                                                     │
│   兹将         等   名同志档案材料转来你处，请按档案内所列目录清点查收。并予以│
│ 回执。                                                           │
│                                      转出单位：                  │
│                                          年   月                 │
└─────────────────────────────────────────────────────────────────┘

┌─────────────────────────────────────────────────────────────────┐
│              人事档案转递回执单                                  │
│ _____：                                                     │
│   你单位    年   月   日转来的第      号人事档案经查收无误，现予以回执。│
│ 收 件 人：                                                       │
│ 收件单位公章：                                                   │
│                                          年   月   日            │
└─────────────────────────────────────────────────────────────────┘
```

图 7-1　人事档案转递通知单

项目实施

1. 项目实施条件

① 实训场所：可在模拟档案室或秘书实训室进行。

② 实训设备：具备能满足全班学生分组进行收集、整理档案的工作台，档案柜。

③ 所需文具：人事档案装具、文件夹、号码印章、印泥、标签等。

④ 指导教师事先设计好模拟人事档案材料、卷内目录表、人事档案转递通知单等，提出工作要求，学生在规定时间内完成人事档案的鉴别、整理、转递等任务。

⑤ 全班学生按 4 人一组分组实训。

2. 项目实施过程

任务 1：鉴别人事档案。

第一步：各小组对收集到的履历材料、学历、学位、培训和专业技术职务材料、获奖论文、获奖证书、入职表格等进行鉴别，对这些材料逐一判断是否属人事档案。

第二步：由教师指定各小组回答问题，要求说明哪些属人事档案，哪些不属人事档案，并说明理由。

任务2：对人事档案进行分类整理。

第一步：将属于同一个人的人事档案集中在一起，将不属于同一个人的人事档案区分开来。同时，要对前期鉴别过的材料进行复核，防止不符合要求的材料进入人事档案。

第二步：分类。对属于同一个人的人事档案按10个类别进行分类。

第三步：排序编号。对每一类中的材料按照时间顺序或重要程度进行排列，然后根据文件排序编号，固定排序的结果。

第四步：编制卷内目录。在编制卷内目录时，对于材料的形成时间一般填写最终时间。填写后要认真检查校对，保证准确无误。

第五步：装盒。将分类、排序、编号完毕的文件按顺序装进人事档案专用盒中，将卷内目录置于首页。

第六步：书写卷名。人事档案的卷名，即档案涉及对象的姓名，应书写现用名，并编制档案号。

任务3：根据相关规定转递人事档案。

由各小组分别担任转出单位和接收单位的档案管理员和人事管理人员。

① 转出人事档案：

第一步，填写"人事档案转递通知单"，写明档案涉及人姓名、转往何单位、正本册数、副本册数。

第二步，将人事档案封装严实，并加上密封条。

第三步，由单位内部派专人转递，或通过机要交通转递。

第四步，由单位内部派专人转递的，要将人事档案递交给接收单位，同时要求接收人核对、签名、盖章，并及时取回回执。

第五步，通过机要交通转递的，要及时通知接收单位，并跟进回执收回情况。

② 接收人事档案：

第一步，根据"人事档案转递通知单"所列目录进行清点查收。

第二步，核对无误后，接收人在回执上签名、盖上公章、写明接收日期。

第三步，及时予以回执。

项目评估

1. 实训结果

① 学生将应归档的人事档案集中起来，将属于与不属于人事档案的材料区分开来。

② 整理完毕的人事档案案卷。

③ 学生演练对人事档案转递的过程。

2. 成绩测评

① 学生进行自评和互评。

② 教师对学生的实训过程和实训结果进行讲评。

③ 评分表：

人事档案管理实训成绩表

组别 \ 项目	人事档案的鉴别（30分）	人事档案的整理（40分）	人事档案的转递（30分）	总分（100分）

实训拓展

① 参观本校档案室，了解人事档案立卷与文书档案立卷的区别。

② 收集人事档案管理案例并进行分析，进一步理解人事档案的作用。

项目八　会计档案管理

▶ 教学目标

1. 知识目标

① 了解会计档案的含义和特点。
② 熟悉会计档案的基本成分。
③ 熟知会计档案工作管理制度。

2. 能力目标

① 掌握会计档案整理方法。
② 能够正确鉴定会计档案的保管期限。
③ 能够采取有效措施对会计档案进行安全保管。
④ 掌握会计档案检索工具的编制方法。

▶ 工作任务

1. 项目情景

天际电器有限公司档案管理员小赵近日从本单位财务会计部门接收了 2010 年的会计档案，这批档案包括原始凭证、记账凭证、汇总凭证、总账、明细账、日记账、固定资产卡片、辅助账簿、月度财务报告、季度财务报告、年度财务报告（决算）、会计移交清册、会计档案保管清册、银行余额调节表、银行对账单等。小赵必须对这批会计档案的立卷质量进行仔细检查，重点检查其分类是否准确、卷内文件的排列是否正确，案卷装订是否整齐、牢固，封面填写是否正确、完整等，再进行调整加工、确定保管期限、编目，然后入库保管。

2. 任务要求

① 对某一活页式会计账簿进行调整加工，并按规范立卷。
② 确定各类会计档案的保管期限。
③ 根据会计档案的特点做好入库保管工作。

▶ 知识准备

会计档案是指具备经济独立核算资格的单位在经济管理活动中产生的会计凭证、会计账簿和会计报表等具有保存价值并作为历史记录保存起来的会计核算专业材料。会计档案来源于单位的财会部门,主要是由单位的财务会计部门在会计核算的工作中形成的。

整个会计核算过程是一个完整的体系,它以原始凭证为依据,以会计科目为分类标志,以记账凭证和账簿为工具,运用一定的记账方法,按照一定的程序完成整理、计算和登记工作。原始凭证、记账凭证、各种账簿和各种会计报表等在处理完毕后就转化为会计档案。

一、会计档案的基本成分和特点

(一)会计档案的基本成分

会计档案的基本成分有会计凭证、会计账簿和会计报表。其他的财务会计管理文件一般不属于会计档案的范围。例如,财会部门的预算计划、制度、规定等不属于会计档案的范围。

1. 会计凭证

会计凭证是记录经济业务、明确经济责任的书面证明材料,是登记账簿的主要依据。从用途和填制程序看,会计凭证分为原始凭证与记账凭证两种。各单位在办理每项经济业务时,所取得或填制的凭证,如现金收付、物资进出、往来款项结算、费用支付报销等,形成了经济业务的原始凭证。记账凭证是会计部门根据原始凭证编制的,是登记账簿的依据。记账凭证又分为收款凭证、付款凭证和转账凭证。

2. 会计账簿

会计账簿是以会计凭证为依据,全面地、连续地、科学地记录和反映各项经济业务的账册。由于会计凭证数量很多,内容分散,每张会计凭证只能反映一笔经济业务,说明个别经济业务的内容,因此,有必要对会计凭证所提供的大量而分散的具体经济核算资料加以归类整理,登记到有关账簿。账簿是保存记录的工具,有了账簿才能把单位每一天发生的经济业务分类记载。会计账簿分为总账、日记账和各种明细账。

3. 会计报表

会计报表是用统一的货币计量单位,根据日常会计核算材料,按照规定的表格形式,定期总括地反映一个单位在一定时期内的经济活动和财务收支情况的报告文件。会计报表是根据账簿记录加以归类、整理和汇总而编制出来的一套完整的指标体系,是会计工作的最后成果。会计报表分为日报、旬报、月报、季报和年报。

会计凭证、会计账簿和会计报表既在作用上有区别,又是一个密切联系的会计核算体系。会计凭证是经济活动、资金运转的合法证明,会计账簿是会计凭证的系统分类核算记录,会计报表是会计账簿记录的更概括、更全面、更系统的定期的综合指标反映。会计报表中的年度决算,则是国家预算、单位预算和各项财务收支计划执行结果的总结。

（二）会计档案的特点

与其他类别的档案相比较,会计档案具有如下特点:

第一,产生与使用的普遍性。从形成会计档案的部门和单位来看,凡是具备独立经济核算资格的单位,都会产生会计档案。这些单位,每天的运转都离不开资金流动与经济往来,都会发生会计业务,随之形成会计档案。会计档案既是各单位对经济活动进行连续、系统、综合、全面的核算和控制的产物,也是加强经济工作计划管理所必须的重要依据。因此,会计档案产生与使用的广泛性、普遍性是其他专门档案无法比拟的。

第二,形成过程的连续性。会计工作具有连续性和系统性的特点。由于资金运动是一个川流不息的过程,其具体内容的表现形式又是丰富多彩的,会计人员为了完整地反映和监督资金运动的全貌,必须系统、连续地予以记录、计算、分析和评价。因此,会计工作中所产生的会计档案资料本身就具有明显的连续性,从会计凭证到会计账簿,再到进销存软件中的财务报表,时间上依次连接,内容上组成了一个连续不断的整体。会计档案资料本身的这种连续性也是区别于其他专门档案的特性。

第三,形成程序的严密性。会计档案的形成程序是十分严密的,每项经济业务发生,都要取得或填制原始凭证。会计人员在接到原始凭证时,要对其真实性、合法性、合理性进行审核,并根据审核无误的原始凭证填制记账凭证;再根据原始凭证和记账凭证登记账簿;然后根据账簿,定期在进销存软件中编制财务报表。在这一系列程序中,会计凭证、会计账簿、财务报表密切相连,环环相扣,形成了有机整体。

第四,基本成分的稳定性。会计工作是一个庞大的系统,包括工业会计、农业会计、商业会计、银行会计、行政事业单位会计等,门类很多。尽管如此,无论何种会计,都由会计核算、会计分析、会计检查三部分构成。形成的会计档案尽管内容和种类繁多,但其基本成分只有三种类型:会计凭证、会计账簿和会计报表。这种成分的稳定性,有利于实行统一的管理制度和鉴定标准,也是会计档案区别于其他类型档案的重要标志之一。

二、会计档案工作的管理体制和制度

会计档案工作是财会部门和档案部门按照有关法规保管和提供利用会计档案的活动。会计档案的管理既是财务会计工作的一个重要组成部分,也是专门档案管理工作的一部分。

（一）会计档案工作的管理体制

鉴于会计档案工作的特殊性,我国建立了符合财会工作规律和要求的从中央到基层的会计档案管理体系。其基本内容如下:

第一，财政部与国家档案局负责全国会计档案事务。从全国来看，会计档案工作由财政部和国家档案局负责领导和管理，具体表现是：一是财政部制定、颁发了《会计基础工作规范》，对建立会计岗位责任制、使用会计科目、填制会计凭证、登记会计账簿、编制会计报表、管理会计档案、办理会计交接等事项作了具体规定，并将"管理会计档案"作为会计人员的重要职责之一；二是财政部和国家档案局联合制发了《会计档案管理办法》，对会计文件的立卷、归档以及会计档案的保管、调阅与销毁，都作了明确的规定；三是《中华人民共和国会计法》对会计档案的管理规定了明确的条款，把我国会计档案的管理纳入了依法办事的轨道。

第二，地方财政部门和档案行政管理机关对会计档案工作实施指导、监督和检查。在地方，由地方财政管理部门和档案行政管理机关依据国家相关法规并结合本地区的特点制定会计档案管理的地方性法规，从而贯彻国家的法规，对本地区的会计档案工作实施指导、监督和检查。

第三，基础财务会计部门和档案室具体管理会计档案。基础财会部门是直接产生会计文件的部门，然后形成会计档案。按照《会计档案管理办法》的规定，当年形成的会计档案，在会计年度终了后，可暂由本单位财务会计部门保管一年，期满后，应由会计部门移交本单位档案室保管。

（二）会计档案工作管理制度

会计档案工作管理制度是会计制度的一项重要内容。财政部和国家档案局联合制发了《会计档案管理办法》，进一步充实和完善了会计档案工作制度。会计部门和档案管理部门应严格执行相关的法律、法规，对违反会计档案管理制度的行为，要依法予以纠正，情节严重的应报告本单位领导或财政、审计机关处理。

在会计档案的管理中应做到：

第一，以《中华人民共和国会计法》为准绳，依法管理会计档案。《中华人民共和国会计法》第二十三条规定：各单位对会计凭证、会计账簿、财务会计报告和其他会计资料应当建立档案，妥善保管。会计档案的保管期限和销毁办法，由国务院财政部门会同有关部门制定。将会计档案的管理用法律的形式规定下来，既说明了会计档案对于国家建设和管理的重要意义，也为会计档案的管理明确了法律的依据。

第二，按照《会计档案管理办法》的规定，制定具体实施办法。《会计档案管理办法》第四条规定：各单位必须加强对会计档案管理工作的领导，建立会计档案的立卷、归档、保管、查阅和销毁等管理制度，保证会计档案妥善保管、有序存放、方便查阅，严防毁损、散失和泄密。由于各地区、部门、单位的具体情况不同，在会计档案的具体管理上不可能完全一致，因此，允许各地区、各部门参照国家的会计制度，自行制定会计档案的具体管理办法。

第三，适应形势发展的需要，不断完善会计档案的管理办法。随着形势的发展，对会计工作不断提出新的要求。计算机技术在财务会计工作中的应用，使得企事业单位的会计核算系统越来越多地被计算机所取代，也使会计档案的载体形式发生了很大的变化，会计档案管理工作面临着一些新问题。为此，我们应该根据现实情况，不断地补充和完善会计档案的管理办法。

三、会计档案的收集

会计档案的收集是指按照规定将会计凭证、会计账簿和会计报表集中归档、统一保存的活动。会计档案的收集工作要符合会计工作的规律，遵循会计档案的形成规律，要保证会计档案的齐全、完整和安全。

（一）会计材料归档制度

1. 归档范围

会计文件材料的归档范围主要包括会计凭证、会计账簿和会计报表等会计核算专业材料。对于财务部门经办的有关财会工作的方针、政策、制度、预算、计划、总结、报告以及往来文书，都不属于会计材料的归档范围，而应按照文书档案管理办法进行归档。

2. 归档时间

《会计档案管理办法》第六条规定："各单位每年形成的会计档案，应当由会计机构按照归档要求，负责整理立卷，装订成册，编制会计档案保管清册。当年形成的会计档案，在会计年度终了后，可暂由会计机构保管一年，期满之后，应当由会计机构编制移交清册，移交本单位档案机构统一保管；未设立档案机构的，应当在会计机构内部指定专人保管。出纳人员不得兼管会计档案。移交本单位档案机构保管的会计档案，原则上应当保持原卷册的封装。个别需要拆封重新整理的，档案机构应当会同会计机构和经办人员共同拆封整理，以分清责任。"根据该规定，会计档案形成后，其归档时间不是在第二年的上半年，可在财务会计部门保管一年后再移交本单位档案部门保管。

3. 归档职责

会计档案材料的立卷和归档工作应由会计人员负责。会计档案产生于会计工作过程，由会计部门对会计文件材料进行立卷，有利于保证会计档案的齐全、完整。同时，会计档案材料产生过程中，有许多文件直接产生于会计人员之手，会计人员对会计文件的准确、完整负有直接责任，由会计部门负责会计文件的立卷也是会计责任的体现和要求。因此，各单位应将会计文件的立卷和归档列入会计人员的职责范围，建立会计部门立卷归档制度，并明确归档范围和登记办法。根据会计文件形成的具体情况，将归档职责落实到人，以保证会计档案收集的质量。会计档案归档职责如表 8-1 所示。

表 8-1 会计档案归档职责

会计核算		会计凭证	出纳、主管会计
	账簿	总账	主管会计
		现金账	出纳会计员
		银行账	银行会计员
		各种明细分类账	会计员
		会计报表	主管会计或科长
电算会计		电算会计软件文件 电算会计软盘文件	程序设计员
其他		会计档案鉴定大纲、会计档案销毁清册、会计档案保管期限表	会计档案员

（二）收集分散的会计档案材料

在正常情况下，会计档案的收集是通过执行归档制度完成的，但是，由于还有一些非正常情况，造成有些会计档案未能及时归档，分散于各处。针对这种情况，应采取措施，各单位应清楚地记录历任会计的任职情况，以便逐人逐年将分散的会计档案收集齐全。如果发现会计文件丢失或损毁的问题，要出具说明材料，并报领导审核。

四、会计档案的整理

会计档案的整理是按照会计工作的基本环节对会计档案进行分类、立卷、排列、编目等工作，使会计档案构成有机的体系。整理工作对于会计档案的保管、查找利用具有重要作用。

（一）会计档案的分类

分类是系统整理会计档案的重要方式，主要有如下几种方法：

1. 会计年度—形式（凭证、账簿、报表）—保管期限分类法

首先，将会计文件按照会计年度分开；其次，将一个会计年度的会计文件按凭证、账簿、报表分为三大类；再次，在三大类内按永久、25 年、15 年、10 年、5 年的顺序排列，然后按会计年度顺序编制流水号。这种分类方法适用于单位的预算会计、企业会计。如表 8-2 所示。

表 8-2　会计年度—形式（凭证、账簿、报表）—保管期限分类法

年度	形式	保管期限	卷号
2009 年	报表	永久	1~2
	账簿	25 年	3~4
	凭证	15 年	5~6
2010 年	报表	永久	7~8
	账簿	25 年	9~10
	凭证	15 年	11~12

2. 会计年度—保管期限—组织机构分类法

首先，将会计文件按会计年度分开；其次，将一个年度的会计文件按保管期限分开；再次，将同一保管期限内的会计档案，按照单位内部组织机构进行分类。同一内部组织机构的会计文件，先排报表，后排账簿与凭证，然后按会计年度顺序编制流水号。这种分类方法适用于各级总预算会计单位。如表 8-3 所示。

表 8-3　会计年度—保管期限—组织机构分类法

年度	保管期限	组织机构	卷号
2009 年	永久	储运处	1~2
		基建处	3~4
		业务处	5~6
	25 年	储运处	7~8
		基建处	9~10
		业务处	11~12
	15 年	储运处	13~14
		基建处	15~16
		业务处	17~18

续表

年度	保管期限	组织机构	卷号
2010 年	永久	储运处	1~2
		基建处	3~4
		业务处	5~6
	25 年	储运处	7~8
		基建处	9~10
		业务处	11~12
	15 年	储运处	13~14
		基建处	15~16
		业务处	17~18

3. 会计年度—会计类型—形式—保管期限分类法

首先，将会计文件按会计年度分开；其次，将一个年度的会计文件按税务部门的税收计划、税收会计、经费会计等会计类型分类；再次，在各会计类型下再按报表、账簿、凭证顺序结合保管期限进行排列。这种分类方法适合于专业性强的各级税务机关的会计档案。

（二）会计档案的立卷

会计档案的立卷由财务会计部门负责。财会部门在对会计档案进行立卷时，应遵循经济活动和财务收支的规律，根据会计凭证、会计账簿、会计报表的不同特点，采取不同的立卷方法。

1. 会计凭证的立卷

将会计凭证按照现金、银行存款、销售往来等会计科目装订成册，一册为一卷。具体应做好以下环节：

一是将记账凭证连同所附原始凭证、凭证汇总表，按照编号顺序，选取适当厚度（一般不超过 2 cm）为一册，加上封面封底，装订成册。

二是装订时，去掉金属物，以上边和左边整齐为准，右边和下边要求折叠整齐，用棉线在左上角装订，并用纸包封装订角，由会计机构负责人、立卷人加盖骑缝章。

三是会计凭证案卷封面应写明单位名称、内部机构名称、年度、月份、本月共几册、本册是第几册,记账凭证的起讫编号、张数,保管期限,档号,并由会计机构负责人、立卷人分别签名或盖章。

2. 会计账簿的立卷

会计账簿的整理立卷比较简单,这是由于会计账簿在形成时,一般都有固定的格式和明确的分类,所以在年终结账、决算后稍加整理,一本账簿就可以成为一个案卷。具体做法要求如下:

第一,各种会计账簿办理完年度结账后,需整理、立卷。跨年度使用的固定资产账簿,应在使用完的那一个年度立卷。

第二,各类账簿应按科目成册形成案卷,作为会计档案的基本保管单位。对账簿的处理有两种方法:其一,对固定式的账页,为了保持原貌,不需拆除空白页。要填写账簿启用表,如表8-4所示,并在账皮上贴账簿案卷封面;其二,对活页式账页,会计人员可将账中的空白页去掉,并应当在账页的右上角编上页码,撤账夹,用坚固耐磨的纸质做账簿案卷封面和备考表(封底),用脱脂线绳装订成册。不同规格的活页账不得装订在一起。

表8-4 账簿启用表

帐 簿 启 用 表							
单位名称		(加盖公章)		负责人	职务	姓名	
账簿名称		账簿第 册			单位领导			
账簿号码	第 号	启用日期	年 月	会计主管			贴印花处
账簿页数		本账簿共计 页			主办会计			
经营本账簿人员一览表							
记账人员			接管日期	移交日期	监交人员		备注
职务	姓名	盖章	年 月 日	年 月 日	职务	姓名	

第三,会计账簿案卷封面应写明单位名称、内部机构名称、账簿名称、所属年度、卷内张数、保管期限、档号,并由会计机构负责人、立卷人签名或盖章。账簿案卷封面如图8-1所示。

```
            账簿案卷封面
    单位名称_____
    账簿名称_____
    年   度_____
    本账簿共___张自___页起至___页止
    负责人         经管人
          ┌──────────┬──────────┐
          │ 保管期限 │  档号    │
          ├──────────┼──────────┤
          │          │          │
          └──────────┴──────────┘
```

图 8-1 账簿案卷封面

第四，会计账簿在装订前，应按账簿启用表的使用页数，核对账户账页是否齐全，是否按顺序排列。会计账簿的装订顺序为：会计账簿装订封面，账簿启用表，账户目录，按本账簿页数项顺序装订账页，会计账簿装订封底。装订后的会计账簿应牢固、平整，不得有折角、掉页现象。会计账簿的封口处，应加盖装订印章。

3. 会计报表的立卷

会计报表的立卷应将年报、季报和月报分别立卷，根据报表数量的多少组成案卷，具体方法如下：

第一，会计报表按时报送后，存底报表均应按月装订成册。

第二，会计报表在装订前，应按编报目录核对是否齐全，并整理平整，防止折角。

第三，卷内逐页顺序编写页码，会计报表的装订顺序为：会计报表封面，会计报表编制说明，各种会计报表按会计报表的编号顺序排列，会计报表封底。

第四，会计报表案卷封面应写明单位名称、内部机构名称、报表名称、所属年度、卷内张数、保管期限、档号，并由会计机构负责人、立卷人分别签名或盖章。

对于凭证、账簿、报表封面上原有项目没有填写完整或不清楚的，要由会计部门的经办人补填；对于破损、缺页、装订不牢固的案卷，应由财会部门负责修补和装订；对不符合要求的会计档案，档案部门不予接收。

4. 其他类会计档案的整理立卷

其他类会计档案是指会计档案移交清册、会计档案保管清册、会计档案销毁清册、银行余额调节表、银行对账单等。各单位会计机构、会计人员对其他类会计档案要认真收集、审查、核对，并分别进行整理立卷。会计移交清册、会计档案保管清册、会计档案销毁清册应单独装订立卷，单独编制卷号。

每卷会计档案案卷后应附备考表，卷内若有需要说明的情况和问题，可在备考表上说明。整理立卷的会计档案应分别装入卷盒（视其厚度，一个盒子可装一卷或数卷），卷盒形式要统一、整齐、美观。

（三）会计档案的编目

编目是指为会计档案编制案卷目录。会计档案案卷目录通常按会计凭证、会计账簿、会计报表和其他会计资料分别编制，尤其是永久保管的会计档案，应单独编制案卷目录。会计档案案卷目录格式见表 8-5。

表 8-5　会计档案案卷目录

顺序号	案卷号	原凭证号	案卷标题	起止年月日	页数	保管期限	存放位置			备注
							库房号	柜号	格号	

会计档案案卷目录的项目及填写方法如下：

① 顺序号：指会计档案在案卷目录中顺序排列的序号，用阿拉伯数字填写。

② 案卷号：指每个案卷在该目录中的流水号。一本目录内不能有重复的案卷号。

③ 原凭证号：指记账时按科目赋予的凭证编号。无原始凭证号的，可填写该凭证册上的编号。

④ 案卷标题：指案卷封面上的标题。应写成：××单位××年度报表，××单位××年度经费总账。

⑤ 起止年月日：指案卷内文件最早形成的年、月、日至最后形成的年、月、日。

⑥ 件数和页数：件数指卷内会计档案的份数，页数是填写案卷的总页数。

⑦ 保管期限：指会计档案的保存时间，分为永久和定期两种，定期又可分为 3 年、5 年、10 年等。

⑧ 存放位置：指会计档案存放库房号以及柜（架）、格、盒的编号。

⑨ 备注：填写需要说明的事项。

五、会计档案的鉴定与保管

会计档案的鉴定是指划分会计档案的保管期限，对其进行初步鉴定、复查鉴定，对丧失价值的会计档案予以销毁的工作。会计档案的保管是对保管期内的会计档案进行安全保管,根据其成分和状况而采取的一系列存放和安全防护措施。

(一) 会计档案的保管期限

会计档案的保管期限分为永久和定期两种。永久保管为 50 年以上;定期保管分为 25 年、20 年、15 年、10 年、5 年等几个层次。各单位划分会计档案的保管期限原则上按照《会计档案管理办法》、《财政总预算、行政单位、事业单位和税收会计档案保管期限表》、《建设银行会计档案保管期限表》和《企业会计和建设单位会计档案保管期限表》的规定执行;如有特殊情况,可以适当延长保管期限。

在立档单位会计核算中形成的,记述和反映会计核算的,对工作总结、查考和研究经济活动具有长远利用价值的会计档案,应永久保存。属于永久保管的会计档案有:年度决算报表,涉及外事和对私改造的会计凭证、账簿等。在一定时期内具有查考作用的会计档案,应定期保存。属于定期保管的会计档案主要有会计账簿、凭证和月报表等。

会计凭证一般情况下保存 15 年左右,不需要永久保存。其中,对于涉及外事和对私改造的会计凭证应当永久保存。对于未了结的债权、债务的原始凭证,涉及林、地、房产产权的有关货币收支凭证,精简下放、退职回乡、落实政策的支付凭证,工资支付单,对处理历史遗留问题有参考价值的原始凭证等,应适当延长保管期限。

会计账簿保存 15~20 年即可,也不需要永久保存。这主要是因为会计账簿中的一些项目和数字已被会计报表所代替,会计账簿保存一段时期后查找率就会很低。

会计报表,特别是其中的年度会计报表(决算),需要永久保存。季度报表、月份报表保存 3~5 年。如果年度报表过于简略,或年度报表遗失,需要季度报表、月份报表辅助,则季度报表、月份报表可酌情适当延长保管期限。企业和其他组织会计档案保管期限见表 8-6 所示。

表 8-6 企业和其他组织会计档案保管期限表

序号	档案名称	保管期限	备注
一、会计凭证类			
1	原始凭证	15 年	
2	记账凭证	15 年	
3	汇总凭证	15 年	
二、会计账簿类			
4	总账	15 年	包括日记总账
5	明细账	15 年	

续表

序号	档案名称	保管期限	备注
6	日记账	15 年	现金和银行存款日记账保管 25 年
7	固定资产卡片		固定资产报废清理后保管 5 年
8	辅助账簿	15 年	
三、财务报告类（包括各级主管部门汇总财务报告）			
9	月、季度财务报告	3 年	包括文字分析
10	年度财务报告（决算）	永久	包括文字分析
四、其他类			
11	会计移交清册	15 年	
12	会计档案保管清册	永久	
13	会计档案销毁清册	永久	
14	银行余额调节表	5 年	
15	银行对账单	5 年	

（二）会计档案鉴定工作的组织与内容

1. 会计档案鉴定工作的组织

各单位鉴定会计档案必须有组织、有领导地进行，任何个人不得擅自处理会计档案。单位在鉴定会计档案时，应成立由主管领导、会计部门与档案部门负责人参加的鉴定工作领导小组，制定鉴定工作方案，明确鉴定工作的要求、步骤和方法，确保鉴定工作的质量。

2. 会计档案鉴定工作的内容

会计档案的鉴定工作包括以下三个方面的内容。

第一，初步鉴定。在会计核算材料的整理过程中，初步鉴定由会计人员完成。会计部门在每年的会计年度终了时，对需要归档的会计材料进行整理、编目、装订，并根据《会计档案管理办法》确定各类会计档案的保管期限。

第二，复查鉴定。档案部门接收会计部门移交的会计档案后，要定期会同会计人员对已到保管期限的会计档案进行复查鉴定，确定是否延长其保管期限或销毁。

第三，销毁鉴定。对保管期满、可以销毁的会计档案，由档案部门提出意见，再由会计部门与档案部门共同鉴定，确认可以销毁的档案；然后编制销毁清册，经批准后，对档案实施销毁。

（三）会计档案的保管

对于保管期内的会计档案，要根据其成分和状况，采取一系列相应的存放和安全防护措施，进行安全保管。除了与其他相同载体档案的保管要求一样外，还必须根据会计档案的特点，采取适当的保管措施。

1. 选择适合的档案包装材料

会计凭证、账簿和报表的规格、形式、材质不同，为了有效地保护档案，便于管理和利用，应该为其选择和制作适当的包装材料。一般来说，会计档案的包装材料（档案盒）的制作要求是：用250 g的牛皮纸印制、折叠而成，要坚固耐用、存取方便、整齐美观、便于搬动。

2. 会计档案的排放

接收入库的会计档案经登记后，即可排放于档案装具之上，固定其存放位置。会计档案排放要做到整齐一致；如果有规格不一的会计档案，应适当分类，尽可能排放整齐。

会计档案的排放一般有两种方法：第一种是会计黏附排放法，即将一个会计年度形成的全部会计档案分为凭证、账簿、报表、其他四大类，按保管期限依次排放。这种方法适用于会计年度形成档案较少的单位。第二种是会计档案形式排放法，即先将全部会计档案按凭证、账簿、报表、其他四大类分别排列，在四大类内再按会计年度排列。这种方法适用于会计年度形成会计档案数量较多的单位。

为了掌握会计档案的数量和存放情况，需要建立会计档案的保管登记制度，按照档案入库的顺序，由管理人员进行登记。

（四）会计档案的销毁

对于经鉴定认定无保存价值，需要销毁的会计档案，要严格遵守会计档案销毁程序，具体如下：

1. 编制会计档案销毁清册

《会计档案管理办法》规定：会计档案保管期满需要销毁时，由本单位档案部门提出销毁意见，会同财务会计部门共同鉴定，严格审查，编造会计档案销毁清册。会计档案销毁清册是对需要销毁的会计档案进行登记的目录名册，是销毁会计档案的依据。如表8-7所示。

表8-7 会计档案销毁清册

案卷号	单位	类别	案卷标题	所属年月	会计专业编号	页数	保管期限	鉴定日期	销毁日期	备注

2. 编制会计档案销毁审批报告

会计档案销毁审批报告（见表8-8）是对需要销毁的会计档案情况的书面说明。需要将其上报给单位的领导、上级主管部门以及上级财政部门和档案部门审批。销毁工作完成后，还要由监销人员和销毁人员在报告上签名盖章。

表8-8 会计档案销毁审批报告

会计档案销毁审批报告					
经会计档案鉴定小组于　　年　　月　　日鉴定后，共清理出无保存价值的会计档案（　　）卷，应予销毁，请审批。 单位名称					
会计档案名称	起止卷号	共计册数	起止年度	应保管年限	已保管年限
主管部门审批意见： 　　　　年　　月　　日			本单位领导意见： 　　　　年　　月　　日		
财会部门审批意见： 　　　　年　　月　　日			档案部门审批意见： 　　　　年　　月　　日		
监销人签名：			销毁人签名：		

3. 实行监销制度

各单位在实施会计档案的销毁时，应由档案部门和财务会计部门共同派人监销。各级主管部门销毁会计档案时，还应有同级财政部门、审计部门派人参加监销。集体所有制单位销毁会计档案时，必须由主管部门派人监销。各级财政部门销毁会计档案时，由同级审计机关派人参加监销。

六、会计档案的提供利用

会计档案记录着单位资金的运行和管理情况，是单位的一个重要信息源。有效地开发和利用会计档案信息，可以为单位制定发展目标、改善经营管理、提高经济效益提供可靠的依据。因此，做好会计档案的开发和利用工作十分重要。为了提高会计档案提供利用的效率，应着重做好会计档案的检索工作和编研工作。

（一）会计档案的检索工具

会计档案检索工具是开展会计档案提供利用的基础和前提。会计档案检索工具的主要形式有案卷目录和专题目录。

1. 案卷目录

案卷目录的编制方法有：其一，编制会计凭证、账簿、报表三合一的会计档案案卷目录；其二，分别编制会计凭证目录、会计账簿目录、会计报表目录；其三，分保管期限编制不同的会计档案的案卷目录。其中第三种编制方法与会计档案的排列、编号一致，比较有利于档案的提供利用，同时也便于会计档案的保管、移交和销毁。

2. 专题目录

会计档案专题目录是根据国家经济建设和制定长远规划的需要，将历年案卷目录中有关生产、基建、供销、经费的内容以及财务决算及说明等档案材料，按照不同专题分别编制的目录。

（二）会计档案的编研工作

会计档案编研工作主要是根据档案的内容和本单位的需要编制一定形式的档案参考资料。通常，会计档案管理部门以编制数据性档案参考资料为主。会计档案的编研工作包括如下三个方面的内容。

1. 基础数字汇集

基础数字汇集是利用会计档案中各方面的数据信息，将立档单位经济管理活动的数据按若干项目编辑而成的一种档案参考资料。其作用是供单位领导和业务人员全面、系统地掌握情况。

2. 重要数据汇集

重要数据汇集是按照时间顺序，将资金、产值、利润、利税、工资、奖金、成本等分项制成表格而形成的档案参考资料。

3. 阶段性资金分析表

阶段性资金分析表是按时期对比和反映企业资金运转使用情况的参考资料，主要供单位领导掌握单位经营情况、总结经验教训和研究发展方向。

▶ 项目实施

1. 项目实施条件

① 实训场所：可安排在模拟档案室或秘书实训室进行。
② 实训设备：具备满足全班学生分组进行档案整理的工作台、档案装订机、档案柜。
③ 所需文具：会计档案包装材料（档案盒）、专用印章、装订线、夹子等。
④ 指导教师事先准备好模拟会计档案，会计档案卷内目录表、账簿案卷封面，明确实训任务，提出工作要求，要求学生在规定时间内完成对会计档案的调整加工、确定保管期限和安全保管工作。
⑤ 全班学生按 4 人一组分组实训。

2. 项目实施过程

任务 1：对某一活页式账簿进行调整加工，并按规范立卷。

第一步：拆除空白页。
第二步：填写账簿启用表。
第三步：按顺序编好页码。
第四步：加上账簿案卷封面和备考表。
第五步：进行装订。
第六步：填写账簿案卷封面和备考表。
第七步：编制档号。
第八步：最后检查卷内文件的排列是否正确，案卷装订是否整齐、牢固，封面填写是否正确、完整。

任务 2：确定各类会计档案的保管期限。

第一步：将会计档案案卷按会计凭证、会计账簿、会计报表三大类区分开来。
第二步：根据上述天际电器有限公司的单位性质，选用《企业和其他组织会计档案保管期限表》进行对照。

第三步：通过对照《企业和其他组织会计档案保管期限表》，确定每一个案卷的保管期限。

第四步：使用档案专用印章，将确定的保管期限印在案卷封面的保管期限栏中，印字要求必须清晰、端正。

任务3：根据会计档案的特点做好入库保管工作。

第一步：根据每一卷会计档案的具体特点，选用适合的档案盒，将案卷装入其中。

第二步：填写档案盒上的栏目，包括盒面、盒脊。

第三步：根据档案实际情况选用合适的排放方法。

第四步：将会计档案依次排放在档案柜中。

项目评估

1. 实训结果

① 调整加工好的会计档案案卷。

② 学生准确确定每一卷会计档案案卷的保管期限。

③ 按要求将会计档案案卷装在合适的档案盒中，并按类别、规格的不同，整齐排放在档案柜中。

2. 成绩测评

① 学生进行自评和互评。

② 教师对学生的实训过程和实训结果进行讲评。

③ 评分表：

会计档案管理实训成绩表

组别 \ 项目	调整加工、立卷（40分）	确定保管期限（30分）	入库保管工作（30分）	总分（100分）

实训拓展

① 到本校档案室参观见习，进一步掌握会计档案的分类、立卷、编目、保管工作。

② 上网收集一些单位的会计档案管理案例，分析其具体做法的正误，提出纠正方法。

项目九　特殊载体档案管理

▶ 教学目标

1. 知识目标

① 了解声像档案、实物档案、电子档案的分类。
② 熟悉声像档案、实物档案、电子档案的收集范围和方法。
③ 掌握声像档案、实物档案、电子档案的整理、鉴定、归档、保管、利用的程序和方法。

2. 能力目标

① 能够正确管理声像档案。
② 能够正确管理实物档案。
③ 能够正确管理电子档案。

▶ 工作任务

1. 项目情境

绿美食品有限责任公司成立于 2003 年，明年公司将要举办成立十周年庆典。公司位于广东英德××产业园科技园区，是一家集油脂、淀粉、茶叶等农特产品深加工于一体的企业，是广东省百强农业产业化龙头企业。公司在国内外设有子公司、分公司、配送中心、办事处 18 家，协作企业 15 家，农民专业合作社 10 家，建立生态绿色食品原料基地 10 万亩（1 亩≈666.7 平方米），其中种植基地 10 000 亩。公司每年产生大量的声像档案、实物档案和电子档案。秘书小张和小赵需要首先管理好当年的这些特殊载体档案，并为明年的公司成立十周年展览提供策划方案，还要负责举办此次展览。

2. 任务要求

① 对本公司本年度的声像档案进行收集、整理、鉴定、归档、保管。
② 对本公司本年度的各类实物档案进行整理、保管。
③ 对本公司本年度的电子档案进行收集、整理、鉴定、归档、保管。
④ 利用现有特殊载体档案，策划和举办"绿美食品有限责任公司成立十周年"展览。

▶ 知识准备

随着现代科学技术的飞速发展，档案载体也在不断发生变化，形成了传统纸质载体和特殊载体多元化的新局面。特殊载体的档案是指以磁性材料、感光材料、实体材料为主要载体和以影像、声音、实物为主要反映方式的档案，包括照片、录音、录像、影片、光盘档案、电子文件、印章、证章、锦旗、奖旗、奖状、奖杯、奖匾、奖章、证书、字画以及各种捐赠品、礼品、纪念品、工艺品、领导题词、有关建筑物或产品的模型等。特殊载体档案的种类非常丰富，数量急剧增加，已经成为当代档案的重要组成部分。它们与纸质档案相辅相成，共同记载了一个单位主要职能活动和历史发展面貌，具有独特的参考利用价值。根据材质的不同，特殊载体档案可以分为声像档案、实物档案、电子档案三种。由于其制成材料、记录方式和形成规律与纸质档案都有很大差别，必须认真研究各种特殊载体档案的特点，采用相应的管理方法，才能做好当代档案管理工作。

一、声像档案的管理

声像档案是指单位在工作中形成的、有保存价值的，以照片（包括底片、反转片）、影片（正负片）、唱片、录音带、录像带等不同材料为载体，以声像为主并辅以文字说明的档案。声像档案真实记录了单位工作的情况，是全宗档案的重要组成部分。

（一）声像档案的分类

声像按照存储介质的不同可分为两类：一类是传统的用带底片的相机、带磁带的录音机、录像机记录的声音、图像，需要冲印或者利用音像视听设备才能观看或收听；另一类是用数码设备记录的声音、图像，借助于电脑设备就能观看或收听。前者属于本部分所述的声像档案的范畴，后者属于下面所述的电子档案的范畴。

声像档案可以分为照片、录音、录像三类。其中，照片档案又分为底片（包括原始底片和翻版底片）和照片；录音档案又分为唱片和录音带（包括盘式和盒式，其中盒式较为常见）；录像档案又分为盘式和盒式，以盒式较为常见。

（二）声像档案的管理

1. 声像档案的收集

国家颁布的《照片档案管理规范》（GB/T 11821—2002）和《磁性载体档案管理与保护技术规范》（DA/T 15—1995）等规定了声像档案的收集工作如何具体开展。收集声像档案时，应该注意以反映本单位工作活动的为主，突出重要活动、重要会议等内容，精心挑选其中质量较好的，并要保证归档的声像材料内容完整，这样才具有查考利用价值。

（1）声像档案的收集范围

声像档案的收集范围包括：

① 反映本单位概貌的声像材料。

② 本单位工作、职能活动的声像材料。

③ 上级领导人或著名人物参加本单位、本地区重大公务活动的声像材料。

④ 重要会议、重要活动、重要事件或重大事故的声像材料。
⑤ 历届领导班子成员、劳模等照片。
⑥ 本单位向有关单位提出内容和要求、组织拍摄或征集的照片。
⑦ 本单位或员工、产品获得奖励的奖状、奖旗、奖杯、证书等荣誉性实物的照片。
⑧ 本单位领导、专家、技术人员等在国内外重大活动中的声像材料。
⑨ 本单位重要工程建设、重大技术改造和技术引进的主要声像材料。
⑩ 本单位历年生产的主要产品的照片。
⑪ 本单位文娱体育活动的声像材料。
⑫ 与本单位其他载体档案有密切联系的声像材料。
⑬ 外单位形成但经本单位选用的声像材料。

（2）声像档案的收集方法

一是集中收集，即档案管理人员有计划、有针对性地进行阶段性收集。这是声像档案收集的重要途径。

二是定向收集，即档案管理人员向某项活动的主办、承办单位或参与活动的单位和个人进行收集。

三是直接参与收集，即档案部门派出档案管理人员直接参与现场拍摄、录制进行收集。

四是随时收集，即档案管理人员平常注意收集有关活动信息，发现线索及时跟踪，及时收集相关声像档案。

2. 声像档案的整理

其中，照片档案的整理相对复杂，录音、录像档案的整理相对简单。

（1）照片档案的分类、编目

按照《照片档案管理规范》的要求，照片档案的底片应单独整理和存放，照片和说明文字应一同整理和存放。

底片一般按全宗进行单独整理，不可混杂。各单位可以根据自身实际情况采用相应的分类方法，比如可以按规格、尺寸分类，或按年度、历史时期分类，或按内容（如会议、活动、项目、产品、事件等）分类。大多数单位底片数量不多，可以不分类，按收到底片的先后顺序编号，存放入底片册，装满一册为一卷，一卷底片编一个流水号。底片在全宗内编流水号的格式为"全宗号—保管期限代码—底片号"，并用铁笔在底片乳剂面片边处横排刻上底片号，同时在底片袋的右上方标明底片号。

照片应在全宗内按"年度—内容/问题"进行分类，也可以与相关的文书档案的分类方法一致。跨年度且不可分的照片，可按"保管期限—问题—年度"进行分类。不同全宗的照片不可混杂。照片在全宗内的编号格式有两种："全宗号—保管期限代码—册号—张号"和"全宗号—保管期限代码—张号"。

照片档案的文字说明是反映照片内容和相关情况的重要信息，主要包括事由、时间、地点、人物、背景和摄影者六个要素。文字说明要简洁明了，一般不超过200字。一般照片以自然张为单位编写说明，一组照片应编制比较详细的总说明，然后每一张再加以简要的分说明。单张照片的文字说明置于照片的下方或左右两侧；大幅照片的文字说明可另纸书写，与照片一同保存。照片文字说明示例见图9-1。

照片号/底片号		拍摄时间	
文字说明			
参见号		摄影者	

图9-1 照片文字说明

（2）录音、录像档案的分类与编目

录音、录像档案可以按照内容和时间分类，并注意区分其是否具有机密性，以及版本类型（如原版、复制版等）。

录音、录像档案一般以盘或盒为单位进行编号。编号时可按归档的时间顺序结合内容编制流水号，一般格式为"类别代号—顺序号"。

录音、录像档案也需编写文字说明。录音带需要写明：讲话内容、讲话人姓名、身份、录音时间、录音带播放时长、录音带型号规格、设备的型号规格。录像带需要写明：拍摄内容、主要人物、拍摄时间、录像带型号规格、设备的型号规格。

录音、录像档案应装入特制的封套中，并在封套外面粘贴标签。标签上应注明：编号、参见号、名称（内容）、密级、主要人物、播放时间、摄制单位（录制单位）、摄制日期（录制日期）、规格、制式、盘（卷）数、磁带长度等项目。文字说明随同装入封套内，统一编号。

声像档案整理完毕，应该填写《声像档案接收登记簿》（如表9-1所示）。

表9-1 声像档案接收登记簿

序号	组号	年度	事件	数量	材质	保管期限	接收时间	移交人	接收人	备注

3. 声像档案的鉴定

为了准确判定声像档案的价值并进行恰当保管，可参照纸质档案鉴定的原则、标准、程序和方法进行鉴定，并注意声像档案的特殊载体。

声像档案的保管期限一般划为永久或定期中的 30 年保存比较合适。如果某些声像资料的内容与本单位、本地区的工作没有直接关系，只是用于学习、宣传、交流情况，则作为资料保存。

4. 声像档案的归档

（1）声像档案的归档时间

根据实际情况，采用随时归档与定期归档相结合的方式。

对一些比较重要的声像材料，归档时间要灵活掌握，要做到及时跟踪、尽快收集、尽快归档。

（2）声像档案的归档要求

归档程序必须符合《照片档案管理规范》和《磁性载体档案管理与保护技术规范》等规定的要求，归档材料首选原版、原件，声像需清晰、准确、系统，重点突出，具有代表性，并附有文字说明。

5. 声像档案的保管

声像档案应该注意存放方法。照片档案中的底片和照片应分别存放保管，底片单独存放入底片夹，照片与说明词一起存放。照片应固定在照片册的芯页上，以竖直放置为宜。如果水平放置，堆放高度不宜超过 5 cm。录音、录像档案也应竖放，避免平放保存，而且每隔 6 个月或在雨季、高温季节对磁带进行重绕，释放磁带内的压力，并进行定期检查。如需长久保存，还应该根据磁带的保存情况，每隔 5～10 年，进行信息的转录。

与纸质档案相比，声像档案的保存，除了一般的防火、防水、防尘、防光、防霉、防虫等，还需要注意以下两个方面：

一是温湿度控制。底片适宜的保存温度为 13～15 ℃，相对湿度为 35%～45%；照片适宜的保存温度为 14～24 ℃，相对湿度为 40%～60%；录音、录像档案适宜的保存温度为 15～25 ℃，相对湿度为 45%～60%。库房温湿度超标的话，容易导致声像档案介质发生损害。因此，如果有条件，应该按照相关规定建造专门的库房保管声像档案；如果条件不具备，且数量不多而没有必要建造专门库房的，也应该注意购置专门的装具以保存声像档案，并在库房配备测量和控制温湿度的设备，以便了解库房情况，随时采取相应措施。

二是防磁。录音、录像档案的载体是磁性介质，会受到磁场的消磁作用，导致磁带记录信号的丢失，使录音、录像档案遭到破坏。为此，大量产生和保存录音、录像档案的单位，应该修建专用的防磁档案库房；而一般的单位档案室，则应购置专用防磁装具或采取相应的防磁措施。如果不具备上述条件，也应避免在录音、录像档案保管场所附近放置电动机、电视机、变压器等设备，或避免将录音、录像档案存放在这类电器附近。

6. 声像档案的利用

声像档案提供利用的方式包括借阅、复制、举办展览、编辑画册或录像片等。借阅和复制方式要注意制定并严格执行相关制度；举办展览、编辑画册或录像片的方式，大多配合本单位的现实活动，如重要的周年纪念、庆祝活动、重要会议等，追溯本单位历史，营造特定的氛围，画册还可以作为礼物赠送给宾客，有宣传单位文化、塑造单位形象之用。

档案展览、画册、录像片均是为了特定目的，按照一定主题，将档案的复制件进行系统编排，在一定范围内陈列、印制、播放的方式。大致程序有：确定主题，拟写策划方案，选择合适的档案材料，设计展览、画册、录像片的形式和内容，对选用的档案进行加工（以复制件为宜），编写前言、说明、结束语、解说词等，审核校对，印制或刻录等。编辑画册和录像片的工作在印制或刻录后基本可以收尾，之后只是安排分发或播放；展览工作则不同，印制完毕后，还需布置展览现场，培训解说人员在展览期间解说，安排安保人员维护展览现场的秩序，展览结束后还需做好撤展工作，清退有关物品等。

二、实物档案的管理

实物档案是指单位在工作活动中形成的、有凭证和查考价值的实物形式的物品，包括印章、证章、锦旗、奖旗、奖状、奖杯、奖匾、奖章、证书、字画，以及各种捐赠品、礼品、纪念品、工艺品、领导题词、有关建筑物或产品的模型等。实物档案形象直观、形式多样、工艺性强，是一个单位历史发展的重要见证，保存价值较高。20 世纪 90 年代以来，各单位都开始把实物档案纳入归档范围，档案室（馆）每年要按时接收这类档案，并进行科学管理。

实物档案种类多，载体形态各异，保管方式和要求不尽相同，要分类管理。

（一）荣誉性实物档案的管理

荣誉性实物档案主要反映单位工作、生产、科研或产品等获奖的情况，包括证书、奖状、奖杯、奖牌、奖章、奖匾、锦旗等。有时荣誉性实物单独出现，反映一个获奖事件；有时荣誉性实物配套出现，如证书与奖杯、奖匾等共同反映一个获奖事件。无论是独立的一个还是配套的多个，都需要按照一定的程序和方法进行整理。

1. 分类

先按荣誉性实物的形状和质地分类，然后按授予者的级别分，从国家到地方依次排列。

2. 编号

按照分类的结果，先给各类荣誉性实物一个代号。代号既可以用字母也可以用数字，一经确定下来，就不要随意变动。一般荣誉性实物不多的单位，也可以不分类，而采取大流水编号的办法。

编号的格式常采取"年度—组号—分号"的编制方法，即先分年度，再把属于同一事件的证书、奖杯、奖章或奖牌作为一组，给定一个组号，组号下面再编分号。

3. 编目

为方便管理和利用，要对已经编号的荣誉性实物档案逐件登记编目，具体项目有类别、序号、题名、时间、授予者、备注等。荣誉性实物档案的目录可采用通用的实物档案目录的样式（如表9–2所示）。实物档案目录存放于单位综合档案室目录柜保管。

表9–2 实物档案目录

目录号：

类别	序号	题名	获得时间	授予者或捐赠者	备注

4. 编制和贴标签

为了把编号、编目和荣誉性实物联系起来，可以采用不干胶或标签牌的形式，贴或挂在实物适当的位置（如实物档案背面的右上角或底座、印把等），以不影响对实物的观瞻为宜。荣誉性实物档案小标签可采用通用的实物档案小标签的样式（如表9–3、表9–4所示），贴法见图9–2。

表9–3 实物档案小标签（1）

目录号		获得时间	
类别		授予者或捐赠者	
序号			
题名（内容简介）			

表9–4 实物档案小标签（2）

目录号		件号	
实物名称		规格	
获得时间		授予者或捐赠者	
题名（内容简介）			

图 9-2 奖旗、奖杯、奖牌、奖匾、证书等标签的贴法
（引自：吴勇华、陈荣森编著，《实物档案分类整理编目方法讲义》）

5. 保管和展示

绝大多数的荣誉性实物档案，如证书、奖牌、奖章和锦旗等，可以采用档案盒包装保存，一件或一套装入一个档案盒，作为一个保管单位。

幅面比较大的实物档案，如锦旗，可折叠成 16K 或 A4 规格，将有字一侧折叠在内，无字一侧折叠在外，注意尽量不要在有文字处留折痕；将背面（右上角）贴有"实物档案小标签"的地方露在面上；折叠好后装入档案盒。

在档案盒封面上需要标明：档号、奖项题名、奖项级别、颁奖单位、颁奖时间、归档部门、载体类型以及档案实体存放位置等。

有些单位设置有荣誉陈列室，实物原件可存放在陈列室（既是实物档案室又是荣誉陈列室）。有些单位有部分荣誉性实物（如奖匾、证书、奖旗、奖状、奖杯、锦旗等）需要在单位会议室展挂，或在单位公共场所（如大堂、大厅）固定摆放。在对荣誉性实物进行抄录编目并在相应位置粘贴实物档案小标签后，要对每件实物进行拍照，照片放在声像档案中编号归档，实物进行陈列。有些单位的荣誉性实物档案太多，无法全部陈列，也可以单独设"荣誉录"，用张贴荣誉性实物照片的方式在单位公共场所展览，实物原件则收回放在档案室档案柜中保管。

如果有必要，可以对所有荣誉性实物档案进行拍照存档，形成一套完整的电子照片档案。

（二）印章类档案的管理

印章是权力的象征和职能的标志。单位名称的变更或隶属关系的变化，往往导致产生一些失效的印章。它们虽不具有现行效用，却是客观证明单位历史存在的重要证据之一，需收集保存。

保存之前，应该对失效的印章进行鉴定。一般来说，独立法人单位的印章比较重要，需要永久保存；单位内部重要职能部门的印章也较重要，需要长期保存。由于目前绝大多数印章采用易氧化的橡胶材料制作，经过一段时间后就软化、龟裂和字体模糊，因此经鉴定需要归档的印章，应留取印模并拍照，连同原件一起分类、编号、保存。

1. 分类

印章的分类方法很多。按制作材料分为木印、石印、骨印、钢印、铜印、塑料印等；按形状分为圆印、方印、棱形印等；按印文的制作方式分为阴文印、阳文印、阴阳文印等；按印文内容的性质分为机关印、事业印、企业印、社团印等。旧印章数量少的单位，可不必分类。

2. 排列编号

旧印章应该用一个特制的档案盒进行排放，顺序与分类方法一致；每枚印章在排放前，都应在印模纸上盖印模，在印把上贴编号，在印模旁填写相应编号。

印章编号后，即按编号顺序放入特制木盒内，在盒盖内侧粘贴印章摆放示意图，注明印章名称、编号，以便根据编号所对应的位置直接提取印章，如图9-3所示。

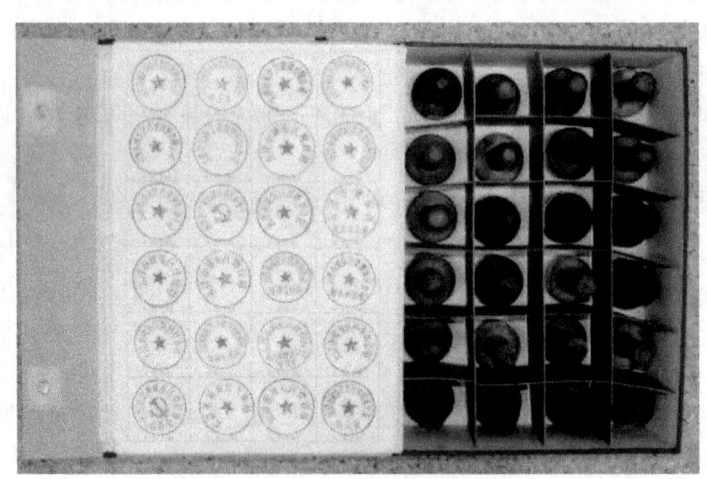

图9-3 印章类实物档案存放样式

（引自：吴勇华、陈荣森编著，《实物档案分类整理编目方法讲义》）

3. 编目和登记

印章应按编号顺序编制分类目录，每方印章写一条目录。目录的项目由顺序号、档号、印文、使用时间、备注组成。如表9-5所示。

表 9-5 印章档案目录

目录号：

顺序号	档号	印文	使用时间	备注

4. 保管

印章要放在特制的档案盒中保管。印模单独装订成一册或若干册，与其他档案一起存放。

如整理了印章的照片，印模和照片可以装入档案盒存放，封面需要标明印章的名称、编号、存址等信息。

（三）礼品类档案的管理方法

礼品类档案是指单位在社会活动中收到的一些知名人士及外单位赠送的字画、纪念品、工艺品、各种捐赠品以及领导题词、有关建筑物或产品的模型等实物。

档案部门对接收的礼品类档案应逐件拍照，进行分类、编号、编目，编写文字说明和编制标签（具体做法参照荣誉性实物档案的办法），指出档案的来源、获得时间和缘由、馈赠者、件数等要素，一并存档保存。礼品类档案一般按"时间—类型"分类，按不同类型管理。

礼品类档案如需陈列，可参照荣誉性档案管理方法陈列。

三、电子档案的管理

随着信息技术的进一步发展，信息产业不断成熟，在行政管理和商务活动中，出现了电子政务和电子商务等管理和经营方式，由此产生了许多电子公文、电子图书、电子图形图像、电子文献资料等电子文件。具有档案保存价值、必须要归档保存的电子文件，就成了电子档案。它是在计算机系统中形成，具有查考利用价值的社会活动原始记录。

如何管理电子档案？这是时代发展给档案部门提出的新问题。国家颁布了《电子文件归档与管理规范》（GB/T 18894—2002），用来规范电子档案的管理。档案部门必须与时俱进，根据此规定，在坚持档案管理基本原则的基础上，参考纸质档案、声像档案的管理方式和方法，提高管理电子档案的能力。在将来电子档案大量涌现的时候，既要重视电子档案，又要保证对纸质档案、声像档案的管理，充分开发各类档案信息资源为社会服务，使档案管理工作在信息时代继续全面发展。

（一）电子档案的特点、种类和管理要求

1. 电子档案的特点

电子档案具有电子文件的所有技术特性，与传统档案有很大差别。电子档案的特点有：

第一，对电子技术和设备的依赖性。电子档案的生命由载体、信息和系统三个部分构成，电子档案的形成和利用完全依赖于设备和技术。离开计算机的软件、硬件设备和技术，电子档案既看不见也摸不着。

第二，非人工识读性。电子档案的信息形态是数字化的，人工不可识读，识别和利用时必须借助一定的设备和技术。人们在计算机屏幕上或在打印纸上看到的由文字、图形等构成的电子文件形态，只不过是电子文件的某种输出形式。因此，当载体和系统更新换代、与原系统不兼容时，必须保存老的系统，进行适应新系统的转换、迁移工作，才能保证电子档案的可读性。

第三，信息的可变性。电子档案以数字编码进行记录，增删方便，改后又不留痕迹。但是，正是由于容易修改，如果不采取专门技术措施，就很难分辨电子档案的新旧程度，很难保证电子档案的原始性。

第四，信息与载体的可分离性。纸质文件的内容与载体是不可分离的整体，因为墨迹必须依附在纸上才能形成文字或图形。电子档案内容存储的位置则不固定，同一个信息的内容可以在不同载体上同时存在或相互转换，可以根据需要随时改变或扩展、缩小存储空间，也可以通过网络传送到异地的一个或多个其他载体上。

第五，信息的可共享性。电子档案不受载体传递的限制，不受时间和空间的制约，调阅文件的主动性强、批量大，文件查找速度快、方式多，可通过网络传播和交流，也可实现随时随地查阅、利用，实现档案资源的共享。

第六，多种信息载体的集成性。电子档案在计算机中产生和处理，可以使用多媒体技术，把文字、图像、音频、视频等不同媒体形式的信息进行编辑，记录在同一份文件上，使其图文并茂、声像并存，充分发挥电子档案的优势。

2. 电子档案的种类

参照《秘书国家职业资格培训教程（三级秘书·国家职业资格三级）》的不同分类标准，可以把电子档案分为多种类型。具体如下：

（1）按照电子档案的存在形式划分

一是字（表）处理文件，指利用计算机文字处理技术生成的文字文件、表格文件等。

二是图形文件，指采用计算机辅助设计或绘图获得的图形文件。

三是图像文件，指借助视频设备获得的图像文件，如用数码相机拍摄的照片、使用扫描仪扫描的各种原件图像等。

四是声音文件，指采用音频设备录入或用编曲软件生成的文件。

五是多媒体文件，指借助计算机多媒体技术制作的文件。

六是数据文件，指运用计算机软硬件系统进行信息处理等过程形成的各类参数、管理数据等。

七是命令文件，指利用计算机语言编写的各种程序，用于处理各种事务，是一种计算机语言。

（2）按照电子档案的功能划分

一是主文件，指表达作者意图、行使职能的文件。

二是支持性文件，主要指生成和运行主文件的软件，如文字处理软件、表格处理软件、图形软件、多媒体软件等。

三是辅助性、工具性文件，主要指在制作、查找主要文件过程中起辅助、工具作用的文件。如计算机程序类文件往往附带若干辅助设计文件、图形文件，数据库往往附带若干辅助数据库和相应的索引文件、备注文件等。

（3）按照电子档案产生的环境划分

可分为一般办公室工作中产生的文件、计算机辅助设计和制造中产生的文件。

（4）按照电子档案的属性划分

可分为普通文件、只读文件、隐藏文件、加密文件和压缩文件等。

（5）按照电子档案生成方式划分

可分为由计算机直接产生的文件、对传统文件用扫描仪和数码相机等输入设备处理后生成的文件。

3. 电子档案管理的要求

对电子档案的管理有如下要求：

第一，真实性。归档的电子档案应该是经签发生效的定稿，图形文件如果经过更改，则应将最新的版本连同更改记录一起归档；电子档案归档后，经过处理和利用应保持不变，与形成时的原始状态一致。

第二，完整性。收集电子档案时，除了内容，还要注意收集软件、硬件环境信息，如设备、支持软件、版本、说明资料等，每份电子档案的内容、结构、背景信息均应没有缺损。

第三，可读性。电子档案经过存储、传输、压缩、加密、介质转换、迁移等处理后，应保持内容的不变性，并能够在现有条件下被识读。

（二）管理电子档案的程序和方法

1. 电子档案的收集

电子档案从形成到归档一般有一段时间。而电子文件的修改又非常简便，且可以不留痕迹。因此，电子档案的收集工作必须始自电子文件的形成之初，且贯穿于全过程，才能保证归档电子文件的真实性、系统性、完整性。这项工作是经常性的，必须按有关规定和标准进行。电子档案的收集对归档工作非常重要，必须严肃对待。

（1）电子档案的收集要求

在收集电子档案的过程中，有以下几个要求：

第一，注意收集电子档案的软件、硬件系统信息，包括用各种外接设备获得且在计算机上运行文件的操作软件的相关信息。

第二，注意收集计算机系统运行和信息处理等过程中涉及的各类参数、管理数据等信息，以及各类电子文件的压缩算法、属性标识、存储格式等相关信息。

第三，注意收集记录重要文件主要修改过程和办理情况的信息，以及有查考价值的电子文件、电子版本的定稿。

第四，注意收集与正式纸质档案定稿内容相同的电子文件。此时，要在对应的纸质档案和电子文件之间建立准确、可靠的标识关系，以便对纸质档案的全文进行信息检索。

第五，收集无纸化计算机办公或事务系统中为产生电子文件时采取的严格的安全措施，保证电子文件不被非正常改动。

（2）电子档案的收集办法

电子档案的收集离不开计算机网络系统。因此，应在计算机网络系统上建立积累数据库，或在电子文件数据库中将对应在收集积累范围内的电子文件注明积累标识。

电子档案的收集应由形成部门集中管理，切忌由个人分散保管，以免给日后管理带来不便。

在电子档案的收集过程中，应及时制作电子文件备份，拷贝一套存储于能够脱机保存的载体上，并对其软硬件环境作出说明。有些电子文件还可根据要求制作成纸质或缩微胶片拷贝件进行保存。

收集的每份电子文件都应在《电子文件登记表》（如表9-6、表9-7所示）中登记，登记表和电子文件的备份一同保存。如果电子文件登记表是电子表格，应打印成纸质档案，并与备份文件一同保存。

表9-6 电子文件登记表（首页）

文件特征	形成部门			
	完成日期		载体类型	
	载体编号			
	通讯地址			
	电　话		联系人	
设备环境特征	硬件环境（主机、网络服务器型号、制造厂商等）	操作系统		
	软件环境（型号、版本等）	数据库系统		
		相关软件（文字处理工具、文字浏览器、压缩或解密软件等）		
文件记录特征	记录结构（物理、逻辑）		记录类型	□定长 □可变长 □其他	记录总数	
					总字节数	
	记录字符、图形、音频、视频文件格式			
	文件载体	型号： 数量： 备份数：	□一件一盘　□多件一盘 □一件多盘　□多件多盘	
制表审核	填表人： 　　　年　月　日			
	审核人： 　　　年　月　日			

表9-7 电子文件登记表（续页）

第　页

文件编号	题　名	形成时间	文件稿本代码	文件类别代码	载体编号	保管期限	备注

2. 电子档案的整理

电子档案的整理是指按照一定的原则和方法，对收集积累的电子文件分门别类进行清理。这是未来电子档案归档、鉴定、利用等管理工作的基础。电子档案整理包括两个层次：

第一，对分类、排序的组织。将零散、杂乱的电子文件通过分类、标引、排序、组合，使其处于有序状态。对电子文件形式和内容的著录、标引、登记，应由归档人员来完成。

第二，组织建立数据库。为便于今后的检索和利用，往往需要组织建立数据库。与纸质文件相比，电子文件在数据库中以虚拟形式存在，数据库就是存取电子文件的"虚拟文件库"。这项工作分两步完成：第一步，按门类划分要求，结合本单位的专业和电子文件内容，制订分类编号方案，对收集的电子文件进行分类和编号，给每份电子文件一个固定的唯一号码，使全部电子文件成为一个有机整体；第二步，对电子文件进行登记，填写《归档电子文件登记表》（如表9-8、表9-9所示）。

表9-8 归档电子文件登记表（首页）

文件特征	形成部门			
	完成日期		载体类型	
	载体编号			
	通讯地址			
	电　话		联系人	

续表

设备环境特征	硬件环境 （主机、网络服务器型号、制造厂商等）					
	软件环境 （型号、版本等）	操作系统				
		数据库系统				
		相关软件（文字处理工具、文字浏览器、压缩或解密软件等）				
文件记录特征	记录结构 （物理、逻辑）		记录类型	□定长 □可变长 □其他	记录总数	
					总字节数	
	记录字符、图形、音频、视频文件格式					
	文件载体	型号： 数量： 备份数：		□一件一盘 □一件多盘	□多件一盘 □多件多盘	
文件交接	送交部门					
	通讯地址					
	电话		联系人			
	送交人（签名）			年　月　日		
	接收部门					
	通讯地址					
	电话		联系人			
	接收人（签名）			年　月　日		

表9-9 归档电子文件登记表（续页）

第　　页

文件编号	题名	形成时间	文件稿本代码	文件类别代码	载体编号	保管期限	备注

3. 电子档案的鉴定

电子档案的鉴定工作包括两个阶段：归档前要进行初审鉴定，保存期满后进行复审鉴定。

（1）初审鉴定

初审鉴定是保证归档电子文件准确、完整、系统的关键。通过初审鉴定，可以确定电子档案的性质。初审鉴定可以从两方面入手：

一是内容鉴定。电子档案的内容鉴定，可以参照鉴定纸质档案的原则、标准和方法。因为并没有专门的电子档案保管期限表，可以参照现行相关档案保管期限表，并结合电子档案的实际情况进行判断。

二是技术鉴定。电子档案的技术鉴定，包括四个方面：

① 可读性鉴定。为保证日后的多次可读，管理人员可以使用专用软件，扫描电子档案的存储介质，看其是否符合规定的形式、规格和质量要求，是否与归档说明指出的所需软硬件平台环境一致。最常用的方法是，将档案在特定的计算机环境中试运行一遍，看能否顺利地将文件还原。错误率超过5%，则可认为该文件不具有可读性，不值得保存。

② 可靠性鉴定。主要鉴定电子档案是否具有原始性、真实性和完整性。对原始性和真实性的鉴定，可从系统记录入手。若计算机网络上有记录系统，可与记录系统所记载的形成、修改、批准时间等方面对照。如通过载体传递，要用有无登记、记录等管理制度来确认其原始性、真实性。对电子档案完整性的分析，可以从文件的相关性入手。一套电子文件的文字、图表、数据往往分布在几个甚至几十个地方，如果分布在各处的"文件成分"汇集不全，一份文件就无法再现原貌。因此，鉴定时需要核实相关文件是否收集齐全。对于数据库，还必须确认数据与栏目是否吻合、结构是否正确等，某些结构比较复杂的关系型数据库还应该有相应的说明文件。

③ 无病毒鉴定。由于来自不同部门，档案部门管理的电子档案受病毒侵害的概率较

大；一旦受到病毒感染，后果将难以估量。为此，对各种电子档案，应使用杀毒软件进行检测和处理，保证无病毒感染。

④ 载体状况鉴定。载体是电子档案最直接的生存环境，如果载体质量发生问题，就会直接损伤存储在上面的电子档案。鉴定时需要在特定的设备上演示和检测，以确保电子档案的载体质量良好、运行正常，可在其保管期限内正常运转。

在完成初审鉴定后，应该填写《归档电子文件移交、接收检验登记表》（如表9-10所示）。

表9-10　归档电子文件移交、接收检验登记表

检验项目	单位名称	
	移交单位：	接收单位：
载体外观检验		
病毒检验		
真实性检验		
完整性检验		
有效性检验		
技术方法与相关软件说明登记表、软件、说明资料检验		
填表人（签名）	年　月　日	年　月　日
审核人（签名）	年　月　日	年　月　日
单位（印章）	年　月　日	年　月　日

（2）复审鉴定

复审鉴定是指剔除失去保存价值的电子档案并组织销毁的工作。具体的程序和手续可参考纸质档案的复审鉴定工作，并结合电子档案的特点展开。

电子档案的销毁方式可分为信息销毁和载体销毁两类。

信息销毁可以通过软件系统将电子档案从载体上彻底消除。这种方法适用于可重复使用的载体，如硬盘、可擦写式光盘等。优点是可重复利用载体，节约资源、经费；缺点是销毁过程不直观，可能不彻底，易留下泄密隐患。

载体销毁是将电子档案的载体连同信息一起销毁。这种方法适用于一次写入、不可更

改的记录载体及受损伤不可修复的载体。优点是比较彻底；缺点是浪费资源，还可能污染环境。

4. 电子档案的归档

电子档案收集完毕后就进入归档阶段。电子档案的归档是将应归档的、经过整理的电子文件确定档案属性后，从计算机或网络存储器上拷贝或刻录到可移动的磁、光介质上，以便长期保存的工作过程。电子文件的归档方式因其产生的环境、条件不同而各异。

（1）归档方式

电子档案的归档方式有物理归档、逻辑归档、"双套制"归档三种。

一是物理归档。具体做法是将计算机及其网络上的电子档案集中传输至独立的或可脱机保存的载体上，然后向档案部门移交。物理归档可以实现电子档案的集中管理。它又包括介质归档和网络归档两种。介质归档是指文书部门将电子文件下载到存储介质上，移交给档案部门；网络归档是指将电子文件通过网络直接传输给档案部门进行存储。

二是逻辑归档。具体做法是文件形成部门将归档电子档案的逻辑地址通知档案部门，档案部门通过网络接收、控制与管理电子档案。经逻辑归档后，电子档案的物理存储位置不会改变，文件形成部门可以利用该文件，但不能修改和删除。

三是"双套制"归档。对采取物理归档或逻辑归档的电子档案，同时制成纸质档案予以归档，即"双套制"归档。"双套制"归档主要用于那些具有法律凭证作用的、需要确保其安全、秘密和真实性的电子档案。

（2）归档时间

电子档案的归档时间有实时归档和定期归档两种。实时归档是在电子文件形成后即时归档，定期归档是按规定的归档周期归档。

采用逻辑归档的单位，应该尽可能实时进行归档，以免发生失控；采用物理归档方式的单位，电子档案的归档时间可借助纸质档案归档经验，遵照有关规定定期完成；"双套制"归档的电子档案和纸质档案，归档时间应统一。因涉及电子文件的技术环境条件和存储介质问题，归档时间一般不超过 3 个月。

（3）归档份数

一般拷贝两套，一套保存，另一套提供利用。即使在网上归档，也要保存一套。

重要部门或有条件的单位，最好对电子档案实行双套异地保存，即保存两套，其中一套异地保存，以便在突发灾难性事故时，确保单位核心文件的完整与安全。

（4）归档要求

第一，完整齐全。归档范围内的文件均应及时、完整归档，无论内容还是形式方面的信息，都要齐全、完整，不得分散、缺漏。

第二，真实有效。归档的电子档案应客观真实，原始可靠，可在现有条件下识读。如文档、图形经过更改，应保存其更改记录。

(5) 归档手续

采用介质归档的电子档案，经检验合格、清点无误后，移交双方要履行归档手续，在《归档电子文件登记表》、《归档电子文件移交、接收检验登记表》等表格上签字、盖章。移交文件均应一式两份，双方各留存一份备查。

采用网络归档或逻辑归档的电子档案，由文件形成部门为文件加上归档标识，然后提交给档案部门，档案部门再给归档文件赋予档案管理标识。进行网络归档或逻辑归档时，计算机系统可自动生成《归档电子文件登记表》，打印输出后，移交双方同样需签字、盖章，并分别留存备查。

5. 电子档案的保管

电子档案的载体包括硬盘、磁盘、光盘等，比纸质载体档案寿命短，对保管环境的要求也更高。

(1) 存放方式

电子档案的各种载体应该竖放，防止变形和受重物挤压，并禁止用手直接触摸载体表面，更不允许使用其他物品捆绑、固定载体。

(2) 库房温湿度控制

根据有关规定，电子档案各种磁性载体库房的温度应为 15～27 ℃，相对湿度为 40%～60%；光盘档案保管的环境温度应为 14～24 ℃，相对湿度 45%～60%。电子档案在保管过程中，应该注意调节和控制库房的温湿度。

(3) 预防有害因素的影响

保管电子档案时，应将电子档案放在一定的器具内，通过各种防护措施，防止磁场、尘埃、光线、火灾、潮气、有害气体和强烈机械震动等对载体产生不良影响。

(4) 检查保存状况

每隔一定时间，对电子档案的读取、处理设备的更新情况进行检查登记，发现问题及时采取恢复措施。

6. 电子档案的利用

(1) 电子档案的利用方法

一是电子阅览室阅览。一般情况下，不便在计算机网络上阅览以及具有机密性的电子档案，应在档案室（馆）的电子阅览室中提供利用。电子阅览室应配备专用的计算机阅览设备，为利用者提供良好的阅览环境，并方便对利用者进行监督、指导，有利于控制电子档案使用情况和保护电子档案。同时，要建立相关阅览制度，明确规定利用者阅览、拷贝、摘抄档案的手续、权限等，保证电子档案在利用中的安全。

二是复制。按照有关法律法规规定，档案室（馆）可向利用者提供复印文件、图纸以及拷贝的胶片、光盘等各种载体上的电子档案复制件。采用复制方式利用电子档案，有利于在保护好原件的同时充分发挥其作用。当然，也应该注意严格遵守有关制度。

三是出借。在单位内部，因工作需要，可将电子档案磁盘或光盘借给有关人员在工作岗位上利用。电子档案的出借必须建立严格的审查与借阅制度，手续要严密，借出时应该对利用者所承担的不得摘抄、复制和保密的责任加以强调。

四是在线利用。在计算机网络系统上进行电子档案的利用活动，包括局域网服务和互联网服务。局域网有特定的服务范围，主要用于提供开放期限未满和暂时不宜公开的档案信息。在局域网提供利用时，要对上网的信息进行选择，并限定不同利用者的权限。互联网用于开放档案的提供利用，具体形式包括：提供档案信息检索、提供开放的档案目录、公布档案原件、举办网上档案展览、电子档案汇编成果展示、介绍档案馆馆藏等。互联网的提供利用，可以实行无偿或有偿服务。

（2）电子档案的利用管理

电子档案提供利用的方式与所依赖的技术比较多样，给利用管理工作增加了复杂性。电子档案的利用管理，从信息安全的角度看，主要包括对用户及提供利用者的管理、对提供利用载体的管理及利用过程中的安全保密措施等。

一是使用权限的审核。首先，要根据人员级别、层次进行使用权限的认定，并依此进行利用系统注册登录；其次，要根据电子档案内容的密级和开放程度来确定其使用控制的程度，在使用中依据利用者的背景情况和利用目的来决定是否对其授权，不能无原则地向所有利用者提供全部利用方式。

二是拷贝的提供与回收。提供电子档案拷贝是主要利用方式之一，但也因此带来了利用时间与利用地点的分散，因此，一定要依据利用者需求并确认其使用权限后，再拷贝制作。原则上应尽量避免把载体上存储的电子档案信息全部拷贝，并应通过技术手段防止对所提供拷贝的再复制。除了经过编辑公开发行的电子出版物，对那些提供利用的拷贝必须严格履行手续进行回收，回收后要消除拷贝上面的相关信息内容。

三是利用中的安全措施。电子档案在利用中的保密与安全十分重要，而且同纸质档案相比更加难以控制。因此，应注意两点：

① 要利用现有电子信息安全防护技术加强管理。如信息加密、电子签名、身份识别、防止计算机病毒、信息备份、信息迁移技术等，通过这些技术手段维护电子档案信息的安全。

② 开发和使用较为完整齐备和具有较强容错能力的电子管理系统。这既能对利用的全过程进行有效跟踪监控，自动进行相关记录，以作为对利用工作查证的依据，又能经受多次、多人、多重方式的利用，而不至于经常死机、断网，更可以避免由于误操作带来不可挽回的损失。

▶ 项目实施

1. 项目实施条件

① 实施场所：可安排在秘书实训室或模拟档案室。

② 实施设备：各类档案装具、各类技术设备、包装材料等。
③ 所需文具：笔、尺等。
④ 全班按 4~5 人一组分组。
⑤ 指导老师事先准备好各种类型特殊载体档案，明确任务要求，由老师指定各小组任务，或由各小组临时抽题，根据任务要求进行实训。

2. 项目实施过程

任务1：对本公司本年度的声像档案进行收集、整理、鉴定、归档、保管。

第一步：参照附录《照片档案管理规范》和《磁性载体档案管理与保护技术规范》，运用集中收集方法收集本公司本年度声像档案。

第二步：整理该批声像档案，对其进行分类编目，编写文字说明，并填写《声像档案接收登记簿》。

第三步：根据相关规定对该批声像档案进行鉴定，划分声像档案的保管期限，并填在上述表格中。

第四步：用定期归档方式进行该批声像档案的归档，注意在上述表格中签字。

第五步：按类别顺序将该批声像档案装入适合的装具（照片档案需把照片和底片分开编号编目，声像档案均需和文字说明一起进行保存）。

第六步：按照有关规定，对该批声像档案进行保管，注意日常维护。

任务2：对本公司本年度的各类实物档案进行整理、保管。

第一步：对本公司本年度实物档案进行分类。

（说明：先把实物档案分成三类，即荣誉性实物档案、印章类档案、礼品类档案，分别对不同类型的实物档案进行管理，再按实物的材质进行分类，接着按实物授予者或馈赠者的级别进行分类，从国家到地方各级依次排列。）

第二步：按照分类结果，对该批实物档案进行编号，包括类号、组号、件号。

第三步：对已经编号的该批实物档案分类登记编目，填写相应表格。

第四步：将制作、填写好的实物档案小标签贴在或挂在实物适当的位置。

第五步：采用适当的装具对该批实物档案进行保存，对荣誉性实物档案或礼品类实物档案，可将其置于玻璃柜中保存、展示。

任务3：对本公司本年度的电子档案进行收集、整理、鉴定、归档、保管。

第一步：参照《电子文件归档与管理规范》，按照电子文件的种类收集本公司本年度的电子文件，并填写《电子文件登记表》。

第二步：对该批电子文件进行分类、标引、排序、组合，并填写《归档电子文件登记表》。

第三步：从内容和技术两方面对该批电子档案进行鉴定，并填写《归档电子文件移交、接收检验登记表》。

第四步：用物理归档和"双套制"归档两种方式，进行定期归档，接收电子文件时注意移交和接收双方都在相关表格签名、盖章。

第五步：注意电子档案的存放方式，控制库房温湿度控制，预防有害因素的影响，做好电子档案保管工作。

任务4：策划和举办展览。

第一步：确定展览主题——公司成立十周年，确定展览现场。

第二步：拟写策划方案。

第三步：选择合适的照片档案、实物档案和电子档案。

第四步：设计展览的形式和内容。

（说明：对于照片档案，如果该批照片已有电子档案，需复制电子档案；如果没有，则需翻拍成电子档案，以便对该批选择出来的照片档案进行设计排版。对于实物档案，如奖状、奖杯、奖旗、奖章、礼品等，原本放在展示柜中的，请示上司届时是否可以移动到此次专门展览中，如果可以，为此批实物留下空间；如果不行，用照片的形式进行展示，与照片档案一起进行设计排版。）

第五步：在电子文件中对档案复制件进行修饰加工，并考虑预先空出实物档案的位置。

第六步：编写前言、说明、结束语、解说词等。

第七步：对展览的内容和形式进行审核、校对。

第八步：交付专业公司，查看清样、修改、调整、印刷。

第九步：按照之前的安排，布置展览现场（有能力的话要求室内重新装修，以便配合展览），如需借用实物，此时应该借出放好，如需用纸质照片，此时应冲印好放上去。

第十步：布展完毕，培训解说人员，安排安保人员，并请内部人员试参观，及时提出修改意见进行最后修改。

第十一步：正式展览，在展览期间进行解说，维护展览现场的秩序，管理好展览现场。

第十二步：展览结束后，做好撤展工作，清退有关物品等。

▶ 项目评估

1. 实训结果

① 学生演示声像档案的收集、整理、鉴定、归档、保管的程序和方法。

② 学生演示实物档案的整理、保管的程序和方法。

③ 学生演示电子档案的收集、整理、鉴定、归档、保管的程序和方法。

④ 形成"绿美食品有限责任公司成立十周年"展览策划书。

2. 成绩测评

① 学生进行自评和互评。

② 教师对学生的实训过程和实训结果进行讲评。
③ 评分表：

特殊载体档案管理实训评分表

项目 组别	声像档案收集、整理、保管的方法 （20分）	实物档案收集、整理、保管的方法 （20分）	电子档案收集、整理、保管的方法 （20分）	策划展览 （40分）	总分 （100分）

实训拓展

① 参观所在院校档案室的特殊载体档案，进一步掌握特殊载体档案的管理方法。

② 收集所在院（系）学生会、团委、班级各类活动（第二课堂活动、社团活动、外出参观活动、社会实践活动等）的照片及录像资料，对其进行分类整理，要求对每一张照片、每一段录像资料编写文字说明，形成声像档案。

③ 利用上述声像档案，编辑一本反映学生活动的画册。

下编 信息管理工作

项目十 认识信息工作

教学目标

1. 知识目标

① 了解信息的含义。
② 了解信息的特征。
③ 熟悉信息的种类。

2. 能力目标

① 掌握信息工作的内容。
② 掌握信息工作的意义。

工作任务

1. 项目情景

在信息化高度发展的今天,市场情报的获取更为便捷,网络信息、电视新闻俯拾皆是,只要你能抓住,并有所作为,财富也许就会不期而至。

大家都知道,温州人发财很有一套,似乎在全世界都能看到他们的身影,他们经营的商品也是五花八门。那么,他们究竟是如何发财的呢?其中很重要的一点就是重视商业信息。2002年欧盟国家开始使用新版欧元,这个消息很多人都有听说,但听过适便罢了。可是温州的钱包生产商听到这一消息,马上意识到新的商机来到了。因为,新版欧元要比原来的货币宽1.5 cm,于是他们马上组织生产出了一批能够装下新版欧元的钱包。这一信息让温州的钱包商人在欧盟国家卖出了上百万个钱包。

(资料来源:程北. 信息即财富. 中国花卉报,2007-01-30.)

2. 任务要求

① 假如你是温州某皮具公司的秘书,请你以该公司成功开发欧洲钱包市场为例,向

公司相关员工宣传信息工作的重要意义。

② 从信息的载体划分，了解与欧洲钱包市场相关信息的种类。

▶ 知识准备

一、信息概述

在社会经济发展高度依赖信息资源的今天，信息的收集与利用越来越展现出不可或缺的重要作用和巨大经济价值。当今时代，是信息时代；当今社会，是信息社会。信息即是力量，信息即是商机，信息即是财富，信息即是金钱，信息的作用日益被人们所认识和重视。世界著名未来学家阿尔温·托夫勒预言："谁掌握了信息，控制了网络，谁就掌握了整个世界。"美国哈佛大学教授埃兹拉·沃格尔在他所著的《日本——世界第一》一书中指出："如果只举出一个原因来说明日本的成功，那就是不断地集体地对知识的追求。日本的领导者和国民各个阶层中间，都把学习和追求知识、信息，看做毕生最重要的事情。"

《牛津字典》曰："信息，就是谈论的事情、新闻和知识。"《韦氏字典》称："信息，就是在观察或研究过程中获得的数据、新闻和知识。"我们可以在所谈论的事情中获得信息，可以从新闻中获得信息，可以从观察研究的客观对象中获得信息。信息是客观事物散发的具有新倾向、新内容的消息、信号、情况、数据等，一切事物的运动变化都可产生信息。《秘书国家职业资格培训教材》对信息含义的概括是：信息是事物存在的方式或运动状态的直接或间接的反映。

（一）信息的主要特征

《秘书国家职业资格培训教材》将信息的特征归纳为以下八个方面：

1. 客观性

信息存在于客观事物的特征和运动状态之中，是对事物的特征和运动状态的客观反映。无论是有效信息还是无效信息，是正确的信息还是错误的信息或干扰信息，都是客观存在的信息，同样带有客观性。

2. 时效性

信息的时效性，是相对于收集信息者的目的而言。人们获取信息的目的在于利用信息创造效益，对于同一信息，先获得信息者可使信息增值，而后获得信息者，可能会使信息减值。

3. 可塑性

信息可以归纳、综合、精练和浓缩，进行各种载体的转换，从而改变形式，成为人们所需要的形式，便于利用。

4. 共享性

共享性是信息区别于一般物质的显著特征。信息在一定程度上可为人们所共享。这主要体现在两个方面：首先，信息不具有排他性，信息一旦被不同的人感知到或收集到，这些人便可共享这一信息，不存在"你多我少"的排他性关系；其次，信息不具有损耗性，网络信息、文献资料信息被人浏览利用后，不会减少或损耗网络与文献资料中的信息量，人们可以反复共享。

5. 依附性

信息只有依附于一定物质载体，才能产生和保存下来。正是由于依附性，使得信息可以用载体存储起来，积累下来，可以不受时间和空间的限制，通过传递载体来传播信息。

信息依附的载体有：表意性载体、无形承载性物质载体和有形承载性物质载体。

表意性载体，如语言、文字、符号、形体、表情等。

无形承载性物质载体，如声波、电磁波、网络等。

有形承载性物质载体，如纸张、磁带、光盘等。

6. 传递性

信息可以通过一定媒介或一定载体，如文字、声音、图像、网络等，进行空间传递。

7. 开发性

信息是一种可开发性资源，取之不尽，用之不竭，可以充分开发利用。客观世界是不断发展变化的，信息亦是如此。因此，信息可以不断地被开发和挖掘。英国技术预测专家詹姆斯·马丁曾说："人类的知识在19世纪是每50年翻一番，20世纪70年代是每5年翻一番，而近10年是每3年翻一番。"故人们称现在是"信息爆炸时代"。随着科学技术的飞速发展，信息量也有日益增长的趋势，信息的形式也不断翻陈出新，因此，人们对信息的开发是无限的和无止境的。

8. 无限性

一方面，随着时间的推移，信息不断地产生和发展。另一方面，由于客观世界是无限的，信息作为客观事物存在方式或运动状态的直接或间接反映，也是无限的。

也有学者认为信息还具有动态性和感知性特征。

动态性，指客观事物时时刻刻都在发生变化，因而蕴藏在客观事物中的信息也是不断变化的，信息本身具有动态的特征，在动态的过程中，信息形式、信息性质甚至信息载体（声音、文字、图像、电磁波等）都可能发生变化。

感知性，指信息能够被人们感知、接受并鉴别，信息的可被感知性是人们收集信息、传递信息、利用信息的前提条件。

（二）信息的种类

信息从不同的角度划分，可以有多种分类结果。

1. 按信息源的性质划分

可分为自然信息和社会信息。

自然信息是自然界自发产生的信息。这类信息是没有经过人工处理的原生态信息，如地震前有许多震前预兆的自然现象产生，如蟾蜍成群迁徙、水塘突然干枯、地震云等。

社会信息是人类社会活动所产生的信息，是人类社会运动的状态和方式，是社会各方面有意识、有目的发出的信息，秘书主要接收社会信息。

2. 按信息的表现形式划分

可分为语言信息、文字信息、图像信息、声像信息、计算机信息、缩微信息等。

语言信息一般是指口头语言所发出的信息，如谈话、口令等。

文字信息，如各类书籍、报刊、文件等书面文字所记载的信息。

图像信息，如图片、照片、画等。

声像信息，如电视画面、录像图片等多媒体资料等。

计算机信息，如计算机中存储的 Word 文档、Excel 表格等信息。

缩微信息，如存储于缩微胶卷或缩微胶片中的信息。

3. 按照信息内容涉及的社会领域划分

可分为政治信息、经济信息、文化信息、教育信息、军事信息、科技信息、体育信息等。

政治信息是指政治领域中的信息，如政党竞选信息、行政机关调整信息等。

经济信息是指经济领域中的信息，如经济增长速度、国家经济总量信息、国际经济实力排名信息等。

文化信息是指文化领域中的信息，如文化政策变革信息、文学艺术作品信息等。

教育信息是指教育领域中的信息，如国家教育制度改革信息、教育法规信息等。

军事信息是指军事领域中的信息，如战争信息、军事情报信息等。

科技信息是指科技领域中的信息，如科学技术变革信息、科技发明信息等。

体育信息是指体育领域中的信息，如体育新闻、体育赛事信息等。

有的信息同时还可以归类为不同的信息种类，如国家教育制度改革既属教育信息、又属政治信息。文化政策变革信息既属文化信息又属政治信息。

4. 按照信息稳定状态划分

可分为静态信息和动态信息。
静态信息是指存在状态相对稳定的信息，如资源、统计资料等。
动态信息是指存在状态相对不稳定的信息，如市场信息等。

5. 按信息来源的方向划分

可分为横向信息、纵向信息。横向信息来自平行单位，纵向信息来自系统单位。

6. 按照信息在秘书工作中的阶段划分

可以分为预测信息、动态信息、反馈信息。
预测信息是事务发生阶段、实际工作展开前所产生的信息。
动态信息是在事务发展、成长过程中形成的信息，一般是秘书工作开展过程中所产生的信息。
反馈信息是事务结束某一阶段特定过程后产生的结果，一般是秘书工作结束后所产生的信息。

7. 按信息产生的范围划分

可分为内部信息和外部信息。
内部信息指来自本单位、本系统内部的信息。
外部信息指来自外单位、外系统的信息。

8. 按信息的价值来划分

可分为有效信息、无效信息和干扰信息。
有效信息是指信息对信息获取者的工作能起推动作用，具有使用价值的信息。
无效信息是指信息对信息获取者的工作不起任何作用，没有使用价值的无效信息。
干扰信息信息获取者获取的信息对于工作职能活动不仅无补反而会产生负面影响的信息，是干扰信息。

9. 按信息反映的主题范围划分

可分为综合信息和专题信息。
综合信息是指综合反映和系统描述有关主题全方面特征的信息。
专题信息是围绕某个专题反映事物状态及其变化的信息，如有关环境污染专题的信息。

10. 按信息的获取传递方式划分

可分为直接信息和间接信息。

直接信息是人们获得的第一手信息，未经过他人加工的信息。

间接信息是经过他人整理加工了的二手信息或多手信息等。

（三）信息在管理活动中的地位和作用

1. 信息是管理过程的媒介

在管理活动中，信息发挥了极其重要的作用。各种管理活动都表现为信息的输入、转换、输出和反馈。因此，管理的过程也就是信息输入、转换、输出和反馈的过程。可见，管理过程是以信息为媒介的，只有信息的介入，才能使管理活动得以顺利进行。

2. 信息是决策者正确决策的基础

全面拥有各种信息以及对信息进行消化吸收是决策者作出正确决策的前提。决策者只有及时掌握全面的、充分的信息，包括内部资源、外部环境等信息，才能通观全局，从而作出正确的决策。可见，信息是决策者作出正确决策的基础。

3. 信息是组织中各部门协调的纽带

组织中各部门是相对独立的，有自己的工作目标、工作计划和行动方式。但是，组织需要实现整体的目标，为此，组织中各部门需要通过一定的渠道互通信息，以消除各部门的独立性所带来的不协调现象，达到步调一致、协调行动的效果。因此，信息充当了各部门相互沟通的角色，成为各部门协调的纽带。

二、信息工作概述

根据信息获取的目的性以及决策者工作的需求，对信息进行整理、加工和利用，这种对信息的收集、整理、传递、存储、利用等方面的工作就是秘书信息工作。信息是客观世界普遍存在的现象，客观世界的一切事物都是信息之源，从自然界到人类社会，从实体物质到意识形态，都可以成为信息源，都能产生和发出信息。信息的无限性有待人们的不断开发。信息种类繁多，形式多样，分布复杂，需要人们根据需要采取不同的手段，通过不同渠道，采用不同的方式去收集信息。

（一）信息工作的程序

秘书信息工作程序，可分为信息收集、信息整理、信息传递、信息反馈、信息存储、信息利用、信息开发等几大模块。

1. 信息收集

信息收集是人们根据工作的需求，通过不同渠道和方式，遵循一定原则，采用一定的方法获取有关信息的过程。信息收集是信息工作的首要环节和初级阶段，是信息工作的基础。

2. 信息整理

信息整理是指对收集到的原始信息进行分类、筛选、校核使其成为适用的信息。信息整理工作对收集到的原始信息去粗取精、去伪存真、由此及彼、由表及里的改造加工，是整个信息工作的核心。信息整理工作的内容包括对原始信息进行筛选、分类、校核等工作。

3. 信息传递

信息传递是运用一定的理论和方法，借助于一定的装置、设备，实现信息的有目的性、有方向性的流动、传输或传播。将信息资料送达需要者手中，就是信息资料的传递。

4. 信息反馈

信息反馈是指把输出信息的作用结果返送回来，并对信息的再输出发生影响，起到控制和调节的作用，使整个系统得到有效控制的过程。即人们在实践活动中采取一定措施追踪事物发展变化情况的信息，然后再根据所获取的信息对实践活动作出调整的过程。例如，市场信息反馈，即将市场销售情况的信息、客户使用产品的意见不断反馈给工厂。

5. 信息存储

信息存储就是把已使用过或尚未使用的信息作为资料入库储存，供以后查找、使用。信息存储是信息工作的重要环节，是保存信息收集、整理环节成果的必要手段，为信息传递、开发、利用、决策与反馈等流程提供便利条件和基础。信息储存可以不断丰富信息资源，减少信息的丢失，可以有效、有序地管理信息资料，有利于资源共享。

6. 信息利用

信息利用就是指通过各种有效的方式和方法，将收集、处理、存储的信息资源提供给利用者，将信息运用到实际工作中，发挥信息的效用。

7. 信息开发

信息开发有广义和狭义之分。所谓广义的信息开发是指任何能够促进信息交流和利用的活动，既包括通过对信息的加工而生产出新的信息产品的活动，也包括促进信息流通等的活动。而狭义的信息开发则专指对信息内容加工生产出新的信息产品的活动。本书所讲的信息开发主要是指狭义的信息开发。

(二) 秘书信息工作的意义

1. 信息工作是秘书参谋辅佐的基础条件

秘书是领导不可缺少的"外脑"和"耳目",是领导重要的参谋和助手。秘书部门既是各级领导机关的办公机构,是承上启下、联系各方的信息中心。秘书及秘书部门的这些功能,任何一条都离不开信息工作。为领导工作提供全面、准确、对路的信息,是秘书义不容辞的重要职责。因此,秘书需要做好信息工作。《信息素养全美论坛的终结报告》(Doyle, 1992) 表明:"一个具有信息素养的人,他能够认识到精确的和完整的信息是作出合理决策的基础,确定对信息的需求,形成基于信息需求的问题,确定潜在的信息源,制定成功的检索方案,从计算机和其他信息源获取信息、评价信息、组织信息于实际的应用,将新信息与原有的知识体系进行融合以及在批判性思考和问题解决的过程中使用信息。"在现代商业中,领导的决策需要依靠大量的信息,而相关信息的收集、加工、整理等工作需要秘书协助完成,为领导的决策提供参谋辅佐服务。信息工作是秘书参谋辅佐的基础条件表现在两个方面:

首先,秘书经常和领导一起工作,联系密切,熟悉领导者的相关工作情况,为秘书发挥参谋辅佐作用提供了便利的条件。

其次,秘书处于组织机构的综合部门,了解来自各方面的信息。秘书不仅熟悉本级机关的全面情况,对上级机关的政策、下级各部门的具体情况都比较了解,所掌握的信息较为全面,这是参谋辅佐的基础条件。

2. 信息工作是秘书参谋辅佐的基本方式

(1) 服务式参谋辅佐

秘书在领导决策前,要为领导决策做准备,提供各方面的服务,包括:

一是收集政策性信息,为领导决策服务。

二是收集有关方针、政策、法律条款和有关规章制度,做好法规性准备,使决策符合法规要求。

三是收集环境性信息,为领导决策服务。

四是收集组织内外各相关方面的信息、资料,做好信息依据准备,使决策适应组织内外环境条件的变化,符合组织运转的实际需要。

五是收集参谋性信息,为领导决策服务。

六是收集组织内外各相关方面的参谋建议和要求,做好多元的群体智能准备,使决策建议在多元群体智能综合的基础上,符合决策民主化的要求,进而实现决策科学化。

(2) 协助式参谋辅佐

在形成决策的过程中，秘书不是主持者和表决者，而是重要的协助者。这表现在：

第一，秘书通过处理信息，草拟和收集供领导选择的多种可行方案，参与对各种方案的分析、比较和评价。

第二，领导人初选了决策方案后，秘书要通过信息处理工作，参与对初定的决策方案的反复论证，并就论证中发现的不足和问题，征求补充，提出修正的意见和建议，并将合理的意见和建议融入决策方案，使之得到充实和完善。

第三，对于进行了补充、修正和完善的决策方案，秘书还要配合有关专家，建立模型，进行实验和验证，使决策方案更为可靠。对于已经确立的决策方案，秘书还要用合理的公文形式、准确流畅的语言撰写公文、表述决策方案，使群众易于理解，准确地执行。

可见，秘书通过信息处理进行的协助性辅佐，在领导形成决策的过程中，起着不可或缺的重要作用。

(3) 跟踪式参谋辅佐

在决策的整个过程中，秘书利用调研工作对领导决策进行跟踪式参谋辅佐服务，主要表现在以下几个方面：

第一，决策前，秘书调查、收集并研究各方面的信息，利用调研工作为领导决策做准备，提供各方面的服务。

第二，决策确立目标阶段，为了使所选择的目标的不确定性减少到最低限度，需要调研与该目标有关的全面、详实、真实的材料，以供决策者选择目标作参考。

第三，决策方案准备阶段，秘书应随时通过简单调研，辅佐领导决策。

第四，选定决策方案阶段，在选择方案过程中，任何一个层次上发现问题，都必须根据问题产生的原因与性质，及时地进行调研，以便对决策修订补充。

第五，决策实施效果评估中，决策不可能十全十美，需要在实践中不断补充和完善。秘书应对决策实施过程中出现的情况和问题进行调研，发现其中不足之处，辅佐领导不断地修正决策，以保证决策得以顺利实施和取得最佳效果。

(4) 鉴诫式参谋辅佐

秘书利用信息反馈进行参谋辅佐主要是一种经验总结、鉴诫式的参谋辅佐。

秘书在决策实施之后，通过反馈的信息，对照决策计划，检验实施决策的效果，运用比较、分析、总结等方法辅佐领导人以及其他组织成员，发现和总结决策方案本身以及实施过程中的经验和教训、成绩和缺点、长处和短处。

秘书通过信息反馈，分析总结的结果，写入总结材料，记录在案，引以为鉴诫，作为制订新的决策的重要依据。

秘书通过信息反馈，对于那些遗留的问题和不足之处，秘书可建议领导人，采取必要的措施进行补救，减少损失。

3. 信息工作是秘书参谋辅佐工作的一部分

秘书可以通过相关信息工作辅佐领导决策，其中有的信息本身就是参谋辅佐工作内容。信息收集贯穿于秘书参谋辅佐工作的整个过程。起草文件必须依靠信息，信访咨询工作需要依靠信息，做好日常管理工作也依靠信息，秘书辅助领导、参谋咨询、处理事务、联系协调等主要任务同样依靠信息，离开了信息工作，秘书的工作便不完整，更谈不上对领导的参谋辅佐。

4. 信息工作有利于推进秘书工作效率，辅佐领导高效决策

信息收集工作的好坏，直接关系到秘书参谋辅佐工作的质量。准确、及时、全面的信息，能使秘书很好地发挥其参谋辅佐作用，是领导者作出正确决策的重要保证。反之，错误、片面、迟报的信息，可能会使秘书参谋辅佐作用失效，导致领导者作出错误的决策，造成重大损失。

在信息化水平较落后的过去，我国秘书信息渠道窄，来源少，工具落后，工作节奏慢、效率低，在信息科技化、现代化的今天，信息渠道宽，来源广，工具先进，信息工作有了较大的发展。健全的信息体系，使办公室工作效率明显提高，也有利于秘书辅佐领导高效决策。信息工作能够锻炼和提高秘书的综合素质和能力，从而提高秘书的参谋辅佐能力，开阔秘书与领导者的思路。

▶ 项目实施

1. 项目实施条件

① 实训场所：可安排在秘书实训室、课室、或模拟办公室。
② 实训用具：办公桌、文件夹、文件盒、标签。
③ 实训材料：指导老师事先准备好相关欧洲钱包市场的各类信息材料，根据实训小组的数量印制相应份数的书面材料。
④ 全班学生按4～5人一组分组实训。
⑤ 实训课时安排：课内实训1节，加课外实训1周。

2. 项目实施过程

任务1：假如你是温州某皮具公司秘书，请你以公司在欧洲成功开发钱包市场为案例，向公司相关员工宣传信息工作的重要意义。

第一步：阅读材料。将材料分发给每一个小组各一套，要求学生在规定的时间内阅读完所有材料，初步认识信息工作。

第二步：小组讨论。各小组在阅读完所有材料后，讨论分析公司在欧洲成功开发钱包

市场的原因，进一步认识信息化时代信息工作的重要意义。

第三步：形成共识。各小组指定一位同学将讨论发言记录下来，对信息工作的重要意义进行归纳，形成共识。

第四步：各小组推出一位代表，将本小组的认识向全班同学宣传。

任务2：从信息的载体划分，了解与欧洲钱包相关信息的种类。

第一步：了解相关文字信息，如各类书籍、报刊、文件等书面文字所记载的信息。

第二步：了解相关图像信息，如图片、照片、画等。

第三步：了解相关声像信息，如电视画面、录像图片等多媒体资料。

项目评估

1. 实训结果

① 各小组派代表向全班同学阐述有关信息工作的意义。

② 各小组将收集到的有关欧洲钱包信息的种类做成PPT，在课堂上展示。

2. 成绩测评

① 教师对结果进行检查，评价学生效果。

② 评分表：

了解信息工作实训评分表

分项目 组别	了解信息种类 （50分）	阐述信息工作意义 （50分）	总分 （100分）

实训拓展

阅读下面材料，讨论以下问题。

① 一把手要抓"核心"，核心是指什么？分析并评价春兰集团信息处理工作。

② 有人说：在商业领域，信息工作是商业间谍、情报人员的事，与秘书人员无关。你是怎样认为的？

③ 有人说：信息工作是秘书工作的重要内容。你是怎样认为的？

一把手要抓"核心"

马年春节，从初一到初八，连续8天陶建幸都在与副总裁沈建研究春兰集团的培训信息化数据。8天的紧张归类和筛选，他们分析了企业网络培训工程在第一轮中提出的种种问题，这包括企业间特有的不同个性、现有的软件不能完全通用、因人的认识、思维、能力等方面存在差异在推进过程中遇到的许多困难等。

最后，当时身兼企业CIO和春兰集团CEO的陶建幸得出结论："中国加入WTO以后，对企业的生存与发展提出了更严峻的挑战。春兰不能被目前网络教育服务商提供的教学系统集成弄花眼，而只能投入资金亲自动手做开展网络培训的总体技术方案和需求模型设计。"

陶建幸坚持认为企业培训信息化的事必须由一把手来做，因为这样他才能抓住整个集团的培训业务"核心"。

接下来的那段时间里，春兰集团人力资源部门网络培训专职小组的研究人员，为他提供了对比传统培训方式与网络培训体系和流程的专业数据信息。过去对于服务人员的技能培训、业务学习和专业考核，春兰采用的都是传统的面对面集中授课方式。这种方式固然具有生动、活泼、强记等优点，但企业付出的时间和经济成本也较高，要想在同一时间将全国32个省、市、自治区所有的技术、服务人员集中起来进行全国性和跨省市的大型相关培训，在给本已超负荷的紧张工作带来巨大压力的同时，经常公务出差培训也会占用各级管理机构的工作人员全部工作时间的大约30%以上。即使是分期分批培训也是比较困难的，大约80%的时间浪费在路途中，同时还存在内容更新缓慢、针对性不强等缺陷。

陶建幸亲自提出了一套培训信息化工程的独特应用模式。他认为，春兰要让企业成为一个不断成长的学习型组织，要想做大做强，企业就必须寻找到一种全新的教育培训方式。这便直接决定了春兰网络培训的下一步发展战略及具体行动。网络培训能够提供更加人性化、量体裁衣的教学方式，可以让员工的学习更具弹性。春兰的发展战略是在未来几年内，建立具有模块化、功能全面、可支持多平台等优点的企业网上培训系统及互联网远程教育系统，实现员工从网络培训课程、教学、考核到结业的一体化。当然，这并不意味着网络培训可以取代面对面的课程教授。春兰将来可能实行的模式是70%的课程内容以网络培训的方式，20%的课程由教师面对面讲解，还有10%是由员工自学，三者配合完成。现阶段安排"混合学习"是比较现实的，即不拘泥于电子化的课件，把不同表达方式、不同媒体全都集成起来以达到最好的效果。

这些实质性的内容大多是陶建幸从管理层的角度去亲自总结的。陶建幸喜欢总结经验，但不喜欢全盘否定以往。陶建幸认为企业培训信息化成功的关键是不能完全交给做具体工作的人事干部，它必须由企业家自己来掌握。什么是培训最核心的东西？企业培训信息化首先是对管理者的要求，管理者在构建培训信息平台前得先弄明白企业究竟需要什么，哪些对企业是最重要的，而不要被庞大的网络教育整体解决方案的软件系统和 E-training、E-learning、HR 等一大堆时髦名词弄花了眼。他认为："企业培训信息化离不开基本的数据，但问题很容易出在系统对数据管理本身的方式上，过分地强调了体系与流程，复杂的外壳让管理者难以抓住最核心的东西。对于企业家来说，培训信息化成功的关键不是教育软件公司能提供什么，而是企业到底需要什么，这项工作没有一把手介入是不行的。"由"一把手要抓'核心'"的理念出发，春兰的信息化培训有了"自上而下"的特点。拥有南京大学"教授级研究员"和"博士生导师"两个头衔的陶建幸不仅亲自负责组织实施，而且亲自编写教程，还提出了构建集团总体数据平台的思路。陶建幸说自己对搞这些事很有兴趣，这使得春兰培训信息化工作细密地刻上了他的个性印痕。

　　与此同时，春兰还把网络培训工作作为集团下属分支机构一把手年度考核的一项指标，明确了各单位一把手是本单位网络培训工程的第一责任人，使各级一把手都能以较多的精力参与本企业的网络培训。另外，集团总部还专设了一个信息化管理部门，负责制定相关制度规范，统管网络培训的执行和企业共享资源信息系统的建设。集团所属企业还成立了网络培训专职小组，负责本单位网络培训的开展和维护。在沈建看来，一把手工程，"一把手"要全程参与，因为人员、资金、授权等都是在过程中发生的。在一把手的直接推动下，春兰员工的网络培训工作十分到位。

（资料来源：王鹏. 春兰的"个性化"培训理念. 中国远程教育，2003（22）：55－57.）

项目十一　信息收集

▶ 教学目标

1. 知识目标

① 了解信息收集含义。
② 了解信息收集原则。
③ 熟悉信息收集程序。

2. 技能目标

① 掌握信息收集方法。
② 掌握信息收集渠道。

▶ 工作任务

1. 项目情景

威博电器有限公司为了开拓新的市场，根据节省能源、科学利用自然资源的指导思想，拟开发民用太阳能热水器生产项目。公司为此专门召开办公会议，讨论开发民用太阳能热水器的优势及可行性。从节省能源和环保的角度看，太阳能热水器是很有优势的。但产品应用的可行性和市场前景如何，还需根据秘书提供的有效的市场信息，进行综合分析和科学预测，才能作出正确决策。

2. 任务要求

请你以该公司秘书的身份，围绕太阳能热水器开发的可行性收集有关信息。
① 在网上搜集有关太阳能热水器发展前景的信息，并标出信息来源网址。
② 设计一份调查问卷，向消费者收集各种家用热水器的使用意见，并进行统计分析。
③ 向有关能源部门了解各类热水器（电热水器、管道煤气热水器、瓶装煤气热水器）的使用成本，同时向本公司技术开发部了解太阳能热水器的使用成本。
④ 到商场收集各类热水器的销售价格，向商家了解各类热水器的销量和消费群体，说明信息来源。
⑤ 向城建管理部门、太阳能开发应用技术部门了解民用太阳能热水器的可行性。

▶ 知识准备

信息收集是人们根据工作的需求，通过不同渠道和方式，遵循一定原则，采用一定的方法获取有关信息的过程。信息收集是信息工作的首要环节和初级阶段，是信息工作的基础。

一、信息收集的方法和渠道

（一）信息收集的方法

信息往往以不同形式、不同载体分布在不同领域，收集信息时应根据工作的需要采用适当的方法。信息收集的主要方法有如下几种：

1. 阅读法

案例：

1975年初春的一天，美国亚默尔肉食加工公司老板菲力普·亚默尔坐在自己的办公室里翻阅报纸，了解当天的新闻。

突然一则几十个字的短讯，使他兴奋得差点跳起来：墨西哥发现了疑似瘟疫的病例。他马上想到，如果墨西哥真的发生了瘟疫，一定会从加利福尼亚州或德克萨斯州边境传染到美国来。而这两个州又是美国肉食供应的主要基地。肉类供应肯定会紧张，肉价一定会猛涨。

当天，他就派家庭医生亨利赶到墨西哥，几天后，亨利发回电报，证实那里确有瘟疫，而且很厉害。

亚墨尔接到电报后，立即集中全部资金购买加利福尼亚州和德克萨斯州的牛肉和生猪，并及时运到美国东部。

不出所料，瘟疫很快蔓延到美国西部的几个州。美国政府下令：严禁一切食品从这几个州外运，当然也包括牲畜在内。

于是，美国国内肉类奇缺，价格暴涨。亚默尔趁机将先前购进的牛肉和猪肉售出，在短短几个月里，他净赚900万美元。

亚墨尔独具慧眼，发现了瘟疫即将流行的征兆，预测到可能出现的局面，把握和充分利用了瘟疫蔓延所带来的机遇，进而取得成功。

（资料来源：张正忠．三国智谋应用500例．长春：长春出版社，2006.）

分析：

据情报界人士称，无论是政治情报还是军事情报，80%以上是从公开发表的资料中获得的。因此，各国情报界都很重视从各种公开的媒体上收集宝贵的情报。"商场如战场"，对于企业界来说，从各种传媒中收集有关的资料可能更为重要，亚墨尔不就是在读报中获取了重大经济信息，从而发了一笔巨财吗？

（1）阅读法含义

阅读法是通过阅读图书、报纸、杂志、期刊、文件、资料等收集所需要的信息。阅读法是信息收集中最常用的方法。

（2）阅读方法

阅读方法有速读法、略读法、精读法。

速读法又称走查法，即采取较快的速度将全部文字材料看一遍，对材料不做深入的分析，从中搜索所需的信息。

略读法指采取跳跃字句或段落的方式将全部文字材料浏览一遍，以快速获取所需的信息。

精读法指集中注意力对重要的文字材料进行仔细阅读，从中获取信息。

（3）阅读法的优缺点

阅读法的优点是：资料来源广，获取信息量大。秘书可以从图书、报纸、杂志、期刊、文件等资料中收集所需要的信息，这类资料丰富，信息量大，获取信息方便。一般秘书办公室均有大量文件、报纸、杂志等资料，秘书可轻易从中获取相关信息。

阅读法的缺点是：资料繁多，信息复杂，需要甄别。工作量大，花费时间。

2. 观察法

案例：

1991年海湾战争期间，路透社记者杰奎琳·费兰克写了一篇题为《美国的战争策划者有多紧张？只要数一数比萨饼》的文章。在1991年1月16日空袭开始的前一天，她观察到多米若饼屋在晚上10点至次日凌晨2点之间给白宫送去了55个比萨饼，五角大楼订购了100多个比萨饼，国务院订购了75个，而平时在这一时间内的平均数量是5个。杰奎琳通过观察，敏锐地抓住了晚上送的比萨饼大量增加的事实，推理出战争箭在弦上，一触即发的情报。

（资料来源：缪惠.信息工作与档案管理.合肥：合肥工业大学出版社，2005.）

（1）观察法的含义

观察法就是人们亲自到现场，通过直接用听觉、视觉等感官来认识客观事物的过程，从中获取所需的信息。观察法是收集、获取信息最基本的方法。

（2）观察法的种类

观察法又分为以下四种：

一是主动观察法，即观察者根据研究目的，主动地、有意识地、有计划地进行观察。

二是被动观察法，即观察者没有计划地、无意识地察觉到所需的信息内容。

三是参与式观察法，即观察者直接加入到某一被观察群体中去，以内部成员的角色或被观察者的角色参与他们的各种活动，从中获取信息。如商业间谍，以竞争对手员工的身份观察对手商业内部信息，获取对手的客户、供应商、商业计划、价格、技术等方面的信息。

四是旁观式观察法，即观察者以旁观者的身份，置身于被观察对象之外进行观察。

（3）观察法的优缺点

观察法的优点：一是方法简单、易行、灵活；二是亲历亲受，能获得较为客观的第一手材料，可信度较高。

观察法的局限：一是受时空条件限制，获得信息量有限。秘书一次只能面对即时即地情况，观察时间、观察范围有限，难以获得全面信息。二是易浮于表象，难得隐蔽、深层信息。三是受观察者的身体状况、知识结构、工作经验等主观因素影响，所获得的信息易受主观印象左右，得出偏离客观的印象或结论。

3. 交换法

案例：

美国 SECRET DE 贸易公司与珠海联墨碳粉公司时常进行信息交换，碳粉公司除了供应美国贸易公司打印碳粉外，还为其介绍其他打印器材供应商的信息。而美国这家贸易公司也时常为该碳粉公司提供美国其他需要碳粉的客户信息。双方合作愉快，都取得了很好的经济效益。

（1）交换法的含义

交换法是将自己拥有的信息资料，与其他个人或单位信息材料进行交换，获取信息的方法。获取对方的信息时，要特别注意"给"与"取"的关系，即有所给才能有所取。与国外相应单位进行互换或对换信息时，必须遵守有关国家法律法规。如国务院国发〔1979〕27号文件附件二制定了《对外交换科技书刊资料等工作的暂行规定》，规范了有关信息交换工作。

（2）交换法的类型

第一，按交换信息的性质划分。利用闲置信息交换。闲置信息是指对于己方的工作暂无使用价值，但对于对方的工作有重要意义的信息。例如，在服装行业，布匹供应商可向客户提供纽扣供应商、纱线供应商等信息，而该客户可向布匹供应商介绍其他客户。利用重要信息交换。重要信息一般是指对于己方的工作有重要意义，但为了获取对方手中的其他重要信息，以己方重要信息为交换条件，换取对方的重要信息。

第二，按信息交换的工具划分。口头交换，是指双方通过交谈，互相交换信息。书信交换，是指通过书信往来互相交换信息。电报传真交换，是指借助电报传真等传输工具来交换信息。网络交换，是指利用电子邮件、QQ等网络工具来交换信息。

第三，按信息交换的场地划分。现场交换，是指双方面对面地互换信息。非现场交换，是指双方进行远距离的信息交换。

第四，按交换信息的时间划分。长期性交换，一般用于业务往来频繁的企业之间，双方建立稳定的信息交换网络，长期友好合作，互通有无。临时性交换，也是一次性交换，一般用于业务往来不多的企业之间，一般在特定条件下进行，往往出于特定的需要才进行。

（3）交换法的优缺点

交换法的优点是：通过与其他单位交换信息，拓宽了信息收集渠道。交换信息实现彼此间的信息共享，节省信息收集的工作量。

交换法的缺点是：具有风险性，在信息的交换中，容易泄露商业秘密。要注意信息保密问题，给信息交换带来了许多不便之处。

4. 购买法

案例：

花钱买气象信息是否真的值得？

"随着社会各行业的不断发展，竞争越发激烈，对气象的需求也将增加，气象服务也不再是简单的天气预报，所以气象经济的市场空间会越来越大，但关键在于，企业要转变想免费享受天气服务的观念，真正意识到气象经济的重要性。"东北大学社会学教授包德功针对气象信息收费问题指出。

据记者了解，目前气象经济在国内基本处于初级状态，很多企业不愿意享受有偿的气象服务，觉得花钱订制气象信息不值得。一位企业负责人直言，免费还行，花钱太亏了。

那么花钱买气象信息是否真的不值得？据了解，目前沈阳市提供的气象信息服务的费用从几千元到几十万元不等。根据国外的啤酒商测算，气温每上升1℃，啤酒日销售量就会增加230万瓶，而1℃的升温给企业增加的销售额是巨大的，如果企业按照天气情况增加产量的话，就会增加赢利。那么一家啤酒企业每年的气象信息服务费用如果是10万元左右的话，那么气象信息服务带来的效益可能会远远不止10万元。

一些已经享受气象信息服务的企业也纷纷表示了其带来的效益之巨大。沈阳市惠天供暖公司的一位工作人员告诉记者："供暖公司是有成本核算的，天气变化和我们密切相关，如果天气暖和，我们还加强供热就造成了资源浪费。气温每升高1℃，或者我们的出水温度每降低1℃，都可以省下不少钱。"据了解，像供暖公司一样的单位，如农业、植物花卉、烟叶等部门都应该根据气象进行严密的经济成本核算，正是所谓的"看天干活"。

（资料来源：姚剑锋. 花钱买天气是否真的值得？新华每日电讯，2007-03-24.）

分析：

很多企业不愿意享受有偿的气象服务，觉得花钱定制气象信息不值得。一位企业负责人直言，免费还行，花钱太亏了。你是怎样认为的？

购买法是有偿获取信息的方法，即花钱购买信息资料。

（1）购买法的类型

购买法有如下几种类型：

一是现买，指信息收集者直接在现场付款，从信息拥有者手中购取相关信息。

二是定购，指信息收集者预先付款的方式，事先买断信息知情权。

三是代买,指托付专门信息经纪机构或信息经纪人,代买相关信息。

(2) 购买法的优缺点

购买法的优点:一是针对性较强,信息购买一般以工作需要为基础,具有针对性;二是信息收集工作效率高,购买信息者不必亲自收集信息,信息获取快,省时,省精力。

购买法的缺点:一是购买信息是有偿的信息,需量力而行;二是购买信息需要一定成本,若所购信息价格较高,应考虑其经济效益;三是购买信息存在一定风险。若是虚假信息、垃圾信息,甚至非法信息,则会给己方带来损失。所以,花高价购买信息时,应与信息提供者签订合同,以保证信息的真实性、合法性与安全性。

5. 询问法

询问法是通过提问,从对方的回答与反应中获取信息的方法。

(1) 询问法的类型

询问法有如下几种类型:

一是口头询问,即进行面对面的提问,通过交谈来获取信息。

二是电讯询问,即借助于电话或信息工具来收集信息。

三是书面询问,即借助于书面问卷来收集信息。

(2) 询问法的优缺点

询问法的优点:问题往往围绕工作需求而设,所获得的信息具有针对性。

询问法的缺点:一是要求提问者有很好的询问技巧与辨别答案真伪的能力,才能获取较多有价值的信息;二是信息一般局限在所设问题范围之内,信息量有限。

6. 网络法

案例:

古镇九成企业网上淘金

昨天,包括我市在内的21个地级市代表齐聚火炬开发区,交流自今年5月以来省百镇信息化巡回讲座取得的成果。记者从会上获悉,巡回讲座有力推进了我市企业的信息化进程,其中古镇已有九成企业借助互联网做生意。

中山移动分公司推出的"亲情汇款"为100多万外来工提供短信汇款的便利;服装产业信息化交流会推进我市服装企业走向全国甚至国际市场……记者了解到,该项目至昨天正式结束。期间,在全省21个地级市的各专业镇和产业集群地区共举办了105场讲座,其中,在我市的小榄、沙溪、东升、南头等镇区举办了10场。

巡回讲座中山站举办期间,中山移动分公司结合各镇区特色,对个性化的特色行业如物流、家具、五金、家电、服装等提供解决方案。目前,小榄镇有200多家企业建有网站或网页,1 300多家企业借助互联网获取相关信息;火炬开发区所有规模以上的企业都已运用信息技术进行企业管理;古镇有1 500多家企业利用互联网做生意,企业上网率达到90%。

(资料来源于：徐世球. 古镇九成企业网上淘金. 中山商报，2006-12-01.)

网络法是指通过网络渠道收集信息的方法。

(1) 网络的主要形式

国际互联网（Internet）指当前各国、各地区众多开发的网络连接在一起而形成的全球性网络。国际互联网是以资源共享为目的，使用统一的协议，通过 数据通信信道将众多计算机互联而成的系统。网络提供的信息服务有电子邮件服务、远程登录服务、文件传送服务、信息查询服务、信息研讨和公布服务等。

企业内部网（Intranet）是 Internet 技术在企业内部的应用。它实际上是采用 Internet 技术建立的企业内部网络，同时建立防火墙把内部网和 Internet 分开。防火墙能够防止外人侵入内部网，同时还限制公司员工，使之不能随意访问国际互联网而耽误工作。当然，Intranet 可以经过技术处理，延伸到企业之外，具有可和 Internet 连接的功能，可以和位于远程地理地域的员工在网上交换文档和讨论问题；通过 Intranet 还可以将多个企业连接起来，从而形成优势互补的合作型经济；通过 Intranet 还可开展电子商务活动，为客户提供多种及时有效的服务。

电子数据交换（Electronic Data Interchange，EDI）是指按照同一规定的一套通用标准格式，将标准的经济信息通过通信网络传输，在贸易伙伴的电子计算机系统之间进行数据交换和自动处理。数据库是"按照数据结构来组织、存储和管理数据的仓库"。数据泛指计算机处理的各种事实、数字、字符等各类符号的集合，如文字、图形、图像、声音、银行的账户记录、产品的销售记录等。在信息化管理的日常工作中，常常需要把某些相关的数据放进这样的"仓库"，并根据管理的需要进行相应的处理。例如，企业或事业单位的人事部门常常要把本单位职工的基本情况（职工号、姓名、年龄、性别、籍贯、工资、简历等）存放在表中，这张表就可以看做一个数据库。有了这个"数据仓库"，我们就可以根据需要随时查询某职工的基本情况，也可以查询工资在某个范围内的职工人数等。数据库有数据型数据库、事实数据库（如万方事实数据库）、文献数据库、全文型数据库（如中国期刊全文数据库）等。

(2) 主要的网络信息查询工具

因特网上的文献信息纷繁复杂，要进行有效的查询和利用，可采用以下几种最广泛的查询工具：

一是广域信息查询系统（Wide Area Information System，WAIS），是基于关键词来查询分布在因特网上各类文件和专业数据库的软件系统。

二是 Gopher，允许用户使用层叠结构的菜单与文件，以发现和检索信息。Gopher 是 Internet 上一个非常有名的信息查找系统，它将 Internet 上的文件组织成某种索引，很方便地将用户从 Internet 的一处带到另一处。它拥有世界上最大、最神奇的编目。

三是 Archie 提供 FTP 地址及相关文件的查询路径，是一种目录服务，用户必须输入精确的文件名搜索，然后 Archie 会告诉用户哪一个 FTP 地址可以下载该文件。

四是 WWW 是 "World Wide Web" 的缩写形式，即全球资讯网，是超文本的查询系统。WWW 暂时是因特网应用中的最新成员，但也是使用最为广泛和成功的一个，它的目标是实现全球信息共享。它采用超文本（Hypertext）或超媒体的信息结构，建立了一种简单但强大的全球信息系统。

（3）国内外秘书组织网站

国内外秘书组织网站主要有：中华秘书网（www.chinamishu.com）、秘书在线（www.sst668.con）、中国秘书在线（www.cds21.com）、香港公司秘书工会网站（www.hkic.org.hk）、美国公司秘书协会网站（saicsa.con）等。

（4）网络法的优缺点

网络法的优点：一是信息量大，互联网的信息来源广泛，内容丰富；二是网上信息处理迅速，获取信息速度快；三是收集信息方便，人们在任何时间都能从互联网上获取全世界的信息，打破了时空的限制；四是网上信息更新及时，能在互联网上获取最新的信息；五是收集的信息形式多样，既有文字的、图表的，也有声像的。

网络法的缺点：网上信息良莠不齐，许多信息未经审核，粗制滥造的信息在网上泛滥。网上信息存在虚假信息，真假难辨，给收集信息带来很大麻烦。

7. 问卷法

由秘书向调查者提供问卷并请其对问卷中的问题作答来获取信息的方法。

（1）问卷的内容

问卷内容包括封面信、指导语、问题和答案及其他信息。

（2）问卷的格式

开宗，常向问卷对象热情致意，说明调研宗旨、意义、问卷单位、答卷方法，以期支持。

正文，即前述所要提出的问题，属主体内容。

收束，可视需要列出问卷对象的特征、问卷评价、处理问卷人、验收人、答卷及复卷日期等栏目供填写，以备抽查。

（3）问卷的类型

封闭式问卷又称限答式问卷，即在卷面将可能的答案穷尽列出，供问卷对象选答。例如，"您家有电冰箱吗？"（回答：有或无）"您喜欢饮用中国茅台酒是吗？"（回答是或否。）"您经常饮用的中国名酒是什么品牌：茅台、竹叶青、莲花白、汾酒、沪州老窖、绍兴加饭酒、红玫瑰葡萄酒、金奖白兰地、味美思酒、西凤酒。请在选择的酒名前打√。"封闭式问卷的优点是：可以缓和是非题强制选择的缺点，统计也比较方便。其缺点是：当被选择的答案过多时，不便于归类。

开放式问卷又称泛答式问卷，即提出相对抽象的问题，让问卷对象相对自由地回答。

例如，您在近月来准备购买哪些家用电器？您认为松下电视的质量怎样？开放式问卷的优点是：被调查者可以尽量发表自己的意见。调查人员可以从被调查者的答复中搜集到一些为调查员所忽略的问题，问题也不受拘束。同时，被调查者可以灵活发表意见，能形成一种调查的气氛。其缺点是：答案由调查员当场记录，由于理解不同，记录可能会失实，出现偏差；用录音机录制，虽可减少失实，但是，这种方式可能会引起被调查者的拘谨和顾虑。又由于被调查者自由发表意见，答案各不相同，给调查资料的整理、汇总工作带来了一定的困难。

（4）问卷法步骤

用问卷法收集信息的作用如下：

一是设计问卷。设计问卷的主题、内容、问题、格式等要素。

二是试用问卷。可在一定调查者范围内对初步设计的问卷进行试用，以检验问卷设计的科学性、合理性。

三是修改问卷。根据试用问卷的情况，修正问卷的不合理之处。

四是选定问卷调查方式进行有效的问卷调查。

五是进行问卷调查。向选定的调查者发放问卷，进行问卷调查，获取信息。

（5）问卷法的优缺点

问卷法的优点：一是适应大面积调研，可在同时、异地一次性地获取众多信息，经济节约，适用于大范围的调查；二是控制性强，调研内容有限定，问卷对象基本上是针对客体所需而作答；三是问题明确，答案标准化，易于统计与使用电脑分析，能通过统计得到较为科学、全面的信息。

问卷法的缺点：一是设计要求较高。问卷内容设计要紧扣调研主题，问题要明确，语言通俗简洁，尽量将抽象概念化作可计量的指标，充分适应问卷范围及对象的文化程度、心理态势与接受能力，回避对方可能的忌讳、隐私等敏感情况。问卷中不得含有有意或无意的诱导或者暗示。二是不够灵活，显得呆板。信息的可信度易受问卷对象的道德、文化、认识水准的影响。三是若使用过滥，将造成社会负担。

8．调查法

调查法是到社会各项实际工作中，细致地进行调查、收集信息的方法。调查是获取信息的一种重要方法。

调查法的优点：获得的信息比较真实可靠。由于这些信息是获取的第一手材料，属于原生态的，因而更具真实性。调查法是为了某种目的获取特定方面、特点内容的信息，因而收集的信息极有针对性。调查法收集的信息极有价值，具有一定深度。

调查法的缺点：工作量大，时间和精力消耗较多。

上述这些信息收集方法都不是单独孤立地存在的，而是互相联系的。什么时候用什么收集方法，要根据具体情况而定，有时信息收集需要同时采用多种收集方法。

（二）信息收集的渠道

信息收集的渠道有如下八个：

一是调查渠道。调查是有目的、有重点、主动收集信息的重要方法。深入市场亲自感受和直接收集第一手资料，通过实地调查，可挖掘更深层次、更高质量的信息资料。

二是大众传播媒介。广播、电视、报纸、期刊及其他文献载体，是现代社会获取信息的重要途径，是秘书获取信息的主要来源。大众传播媒介是在信息传播过程中处于职业传播者和大众之间的媒介体，指复制、传递信息的机械和传播组织、团体及其出版物和影视、广播节目。大众传播媒介主要分为两大类：印刷类和电子类。印刷类大众传播媒介主要包括报纸、杂志和期刊等。电子类主要包括广播、电视、网络等。传播媒介传播信息具有速度快、范围广、影响大等特点。

三是图书馆。图书馆是高级信息资源所在地，能提供借阅、阅览以及访问计算机媒体等服务。秘书可到企业内部图书室、公共图书馆或大学的图书馆查阅、收集更全面的信息。

四是联机信息检索渠道。联机信息检索是将用户终端与检索中心（计算机）用通讯线路直接连接，用户通过终端输入提示、指令，使检索中心的多元计算机联合运行，是从众多数据库中直接找出信息提供给用户的信息检索过程。联机检索是快速检索获取信息的有效途径，可快速收集信息网中所提供的各种信息。

五是供应商和客户。从供应商处获取产品信息、广告材料、产品目录和特定服务的信息等，从客户处获取市场信息、服务的反馈信息等。

六是贸易交流渠道。利用各种贸易交流会，如展销会、交易会、洽谈会以及学术交流会进行调研，在相互交流中获取信息资料。

七是信息机构渠道。委托信息机构定向收集相关信息，从而掌握贸易主动权，减少贸易风险。

八是关系渠道。关系渠道指业务往来关系、横向人际关系、纵向从属关系渠道，例如同有关的海关、银行、工商、税务、商检、保险、统计等部门的业务往来关系中，可不失时机地了解相关法规、条例，掌握新情况、新动态、新信息；同朋友、同事、同学等人际交往关系中，可了解一定的信息；从与上司部门或领导、与下属部门或下属的纵向从属关系往来中，可以了解系统内部信息。

二、信息收集的要求与相关技能

（一）信息收集的要求

在收集信息时应重视信息的价值性、实效性、针对性、全面性层次。

1. 价值性

价值性原则主要体现为信息的真实性、准确性、可靠性与可利用性，即收集的信息是否真实准确，是否有利用价值。真实、准确是信息的生命。收集信息必须辨别真伪，去粗取精，去伪存真，求得信息的真实、准确、可靠，才能保证信息的价值。只有真实、准确的信息才能使领导的决策建立在科学的基础上。失真、虚假的信息，会导致错误的决策，造成重大失误。

2. 时效性

信息收集必须及时、适时、敏锐，使有价值的信息在有用的时候发挥效用。俗语说：一寸光阴一寸金。时间就是财富，时效是决定信息价值大小的关键因素。及时的信息具有极高的价值和意义，迟到的信息会失去它应有的价值和意义，成为无用信息、垃圾信息。秘书要敏于感受信息，在信息工作中有强烈的时间观念，及时、适时地收集重要的信息，使有价值的信息在有效时间内发挥其价值意义。领导者能否在瞬息万变的复杂环境中迅速作出反应，并适时作出决策，关键在于能否及时掌握信息。

案例：

日本目前获得的商业信息的速度为：5～60秒可获得世界各地金融市场行情；1～3分钟内可查到国内外10 000家重点公司的各年度生产经营情况；5分钟内可利用数量经济模型和计算机模拟画出国际、国内经济因素变化可能给宏观经济带来影响的图表和曲线；40分钟可以查到世界各国政府制定的各种法律规章和国会记事录。

3. 针对性

信息收集要服务于工作需求，有针对性地进行收集。一是服务对象的针对性，即所收集的信息要适合服务对象的特点和需要；二是信息内容的针对性，要针对实际需要，根据工作性质、任务、目的收集信息。工作任务不同，对信息需求也不同。只有区分不同工作任务，以工作需求为出发点，收集对决策有直接意义、有参考价值、有实际作用、能反映问题本质的、体现最新情况的高质量的信息，才能为工作任务提供有用的信息。如果不注意针对性，泛泛地收集信息，就会降低工作效率，不能直接为领导决策提供帮助，甚至还会影响领导决策的正确性。

4. 全面性

全面性是指信息收集要全面、系统，力争获取事物的全面信息，从整体上对事物进行全面了解，直接信息与间接信息结合，正面信息与反面信息结合，静态信息与动态信息结合，历史信息与现时信息结合，从而把握事情的全貌，形成综合全面的信息，充分发挥信息的效用，保证信息收集的科学性。领导者要求秘书提供的信息资料大多带有全局性、方向性、综合性，与社会组织的整体发展情况和大局相关。收集信息时，应尽可能全面采集各方面需求的信息，保持信息的历史联系和专业内容联系。既收集与本部门业务活动直接相关的信息，又要收集与本部门管理活动有间接影响的各类信息。

5. 层次性

从不同来源、不同层次、不同渠道收集信息，从不同的深度加工信息，针对不同对象开发利用信息，使收集的信息更具体，更能发挥作用。

（二）信息收集的相关技能

1. 阅读资料收集信息、制作信息摘录的技能

阅读资料收集信息、制作信息摘录的技能包括：

第一，剪裁复印技能，即对资料中有价值的信息材料，可剪裁或复印下来，将剪裁、复印下来的资料贴在资料簿上，并注明出处、日期，收集整理好。

第二，摘录引用技能，即将有价值的信息摘录到笔记本或卡片上，摘录要准确、简明，妥善保存。对重要的信息内容要标注出来，以引起注意，有的还需加注释和说明。

2. 利用观察法收集信息的技能

利用观察法收集信息的技能包括：

第一，确定观察对象技能，即要根据主题确定观察对象的数量、范围和层次。

第二，制定观察计划的技能，即观察计划要切实可行，要综合考虑各方面的因素，有利于获得最有效的观察数据。

第三，确定观察时间的技能，即根据观察对象的运行规律选择合理的观察时间。

第四，选择观察地点的技能，即选择能全方位掌握观察对象情况的地点。

第五，使用观察仪器的技能。目前可用于观察的仪器有摄像头、望远镜、录像机、相机等，可根据需要掌握相关仪器的使用。

3. 通过提问收集信息的技能

通过提问收集信息的技能包括：

第一，设计询问提纲的技能。提纲一要紧扣主题，二要思路清晰，三要环环相扣，四要根据询问对象特点。

第二，提问技能。提问时应注意语音、语调和身体语言，尽快和被询问者建立融洽关系，并将话题引入相关问题（在被询问者说话时，要注意耐心倾听，并作记录），询问结束后要表示感谢。

第三，询问时录音、录像技能。录音、录像应选择安静明亮的环境；熟悉录音、录像设备的使用；选择功能正常的设备，以免中途出现故障，影响录音、录像效果。

第四，整理询问笔录技能。应掌握速录速记技能，边听边做记录，对照录音、录像进行校核，理顺被询问者出现的语误。

4. 网络收集信息的技能

目前网上信息查询工具主要有：Archie 提供的 FTP 地址及相关文件的查询路径；基于关键词查询分布在因特网上各类文件和专业数据库的软件系统 WAIS；环球 WWW，如 www.baidu.com、www.google.com、www.sohu.com 等；超文本的查询系统以及功能强大的搜索引擎等。应该掌握上述网络工具的使用技能。

在网络上收集到的信息应注明出处、网络文章形成日期及引用日期。

三、信息收集的程序和注意事项

（一）信息收集的程序

信息收集的程序如下：

第一，确定信息收集的范围。信息收集就是为某项工作服务，是出于某一工作的要求，这是信息收集的出发点和归结点。信息收集必须围绕工作主题有目的、有计划地进行。收集信息前，应先分析需要哪些范围的信息，把握领导工作的信息需求，切忌漫无边际、毫无目的的"搜集"，要有选择地收集所需要的对口信息，选择有价值的信息。否则，那些无关的信息，既会增加自己的工作量，又会干扰领导对信息的选择。

第二，熟悉信息来源。信息的来源有多种渠道，报纸、电视、广播、互联网、杂志、广告等媒体可以是秘书收集信息的来源；图书馆、档案馆、统计局或信息中介等信息机构也可以是秘书收集信息的来源；朋友、个人等也可以是秘书收集信息的来源。媒体、广告、信息机构、朋友或个人等渠道获得的信息的可信度是不一样的。秘书可根据工作需要确定信息来源，选择最佳信息来源。

第三，选择信息收集方法。信息收集方法有：阅读法、观察法、交换法、购买法、询问法、网络法、问卷法、调查法等。

第四，选择信息收集途径。信息可以通过不同的途径进行收集，根据所需信息的特征、数量等确定收集途径。如信息检索，可用关键词途径、篇名途径、主题途径或作者途径等。

第五，查找信息。根据工作的主题、内容和用途，利用各种渠道和途径查找收集信息。

（二）收集信息的注意事项

1. 收集各种形态的信息

信息的主要形态有：

一是文字形态的信息，指以文字形态存在的信息，如文章、笔记、日记等。

二是声像形态的信息，指以声音或图像形态存在的信息，如电影作品、电视作品、歌曲录音、画像、肖像等。

三是记忆形态的信息,指存储在人的脑海中的信息。

2. 建立通讯联系索引卡

通讯联系索引卡是记载业务往来的单位、个人或客户信息的卡片,上面有单位名称、地址、姓名、电话号码等信息,便于秘书在工作中与相关人员打交道,及时进行业务联系。如表 11-1 所示。

表 11-1 通讯联系索引卡

单位:
地址:
姓名:
职务:
电话:
传真:
备注:

3. 信息收集要有超前性

超前的信息对制定有效的对策有重要意义,要抢先捕捉信息,迅速加工传递,使信息工作发挥应有的作用。

▶ 项目实施

1. 项目实施条件

① 具备信息收集的设备和场所,如计算机网络、图书馆、校外实训基地。

② 实训课时安排:课内用 2 课时,训练网上收集信息技能;课外实训两周,训练从不同渠道收集信息的技能。

③ 条件许可时,也可利用学生到校外实训基地见习的机会进行信息收集实训。

④ 指导教师事先设计信息收集的项目情景,明确收集信息项目的主题,说明收集信息的目的,提出明确要求,规定学生在一定时间内完成信息收集任务。

⑤ 用两周的课外时间进行实训,将全班学生按 5 人一小组分组,各小组学生利用课外时间,从不同渠道收集信息。小组内的学生分工合作、互相讨论,每个小组将各渠道收集到的信息进行汇总分析,写一份信息收集的总结。

2. 项目实施过程

任务 1:在网上收集有关太阳能热水器发展前景的信息,并标出信息来源网址。

第一步:安排学生在电脑机房进行网上收集信息实训。

第二步：由学生在网上各自收集有关太阳能热水器的信息。

第三步：学生将网上的信息收集下载，注明来源，并进行必要的分析和筛选。教师对网上收集信息的技能进行指导。

任务2：设计一份调查问卷，向消费者收集各种家用热水器的使用意见，并进行统计分析。

第一步：设计调查问卷。

第二步：抽样选取调查对象，实施调查。

第三步：对收回的有效调查问卷进行统计分析。

任务3：向有关能源部门了解各类热水器（电热水器、管道煤气热水器、瓶装煤气热水器）的使用成本；同时向本公司技术开发部了解太阳能热水器的使用成本。

第一步：设计电热水器、管道煤气热水器、瓶装煤气热水器使用成本比较分析表格。

第二步：向有关能源部门了解各类热水器的使用成本。

第三步：向公司技术开发部了解太阳能热水器的使用成本。

第四步：将各类热水器使用成本数据填入分析表中。

任务4：到商场收集各类热水器的销售价格，向商家了解各类热水器的销量和消费群体，说明信息来源。

第一步：设计各类热水器的销售价格比较分析表格、销量分析表和消费者群体分析表。

第二步：抽样选取调查场所，采用询问法、观察法、网络法收集信息。

第三步：将收集到的信息进行汇总、统计，填入表格中。

任务5：向城建管理部门、太阳能开发应用技术部门了解民用太阳能热水器的可行性。

第一步：与城建管理部门及技术开发部门联系。

第二步：了解民用太阳能热水器使用的相关设施及可行性。

第三步：将信息记录、汇集起来。

▶ 项目评估

1. 实训结果

① 将收集到的信息材料集中起来，注明信息来源。

② 设计好的调查问卷。

③ 信息收集的总结。

④ 各小组推出一名代表在班上发言，将本小组进行信息收集的过程及总结与全班同学交流。

2. 成绩测评

① 教师对同学们收集信息的方法、效果及存在问题进行归纳、总结。

② 评分表：

信息收集实训评分表

组别＼分项目	网上收集信息（20分）	调查问卷（20分）	实地考查（20分）	查阅书报杂志（20分）	信息的价值（20分）	总分（100分）

实训拓展

① 利用各种方法收集你所在专业、行业的信息。

② 结合自己就业、择业的需要，利用网络，收集至少30家企业的招聘信息。

③ 阅读下面材料，假设你是波司登服装公司的秘书，就该公司在英国开设4家专卖店的计划，完成有关信息收集的任务。可采取哪些方法，从哪些渠道进行信息收集？信息收集应该遵循哪些原则？

中国著名服装品牌广交会上备受关注

在日前开幕的第98届广交会上，鄂尔多斯、雅戈尔和波司登等11家中国著名服装品牌受到国内外服装商家的关注。据介绍，中国已成为世界最大的服装生产和出口国。

(资料来源：佚名．中国著名服装品牌广交会上备受关注．经济参考报，2005-10-18．)

中国著名服装品牌波司登涉足英国零售业

1月16日，波司登国际控股有限公司董事局主席一行拜访驻英经商处，就在英国开设"波司登服装专卖店"有关事宜向经商处作了通报，其英国合作方格林伍德有限公司代表同时参加了会见。

波司登是中国著名服装品牌，2007年向英国出口男士休闲装10万件。格林伍德公司在英国设有92家服装零售店。2004年两家公司开始贸易合作，目前波司登是格林伍德最大休闲服装供货商。为进一步扩大合作领域，双方初步议定，今年下半年在英国合资开设4家"波司登服装专卖店"。

(资料来源：佚名．中国著名服装品牌波斯登涉足英国零售业．中国服装网．［2012-6-20］．www.china-ef.com．)

项目十二　信息整理

▶ 教学目标

1. 知识目标

① 了解信息整理含义。
② 了解信息整理的必要性。
③ 熟悉信息整理程序。

2. 能力目标

① 掌握信息筛选方法。
② 掌握信息分类方法。
③ 掌握信息校核方法。
④ 能够运用正确方法整理信息。

▶ 工作任务

1. 项目情景

晓凤在景泰玩具有限公司当办公室秘书,平时她很重视国内外玩具市场信息的收集,并将收集到的信息整理好,及时传递给公司总经理。根据这些市场信息,该玩具公司不断调整生产经营策略,根据市场需要生产适销对路的玩具,并及时对产品进行改革创新,国内外市场不断扩大。这样,该厂的赢利逐年递增,还为国家增收了外汇。以下是晓凤这两天收集到的信息。(注:以下信息的内容及出处部分属虚拟,仅供信息整理实训之用。)

鼠年临近,卡通米老鼠走俏国内市场

鼠年还未到,关于鼠的产品已经悄然上市,并走俏市场。其中,最受欢迎的当属那一对黑白米老鼠了,它们到哪里都形影不离,在街头的几家小店中都能遍寻到它们的身影。

"好可爱的米老鼠呀,圆滚滚,精灵灵,一看就想买。"在一家小店里,23岁的阿彬突然在一个货架边停了下来,货架上挂着各式各样黑白米老鼠的饰品。"我属鼠的,明年就是本命年了,想买些鼠的挂件带在身上。"除了为本命年做准备,还有不少女孩子是被米老鼠精灵可爱的样子吸引了。"我最喜欢收集米老鼠的东西,大到玩具,小到创可贴。"刘小姐在一家传媒公司上班2年了,但仍像个孩子一样。她说,现在世面上的这种黑白米老鼠,其实是中国偶像创作旗舰公司"新意"继旺狗系列后,推出的又一款经典作品"咪咪米老鼠"系列。这种米老鼠造型设计十分简单,色彩除了黑、白以外,还有灰、红

共 4 种颜色。

据了解，这种米老鼠系列的产品多达 50 多种，包括手机感应器、化妆镜、手表、手机挂件、创可贴、相框等，单价从 5 元到 55 元不等。"喜欢它的以女孩子为主，年龄在十几岁到三十几岁之间。自今年下半年引进以来，我们已经卖出了上千件产品了。"一店员说。

鬼节未到商家先"闹鬼"

10 月 31 日是西方国家的"万圣节"（又称鬼节）。还有十多天，厦门某些商家就抢抓商机，开始"闹鬼"。厦门某广场已开始招募市民参加活动，活动的广告牌挂了不少，提前制造"鬼"气。而相关的商品也陆续上柜。某商家早在 11 月 8 日就已经把各种各样的鬼节玩具如鬼面具等"请"了出来。不过，对西洋的鬼玩具等感兴趣的是少数追求时尚的年轻人。

（资料来源：章淑萍. 鬼节未到商家先"闹鬼". 东南早报，2006 - 10 - 13.）

"好男儿"限量版手机上市　Q 版玩具即将推出

加油好男儿比赛结束后，好男儿的后续衍生产品就一直受到社会关注，10 月 11 日，好男儿限量版定制手机正式上市。这款手机由 SMG 和 UT 斯达康合作推出，作为国内第一款为明星定制的手机，外壳上带有好男儿标志，并且内置了好男儿选手的手机壁纸、开机关机动画、精选视频等。

据了解，好男儿衍生产品还将推出好男儿写真集、Q 版玩具等。

（资料来源：佚名. "好男儿"限量版手机上市　Q 版玩具即将推出. 倚天商务信息网，2006［2012 - 6 - 15］. www.ecchn.com/20061013ecnews2222639.html.）

澳门首家北京奥运特许专卖店销售良好

澳门第一家北京奥运特许专卖店开业之后销售情况良好，澳门特区政府和澳门奥委会计划月内在澳门著名旅游景点大三巴牌坊和新马路再开两家新店。

澳门首家北京奥运特许专卖店于 10 月 8 日在澳门旅游景点渔人码头开业。据在专卖店服务的葡语系运动会志愿者和专卖店销售人员介绍，开业之后的三四天里，光顾专卖店的人不少，其中既有澳门本地人，也有内地和外国游客。国外游客对北京奥运会的纪念品尤其感兴趣，印有福娃的 T 恤衫、帽子、徽章、纪念币、水杯等特许专卖商品销售情况都不错。

在渔人码头这家北京奥运特许专卖店，还设有正在举办的第一届葡语系运动会纪念品专柜，购买者也络绎不绝。在购买者中，既有澳门本地人，也有内地游客，但买得最多的还是来参加第一届葡语系运动会的官员、运动员和代表团其他成员。不少运动员一买就是好几个，准备带回去送给亲友作纪念。

据专卖店工作人员预测，随着北京 2008 年奥运会的日益临近，澳门北京奥运特许专卖店的销售额还会进一步增加。

（资料来源：佚名. 澳门首家北京奥运特许专卖店销售良好. 新华网，2006［2012 - 6 - 16］. http://nens.cinhuanet.com/sports/2006 - 10/11/content_ 5191193.htm.）

美国对玩具产品进口的新规定（节录）

根据《消费品安全法》，所有玩具产品必须符合划一的安全标准。虽然美国消费品安全委员会没有规定进口的玩具产品须附有特定的出口文件或办妥特别的进口手续，但某些种类的玩具受到广泛限制。美国海关会不时检验进口的玩具产品，确证其符合规定的安全标准，即 ASTM F963 标准。就玩具产品实施的规例及测试要求，视产品的性质及其顾客对象的年龄组别而异。……现行的玩具标签规定对于标签的种类、大小、形式、所贴位置均有订明指引，并规定幼儿玩具上必须附有"慎防误吞，梗塞咽喉"的警告标签。

进口规定：

  贸易文件

  商业发票

  提单/空运提单

  产地来源证

  装箱单

  进口证

配额：无

标签：需要

产地来源标志：必须附有

标准及安全规定：ASTM F963

税项：进口税＋2%～10%销售税（视不同城市、不同州而异）

临时免税进口证：接受采用

  （资料来源：佚名. 美国对玩具产品进口的新规定. 经济导报，2007－10－21.）

立陶宛对中国产两种玩具提出快速预警通报

立陶宛本周在欧盟的快速预警通报系统中通报了中国产的玩具——小狗玩具。

这种玩具具有四个轮子，有拉绳。通报原因为有窒息的危险。轮子可能会脱落、撞碎并产生小碎片，这些小碎片易被儿童吞食。产品不符合玩具指令和相关欧洲标准。禁止在市场上销售。

（资料来源：佚名. 立陶宛对中国产两种玩具提出快速预警通报. 信息时报，2007－10－24.）

圣诞礼品"西方不亮东方亮"

  本报讯 海关最新数据显示，尽管国内市场对圣诞礼品的需求依然高涨，但今年中国圣诞礼品的出口大幅下降。"中国制造"圣诞礼品销售"西方不亮东方亮"。

中国是全球重要的圣诞礼品生产基地，"中国制造"已经成为世界圣诞节礼品的主要来源之一，世界上80%的人造圣诞树产品都来自中国深圳。

但由于原材料上涨、外商压价、行业竞争激烈等原因，今年的圣诞用品特别是玩具的出口大受影响。来自海关的最新统计数据显示，我国圣诞礼品的主要出口省份广东省今年1月至11月共出口圣诞用品6.2亿美元，同比下降了19.6%。

虽然圣诞礼品销往国外受阻，但中国本地市场对圣诞礼品的需求日益增加。在各大小商品批发市场，圣诞礼品的销售比较活跃。

陈老板在北京天意新商城市场经营着最大的一家圣诞装饰品批发店。据其员工介绍，从11月中旬开始，订购商已络绎不绝，"现在与圣诞有关的装饰品都卖得很好，我们这一个多月都快忙死了"。

还有不少圣诞礼品批发商，一位郑姓老板表示，他的店一般每天有四五千元的销售额，最高的时候可以达到三四万元，光是销售圣诞礼品的利润大概占其全年利润的1/3。但他还是说："我的店卖得并不算好，主要是竞争太激烈了。"

据天意新商城市场办公室主任胡荣福介绍，目前在天意经营圣诞礼品的商家有90多家。

（资料来源：佚名. 圣诞礼品"西方不亮东方亮". 市场快报, 2007-10-28.）

2. 任务要求

① 对上述收集到的信息进行筛选，从中选出对本公司业务具有借鉴作用和参考作用的信息。
② 对信息进行分类，使信息条理化，以方便查找利用。
③ 选择一条有疑问或者较重要的信息，对信息进行校核。
④ 选择一条有价值的信息整理成一篇500字的信息稿。

▶ 知识准备

信息整理，是指对收集到的原始信息进行筛选、分类、校核使其成为适用的信息。信息整理工作是对收集到的原始信息进行去粗取精、去伪存真、由此及彼、由表及里的改造加工，是整个信息工作的核心。信息整理工作的内容包括对原始信息进行筛选、分类、校核等工作。

一、信息筛选

信息筛选是对收集到的大量信息进行初步甄别与再选择，判断信息价值，决定信息取舍，选择那些真实、价值大、能满足需求的信息，淘汰那些不适用、无价值、价值小的信息。筛选是信息处理的基本工作，必须认真、仔细、慎重，谨防剔除一些有用信息或留下无价值的信息，这就是筛选的基本任务。

（一）信息筛选工作的内容

信息筛选包括鉴别、选择和剔除三个部分。

第一，鉴别。即判断信息的真实性、全面性、适用性等。真实性鉴别，即甄别信息资料的真伪；全面性鉴别，即检验信息资料的完整程度；适用性鉴别，即确定信息资料的适用程度和价值大小。

第二，选择。择取适用性强、价值大的信息，择取能满足需求、对工作具有借鉴作用和参考作用的信息。这些信息一般是对工作有指导意义、与业务活动密切相关的信息，特别是新颖及时的相关信息，这些信息是有效信息，是领导决策的重要依据。

第三，剔除。即删除不适用、无价值、价值小的信息，舍去不真实、无价值的信息。这些信息包括虚假信息、雷同信息、重复信息、过时信息，以及内容无关的信息，这些信息都是无效信息，是干扰信息，会影响领导的决策。

（二）信息筛选工作的程序

信息筛选的工作程序如下：

第一，看来源。从多种信息来源中把握信息的重要性程度。
第二，看标题。根据信息的标题确定信息价值的大小。
第三，看正文。认真阅读，判断信息内容的完整性和准确性。
第四，决定取舍。秘书应根据工作需要，选取有用的、真实的信息，信息的取舍要突出主题、注意典型、富有创意、具有特点。

对于反映同一类问题情况的信息，在进行取舍时，应选择其重点、特点，综合成一份材料；二是可择优录用，选择宏观的，淘汰微观的，选择典型的，淘汰一般的。

有些信息尽管真实，但如果不适用，也需舍弃。

（三）信息筛选方法

信息筛选方法有如下四种：

一是标题浏览法。对收集的信息标题进行快速浏览，根据标题判断信息资料是否与需求相符合，然后进行筛选。

二是复印裁剪法。对能满足需求的相关信息内容进行阅读，将阅读到的有价值的信息做记号，然后进行标记、复印或剪裁。

三是手工摘记法。将有保存价值的信息摘录到手册或卡片上。

四是说明标记法。对筛选的信息资料做标注、注释或说明，并注明剪裁下的信息资料的日期、出处，然后根据信息来源出处的权威程度进行筛选。

（四）信息筛选的原则

信息筛选有如下四个原则：

一是主题性原则。信息筛选应突出主题思想，凡是与业务主题无关的信息要剔除。
二是典型性原则。信息筛选要注意典型性，从大量原始信息中挖掘出能揭示工作本质的典型信息。

三是新意性原则。信息筛选要富有新意，尽可能抓住能反映业务新动态的信息。

四是侧重性原则。信息筛选要具有特点，从各种工作的实际出发，有所侧重地选用。

（五）信息筛选的注意事项

信息筛选的注意事项如下：

第一，对选中的信息，分轻重缓急进行信息的加工处理。

第二，对暂时不用但可以备查的信息进行暂存。

第三，对不用的信息，按有关规定进行暂存、移交或销毁。

二、信息分类

信息分类就是对各种信息资料按一定的标准进行类别划分。秘书每天都会接触大量的信息，应根据工作需要及信息特征进行分类，以便信息的查找和利用，使信息发挥更大的作用，提高工作效率。

（一）信息分类的方法

信息分类方法种类繁多，按《中国图书资料分类法》就有17种分类方法。下面简单介绍几种常用的分类方法。

1. 主题分类法

主题分类法，是按照信息概念、主题、内容和标题特征来组织排列信息的方法，将信息最主要的主题名称作为分类的首要因素，次要的主题作为第二因素，依此类推。主题分类法可以按多级主题分类。信息中最重要的主题名称作为分类的首要主题，次要的主题作为第二主题，依此类推。

主题分类法的优点是：检索方便。相关主题的信息材料集中存放，便于相关信息的查找、利用。

主题分类法的缺点是：主题与标题容易混淆，主题不易确定，归类难以准确。

2. 字母分类法

字母分类法是按照字母排列顺序分类。按第一个字的字母排前后次序；第一个字母相同，则按第二个字母顺序排列。

字母分类法的优点是：方法简单易行，操作方便。

字母分类法的缺点是：按字母分类的信息，对于信息的主题针对性不强；当相同字母的字较多时，查找花费时间长，使用不方便。

3. 数字分类法

数字分类法是按照每个信息被赋予的号码次序或大小顺序排列的方法，即将信息种类以数字排列，专题给定一个数字，用索引卡标出数字所代表的类别。

数字分类法的优点是：数字规则简单，一目了然；简便易行，适于存储。

数字分类法的缺点是：查信息需要参照索引卡，花费时间；如果分类号码有误，查找信息麻烦。

4. 地区分类法

按信息产生或涉及的地区特征，将信息分为各个类别，按字母的先后顺序排列。

地区分类法的优点是：便于查找具有地区特性的信息，分类方法容易掌握。

地区分类法的缺点是：因需要一定的地理信息，适用范围及人群有限，只适用于某些单位或部门。

5. 时间分类法

按信息形成的年度、季度、阶段先后顺序分类的方法。

时间分类法的优点是：可用做大型信息系统的细分。

时间分类法的缺点是：仅适合于时间性强的信息，需与索引系统配合使用。

（二）信息分类的层次

对信息按照一定标准进行一级分类，将同一特征的信息归为一类，成为母类。母类下再划分为不同的类别，叫做子类。子类下还可根据具体情况细分，形成有层次的分类体系。

（三）信息分类的原则

信息包罗万象、时间性强、综合性强，既容易形成专题，又具有相互交叉渗透的特点。信息分类既能反映信息的特点，又能做到实用性和科学性、稳定性、可扩展性相统一。

1. 科学性原则

分类采用主题与学科相结合的方法，使分类体系具有主题的直接性和系统性。分类基本都采取从总到分、从一般到具体的等级分类方法。

2. 实用性原则

随着社会的发展，信息内容变得日益广泛，内容重点发生重大变化，用户检索需求也日趋多样化。在保证科学性、逻辑性的同时，把一些信息量大、适合服务对象需要的信息作为基本大类列出，以期达到重点突出，降低分类复杂度的目的。

3. 稳定性原则

信息分类工作力求使其具有稳定性和兼容性。

4. 可扩展性原则

可扩展性原则体现在：随着社会的发展，新事物、新学科、新技术不断涌现，分类在类目扩展上要预留充足的空间（分类是为了适应信息工作需要而编制的）。但考虑不同信息工作的收集重点、分类粗细、数据库规模等方面存在许多差异，可以制定适合工作需要的分类细则。

（四）信息分类工作的程序

1. 熟悉信息内容

翻阅信息时，可从材料的标题或内容了解并熟悉信息的总体构成情况。

2. 选择分类方法

根据主题分类法、字母分类法、数字分类法、地区分类法、时间分类法等各种信息分类方法的特性，联系信息的来源、数量、内容，考虑本单位业务工作需要，从便于保管和利用出发，选定分类方法。有时可综合使用多种分类方法。

3. 进行辨类分析

信息分类首先要辨别信息的类别，对信息资料的主题、内容、性质进行分析，判断其所属类别。

4. 进行归类划分

按照信息的内容、性质、作用、来源和时间等原则或方法，对信息分门别类进行组织。

（五）信息分类的注意事项

第一，认真确定分类体系，明确分类标准和分类层次。准确归类，子类之间界限清楚，要把信息归入最符合其实际内容的类别。

第二，利用颜色、标签区分类别，以便检索。

第三，对于能归类到两个位置的信息，为了便于查找，可建立交叉参照卡（见图12

-1)。将填写好的交叉参照卡存储在归档系统的相关位置上。用户只要查找到某信息的一个位置,查看交叉参照卡,即可知道该信息的另一查找线索。

```
交叉参照卡
名称/主题


详见
相关名称/主题
```

图 12-1　交叉参照卡

三、信息校核

校核是对收集到的信息作深一步的校验核实,校对信息真伪情况,消除信息资料中不真实的因素,纠正信息中的错误成分,使信息能客观准确地反映事物运动变化的本质特征,这就是信息的校核工作。信息的校核是信息整理的一个重要步骤。

有时信息中有不真实因素,需要秘书认真校核,尤其是那些似是而非的信息、金沙俱含的信息,有些信息集有用信息和无用信息为一体,需要通过校核工作去粗取精,去伪存真,除沙存金,确保信息的真实、准确。

(一)信息校核的内容

信息校核的内容包括:
一是校核事实,即对材料中所记载的事实是否真实进行考证、校核。
二是校核观点,即对材料中所表达的观点是否准确进行判断、校核。
三是校核数据,即对材料中所记载的数据是否正确进行比对、校核。
四是校核图表,即对材料中所记载的图表进行考证、校核。
五是校核符号,即对材料中所记载的符号使用是否准确进行考证、校核。
六是校核时间,即对材料中所记载的时间是否准确进行考证、校核。
七是校核地点,即对材料中所记载的人物信息,如人名、年龄、性别、籍贯等信息进行考证、校核。
八是校核人物,即对材料中所记载的人物是否真实进行考证、校核。
九是查对出处,即对材料的来源、出处进行考证、校核。

(二)信息校核的方法

信息校核的方法包括:
一是溯源法。对信息所涉及的有关问题进行审核查对,判断说法、结论是否一致。

二是比较法。对反映某一事实的各方面信息进行比较。

三是核对法。一般用可靠信息和权威材料来核对信息资料。其主要方式有：用一手材料核对二手材料，用直接材料核对间接材料，用文字材料核对口头材料，用物证材料核对文字材料，或用同一信息本身自校。例如，同一材料中前后互相矛盾，依据逻辑学中的"矛盾律"，我们就可以断定该信息的真伪。通过对信息进行对照、比较，发现和纠正原始信息中的某些差错。

四是逻辑法。是运用逻辑推理对原始信息资料进行分析，发现其中的破绽和疑点，从而识别其真伪。例如，若信息资料悖于生活常理，便可断定其是虚假信息。这种分析方法的优点是简便，不需要借助于其他手段，从原始信息资料本身就能很快发现某些差错。缺点是不太可靠，主要根据主观推理分析，没有事实材料佐证。

五是调查法。就是对收集到的原始信息，通过直接的、现场的调查来检验它的真实性和准确性。调查法的优点是，结论可靠。缺点是需要花费较多的人力和时间。

六是数理统计法。对原始信息中的数据和定性分析，运用数理模式进行计算鉴定。

（三）信息校核的要求

信息校核有如下要求：

第一，以原始材料为基础。

第二，以客观事实为依据。

第三，以权威机构公布的信息为标准。

第四，排除主观因素的干扰。

（四）信息校核工作的程序

信息校核工作的程序如下：

第一，确定校核内容。信息的校核并非针对所有材料，而是根据信息材料中的用途决定信息校核内容，一般校对信息中的时间、地点、人名、事实、数据等。

第二，选择校核方法。由于校核方法多样，有溯源法、比较法、核对法、逻辑法、调查法、数理统计法等。可根据需要选定校核方法，有时可综合使用多种校核方法。

第三，核实分析信息。利用一手材料、权威材料或实地调查，核实信息，分析信息内容。

第四，判断信息真伪。通过核对、计算、定性与定量分析和逻辑推理，判断信息的真实性、准确性与可靠性。

（五）信息校核的注意事项

信息校核过程中应注意：

第一，信息校核的各种方法可以互相补充，综合使用。

第二，要综合运用自己的知识、经验和能力，提高校核信息的质量和效率。

▶ 项目实施

1. 项目实训条件

① 实训场所：可安排在秘书实训室、课室或模拟办公室或校外实训基地。

② 实训用具：办公桌、文件夹、文件盒、标签。

③ 实训材料：将待整理的信息打印成书面材料，根据实训小组的数量准备相应的份数。

④ 关于信息的阅读、筛选、分类等环节的实训，可用课内时间在教室进行；关于信息校核、编写信息稿环节的实训，可安排在课外进行，要求学生在规定时间内完成。

⑤ 实训课时安排：课内实训 2 节，加课外实训一周。

2. 项目实施过程

任务 1：将上述收集到的信息进行筛选，从中选出对本公司业务具有借鉴作用和参考作用的信息。

第一步：阅读所有信息。将待整理的信息材料分发给每一个小组各一套，各小组学生阅读信息，要求学生在规定的时间内阅读完所有信息，为下一步的信息整理工作做准备。

第二步：分析信息。指导学生对信息的标题、来源、正文进行全面分析，了解信息的总体构成情况。

第三步：筛选信息。从信息的来源、标题和正文等方面来判断信息的重要程度、价值的大小以及信息内容的完整性和准确性，择取能满足需求、对工作具有借鉴作用和参考作用的信息，舍去不真实、无价值的信息。

任务 2：对信息进行分类，使信息条理化，以方便查找利用。

第一步：对信息进行分类。根据信息总体构成情况和信息的特征，结合本部门的工作业务，选择适当的信息分类方法。

（提示：上述信息可按地区分类法分为国内市场信息、国外市场信息两大类。）

第二步：将不同门类的信息分别装进文件夹或文件盒，并贴上标签，写明门类标题，以方便查找。

任务 3：选择一条有疑问或者较重要的信息，对信息进行校核。

第一步：确定需要校核的信息内容。主要是对信息材料中的时间、地点、人名、事实、数据等进行校核。

第二步：选择校核的方法。根据需要校核的信息内容选定对应的校核方法，比如校核数据可选择数理统计法，校核信息真伪可采用溯源法，必要时也可综合使用多种方法。

第三步：核实、分析信息。利用掌握的第一手资料和权威性材料，对收集的信息材料的某些事实进行校核,分析信息材料的内容。

第四步:作出判断。通过溯源、比较、核对、逻辑分析、调查研究、数理统计等方法进行定性、定量分析,判断信息的真实性、可靠性、准确性。

任务4:选择一条有价值的信息整理成一篇500字的信息稿。

第一步:根据本企业的业务特点选择有价值的信息。

第二步:确定信息稿的主题。

第三步:对选中的信息进行概括、分析,撰写成信息稿。

▶ 项目评估

1. 实训结果

① 筛选出有用信息。
② 分好类的信息材料。
③ 信息稿。

2. 成绩测评

① 教师对信息整理的结果进行检查,评价学生整理信息的方法和效果。
② 评分表:

信息整理实训评分表

组别\分项目	信息的筛选 (25分)	信息的分类 (25分)	信息的校核 (25分)	信息稿 (25分)	总分 (100分)

实训拓展

① 结合上一个项目所收集到的企业招聘信息,将信息进行分类。
② 根据你所在专业的学生会近期活动状况,写一篇信息稿。

项目十三　信息传递与反馈

▶ 教学目标

1. 知识目标

① 解信息传递的含义。
② 熟悉信息传递的原则。
③ 了解信息反馈的含义。
④ 熟悉信息反馈的原则。

2. 能力目标

① 掌握信息传递的方法。
② 掌握信息传递的方式。
③ 掌握信息反馈的方法。
④ 掌握信息反馈的方式。

▶ 工作任务

1. 项目情景

远东家电有限公司是一家生产家用电器的工厂，产品远销国内外市场，而钢材是该公司主要的生产原料。有一次，秘书小李收到驻海外机构发来的一批最新信息，她认真地查阅这批信息，并将重要信息及时传递给公司总经理及有关负责人，公司领导立即召开会议讨论应对策略，作出果断决策，从而使公司避免了经济损失达几百万美元。

以下是小李获得的信息：

钢铁涨价之风再度强劲　全球原材料供应严重不足

宝钢、攀钢昨日提价，新日铁与 CVRD 敲定铁矿石价格

这两日海内外钢市一派热闹纷呈之态。各路调价信息一时集体登台亮相。宝钢、攀钢新钢矾纷纷上调产品价格，冷热薄板与优钢再度成为涨价焦点，新日铁与 CVRD 敲定铁矿石价格，今年 4 月 1 日起的铁矿石合约价格涨幅最终确定为 71.5%。

一方面是钢铁企业生产成本巨幅增长的前奏响起，一方面是国内企业钢铁产品价格的先一步整体上扬，钢铁产业链上一时听取涨声一片，引发多方关注。

其直接影响也立马在钢材市场得以反映。昨日，记者在上海香山钢材市场上就发现经销商纷纷看好日后的市场行情，普遍在积极备货，现在市场的库存明显增加。市场上出现

了资源偏紧现象，尤其是一些热销品种，甚至呈现有价无市，供不应求之态。

日本钢厂历史上最大的涨幅

每年一度的铁矿石价格谈判确定的亚太地区价格一般跟随日本谈判后确定的价格。上周，日本最大钢铁商新日铁与全球最大铁矿石商巴西淡水河谷公司达成协议，从4月1日起大涨71.5%。这是日本钢厂历史上最大的涨幅。

而这一旦成为亚太地区的最后定价，无数钢铁厂生意将因此受挫。铁矿石是钢铁业最主要的原料，去年中国50%的铁矿石依靠进口。

宝钢攀钢再度提价

昨天，宝股、攀钢分别公布了今年第二季度钢铁产品价格上调明细。调价产品涉及13个大类近百个品种。而据业内人士透露，武钢也将在下周公布该公司第二季度提价通知。

钢材价格一直处于涨势，而此时钢铁产品结构最优的几大公司纷纷抛出调价铩手锏，无疑又再度让钢炉沸腾了起来。

从提价细则上，我们发现，此次宝钢二季度价格再次大幅上涨，普遍每吨上涨400～500元，个别品种在这个基础上再加价100～350元。实际上自去年底今年初钢铁公司提价部分已经将即使铁矿石大涨七成所增加的成本消化掉了。而攀钢新钢矾板材价格上调虽然幅度不及宝钢，但冷板、彩涂等多项产品每吨都上涨了200元。我们同时发现，两大公司调价表中建筑钢材平稳波动，冷热薄板继续上扬，并且涨价热点集中在普冷与优钢两大类。究其原因，主要是冷热薄板我国自给产品规格少、产量低、进口多，一直保持持续提价之态。而应用于钢帘、弹簧、汽车用钢的优钢系列产品此次上调幅度分别是每吨500元、300元、250元不等，对下游产业带来的蝴蝶效应不言而喻。

（资料来源：佚名. 钢铁涨价之风再度强劲　全球原材料供应严重不足. 上海证券报，2005-02-24.）

2. 任务要求

① 模拟演示用语言传递的方式将信息传递给公司总经理。
② 将上述信息加工整理成一则信息报告，用文字传递的方式传递给公司总经理。
③ 演示将信息稿通过公司局域网发给公司各部门。
④ 根据公司决策的执行情况，收集反馈信息。

▶ 知识准备

一、信息传递

信息传递，是运用一定的理论和方法，借助一定的工具、装置、设备，实现信息的有目的性、有方向性的流动、传输或传播，将信息资料送达需要者手中。

（一）信息传递的类型

1. 按照传递时的信息连续程度划分

按照传递时的信息连续程度，可将信息传递分为间断式传递和连续式传递。

间断式传递，是隔一段时间传递一次信息。

连续式传递，是将信息不间断地传递出去。

2. 按照传递时的路径划分

按照传递时的路径划分，可将信息传递分为串联传递和并联传递。

串联传递，指只通过本部门、行业、组织中的某套专门信息系统来传递信息。

并联传递，是在传递信息时，同时利用了多种信息系统，比如办公室系统、统计系统。

（二）信息传递的方向

1. 内向传递

内向传递是指为了协调和合作，企业内部之间进行的信息交流。通常适用于内向传递的信息有：本企业的工作计划、工作安排、目前的工作进展情况、下一步的部署，各部门要完成的工作等；了解员工对本企业的看法、意见等；了解公众对企业产品质量、销售情况、售后服务、产品的市场情况等信息。信息内向传递的目的是达到单位内部、单位与公众之间的相互理解及单位与社会发展的协调一致。

2. 内外传递

内外传递是指秘书在日常工作中有效地利用各种媒介传递信息。通过广播、电视、网络、广告、报刊等媒介向公众、合作伙伴、政府主管部门、社会组织等传递信息，宣传企业产品、企业的新举措、企业的信誉等，以树立企业形象，增进社会对企业的了解、认可、信任。企业对外的信息传递是有限的信息传递。

（三）信息传递的要素

信息传递包括以下三个要素：

第一，信源。即信息的来源，分为原生源和再生源。前者生成的信息以原始信息的形式直接进入传递过程；后者是指收集、加工后以二次信息的形式进入传递过程。

第二，信道。是信息传递的通道，包括信息传递的媒介和运行方式。

第三，信宿。是信息传递的终点，即信息接受者。要使信息源产生的信息能够被利用，必须有接受者。信宿可以是人类个体、群体或组织体。

信息传递必须具备上述三个要素，缺少其中任何一个要素，便不能实现信息传递。如图 13-1 所示。

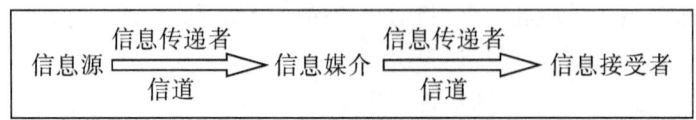

图 13-1　信息传递示意图

（四）信息传递的方法

1. 语言传递

语言传递是用有声的口头语言传递信息。具体形式有对话、座谈、讲座、会议、交流等。

语言传递信息的优点是：一是传递直接，反馈及时；二是内容新，人们交谈的 80% 都是刚发生的和将要发生的信息。

语言传递信息的缺点是：一是语言信息较零散混乱，二是不便于积累和保存。

2. 文字传递

文字传递是用文字、符号、图像等形式传递信息。具体形式有文本、表格、图表等。

文字传递信息的优点是：一是便于利用和保存信息，二是信息不易失真变形，三是能够远距离传递信息，四是能反复多次传递。

文字传递信息的缺点是：传递速度较慢。

文本是大多数信息传递的形式，进行传递时可以用文字处理技巧增强文本的影响力和清晰度。

表格用于对特定的、标准的信息进行展示。有标题，信息简明，说明信息来源。如表 13-1 所示。

表 13-1　远东集团广东分公司 2011 年度季度销售额

季度	第一季度	第二季度	第三季度	第四季度
销售额	48.5 万元	76.1 万元	112.7 万元	99.2 万元

图表的基本类型有柱状图、饼状图、折线图、框图等，分别如图 13-2 至图 13-5 所示。

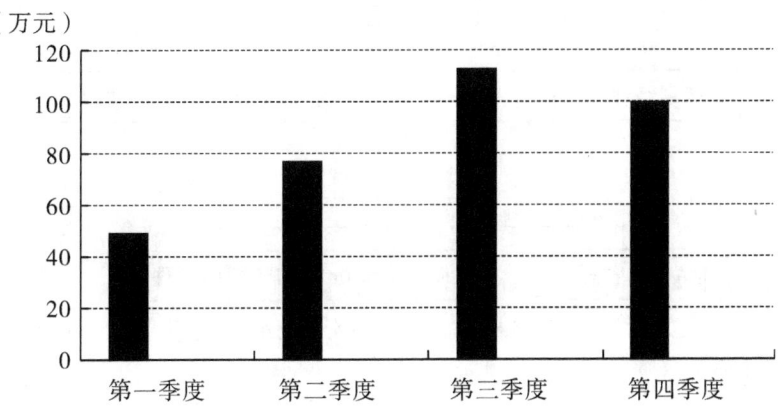

图 13-2　远东集团广东分公司 2011 年度季度销售额（柱状图）

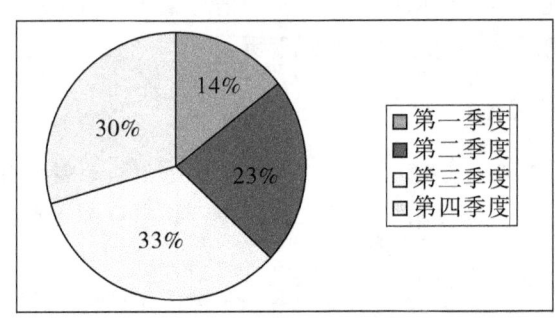

图 13-3　远东集团广东分公司 2011 年度季度销售额（饼状图）

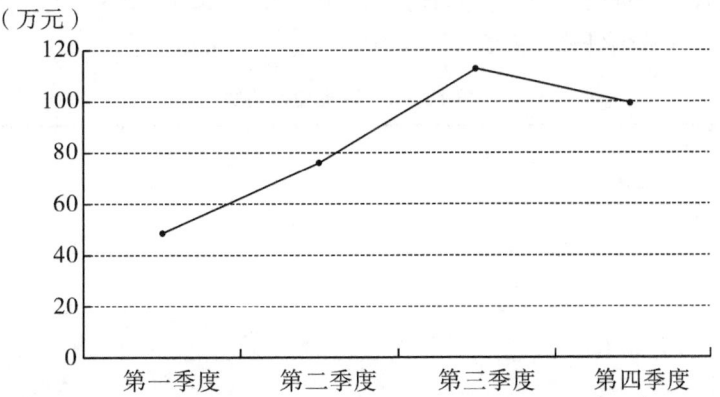

图 13-4　远东集团广东分公司 2011 年度季度销售额（折线图）

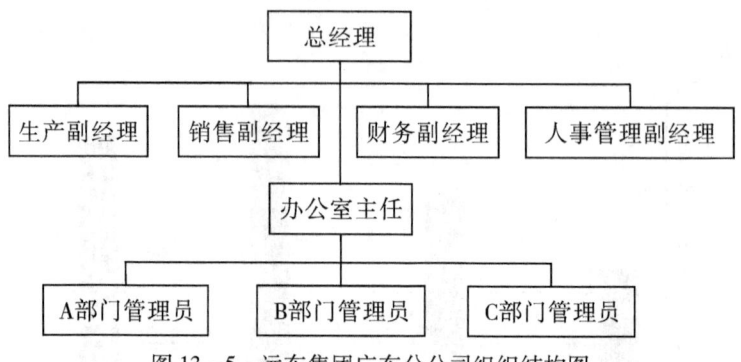

图 13-5　远东集团广东分公司组织结构图

3. 电讯传递

电讯传递是利用现代化的通讯手段传递信息，如通过广播、电话、电视、电报、电传、计算机网络等方式传递。

电讯传递信息的优点是：信息传递速度快，信息量大，范围广。

电讯传递信息的缺点是：信息杂，真假难辨。

4. 可视化辅助物传递

可视化辅助物传递可通过影像、投影、展示架、示范、布告栏等形式进行，可以用来帮助理解工作任务和信息，如可用于消防、安全布告和出口标志等。

（五）信息传递的形式

1. 信件

信件是正式的书面交流信息，具有凭证作用，便于传阅和参考。但信件传递费时，不便于交换看法。商务信件格式如表 13-2 所示。

表 13-2　商务信件格式

信头
日期
收件人姓名及地址
称呼
正文
结尾敬语
发信人姓名
附件

2. 备忘录

备忘录是用来通知事项的简化的通信书面表格。一般用于企业组织内部之间或相互了解，备忘录格式如表 13-3 所示。

表 13-3　备忘录格式

给——接收信息人姓名
从——发送信息人姓名
抄送——其他需要信息人姓名
日期
标题
内容

3. 报告

报告是用来汇报思想、反映情况的正式文件，要求内容准确，结构合理，重点突出，并有确定的结论。

4. 通知

通知是传达有关单位需要周知或者执行的事项的一种正式文件，使用范围最广，使用频率最高，要求语言精练，发文及时。通知格式如表 13-4 所示。

表 13-4　通知格式

关于××的通知
正文： ——————————————— 特此通知 　　　　　　　　　　　　　　　××公司 　　　　　　　　　　　×××年××月××日

5. 指示

指示是领导机关对下级机关布置工作，阐明工作活动要点及要求、步骤和方法时所使用的一种具有指导原则的下行公文。指示具有较强的指导性、政策性，对某项重要事项、工作能顺利进行起着决定性作用。

6. 新闻稿

新闻稿是公司、机构、政府、学校等单位发送给传媒的通信渠道，以公布有新闻价值的消息。新闻稿要求简明扼要、客观真实、新颖及时。

7. 企业内部刊物

企业内部刊物主要介绍本企业概况、业务进展或新闻动态的情况，是沟通上下、联系员工的媒介，内部刊物一般有公司内部信息、职务任免信息、员工录用信息、奖惩信息、业务往来信息等。

8. 传阅单

需要传阅内容多的信息时可利用传阅单，传阅单格式如表13-5所示。

表13-5　传阅单

传阅单		
姓名	传递日期	签名
传阅后返回给——（姓名）		

9. 新闻发布会

新闻发布会又称记者招待会，是在一定时间、根据工作需要，向新闻界公布有关组织重要信息，发布有关新闻或阐述观点，并回答提问的活动，属于权威性的信息发布。

新闻发布会工作事项包括：

第一，需要落实日期、时间、地点、参与人员等。

第二，准备主题材料，如发言稿、新闻通稿（发给记者）、宣传材料、记者提问提纲（答记者问的备忘录）等，事先充分讨论，统一认识、口径，由专门班子起草，打印、分发给记者。

第三，确定主持人和发言人，主持人一般由组织的宣传负责人担任，发言人一般由组织的主要负责人担任。

（六）信息传递的原则

一般来说，信息资料的传递基本要求是全面、准确、对路、迅速、保密。

1. 对路原则

所谓对路，就是指针对不同的对象按需传递信息。

传递信息时要区别对象，即要根据不同服务对象的不同需求，提供不同的信息。信息传递的目的是为了信息接受者能够利用信息。那么，提供不对路的信息对信息接受者毫无用处；提供给信息接受者对路的信息，信息接受者将受益匪浅。秘书应针对不同对象的不同需求提供信息，提高信息利用效率。例如，决策者往往需要宏观的、具有前瞻性的信息，而基层工作者往往需要具体业务的信息。

2. 准确原则

准确原则是对质量而言，要求信息资料的传递准确可靠，防止失真。印刷或传真不清晰、字体缺笔、标点错误、噪音的干扰、距离远、说话人的地方口音、同音字以及接受人的状况等原因都会导致信息传递不准确。

3. 全面原则

全面原则是指就信息系统性而言，要求在一定条件下传递的信息，尽可能全面系统。秘书如果投领导所好，向他们传递带有片面性的信息材料，而舍弃反映问题本质的信息材料，则会把领导者引向谬误。

4. 及时原则

及时原则是指信息资料的传递特别要注意时限，能够在尽可能短的时间内，使信息送达指定目标。传递速度的快慢，往往决定了整个信息工作的效率。秘书要尽量运用现代化的通讯手段进行信息传递。尤其要做好突发问题的信息传递工作。秘书经常会遇到决策者、有关人员急需某些信息的情况，秘书应及时收集有关信息并迅速传递给决策者和有关人员。秘书应尽可能地利用现代化的工具传递信息。用现代化的工具传递信息，不仅速度快，而且图像、声音、文字并茂，有的能超越时空的限制，使信息产生更大的社会效益和经济效益。

5. 安全原则

安全是相对信息的秘密程度而言，保密主要是针对机密性的信息。不论是国家、机关，还是企业都有一些信息需要保密。秘书应根据信息的保密程度，选择正确的传递方式,控制范围,勿使泄密。秘书的信息传递量大,内容涉及面广,其中有不少是带有机密性质的,甚至有的还涉及核心机密。要做好信息传递的保密工作,应注意以下几点:第一,严格控制信息传递范围。根据信息内容的保密程度,正确选择传递方式。第二,建立必要的保密制度。如对发出、收进的材料,必须登记、编号,交接时要履行签字手续;外出递送绝密材料,要有两人同行;发出机密信息材料,信袋要密封等。保密是机密信息安全传递的重要保障。

(七)信息传递注意事项

1. 区别对象按需传递信息

高层决策者需要综合性和预测性的信息。基层管理者需要具体的业务信息。秘书要针对不同对象的不同需求,因人因事而异传递信息,提高信息的利用率。

2. 做好例行信息的传递工作

信息工作是秘书工作的重要组成部分,信息的上传下达都要经过秘书。秘书每天要将当天的邮件、信函及时转交;汇报前一天交办事项的执行情况;定期编写内部资料发布有关信息。

3. 加强非例行信息的传递工作

决策者及有关人员急需某些信息时,秘书要及时收集有关信息进行传递,如经理要出国与一家公司进行商业谈判,秘书应提供有关这家公司的背景材料以及所在国家的社会文化习俗等信息。

4. 收到的信息中发现重要情况要立即传递信息

下列信息属重要情况:
第一,如本公司所用生产原料的国际价格即将上涨。
第二,公司发行的股票突然被人大量买进。
第三,由本公司独占的产品市场,突然有某公司企图涉足的迹象等。
一旦收到这类信息,必须尽快向决策者或有关部门传递。

二、信息反馈

反馈,泛指发出的事物返回发出的起始点并产生影响。反馈(feedback)又称回馈,是控制论的基本概念,指将系统的输出返回到输入端并以某种方式改变输入,进而影响系统功能的过程,即将输出量通过恰当的检测装置返回到输入端并与输入量进行比较的过程。反馈可分为负反馈和正反馈。前者使输出起到与输入相反的作用,使系统输出与系目标的误差减小，系统趋于稳定；后者使输出起到与输入相似的作用，使系统偏差不断增大，使系统振荡，可以放大控制作用。对负反馈的研究是控制论的核心问题。

医学上反馈指某些生理的或病理的效应反过来影响引起这种效应的原因。起增强作用的叫正反馈；起减弱作用的叫负反馈。

传播学上的反馈，指传播过程中受传者对收到的信息所作的反应，获得反馈讯息是传播者的意图和目的，发出反馈是受传者能动性的体现。

信息反馈，是指把输出信息的作用结果返送回来，并对信息的再输出发生影响，起到控制和调节的作用，使整个系统得到有效控制的过程。即人们在实践活动中采取一定措施追踪事物发展变化情况的信息，然后再根据所获取的信息对实践活动作出调整的过程。市场信息反馈是指市场销售情况的信息、客户使用产品的意见不断反馈给工厂。

信息的传递和反馈构成了信息的流通过程，它是一种循环往复的运动过程。维系这个环流过程的要素是信源、信道、信宿。信息流通的一般过程如图13-6所示。

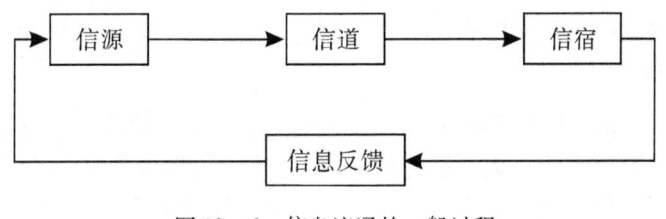

图13-6 信息流通的一般过程

（一）信息反馈的意义

1. 检验所获信息的可靠性

实践是检验真理的唯一标准，在实践中可检验信息的真实性与否，信息工作中信息反馈的作用便是如此。秘书在辅佐领导决策之前，进行了大量的信息收集和处理工作，但输出信息的真实与否，在一开始并不能全部检验出来。在所搜集的信息中，有的信息可能是真假掺杂的，可能真的成分多一些，也可能假的成分多一些。而信息反馈是对以前信息工作的检验，信息反馈能检验以前所收集和利用的信息的可靠性。

2. 调整不当信息

案例：

1986年4月26日当地时间1时24分，苏联切尔诺贝利核能发电厂发生严重泄漏及爆炸事故。事故导致31人当场死亡，上万人由于放射性物质远期影响而致命或重病，至今仍有被放射线影响而导致畸形胎儿的出生。

爆炸发生后，并没有引起苏联官方的重视。莫斯科的核专家和苏联领导人得到的信息只是"反应堆发生火灾,但并没有爆炸",因此苏联官方反应迟缓。在事故后48小时,一些距离核电站很近的村庄才开始疏散,政府也派出军队强制人们撤离。当时在现场附近村庄测出了致命剂量几百倍的核辐射,而且辐射值还在不断升高。但这还是没有引起重视。专家宁愿相信是测量辐射的机器故障也不相信会有那么高的辐射。可是居民并没有被告知事情的全部真相,这是因为官方担心会引起人民恐慌。许多人在撤离前就已经吸收了致命量的辐射(若能立即撤离,则可大幅减少受害者数量及程度)。

事故后3天,莫斯科派出的一个调查小组到达现场,可是他们迟迟无法提交报告,苏联政府还不知道事情真相。终于在事件过了差不多一周后,莫斯科接到从瑞典政府发来的信息。此时辐射云已经飘散到瑞典。苏联终于明白事情远没有他们想的那么简单。

之后数个月,苏联政府动用了无数人力物力,终于将反应堆的大火扑灭,同时也控制住了辐射。但是这些负责清理的人员也受到严重的辐射伤害。原因之一是遥控机器人的技术限制,加上严重辐射线造成遥控机器人电子回路失效,因此许多高污染场所的清理仍依赖人力。

(资料来源:佚名.切尔诺贝利事故.百度百科,[2012-5-30].http://baike.baidu.com/view/48444.htm.)

事物是发展变化的。随着事物的发展,人们之前收集到的信息,可能不能反映当前事物的面貌。所以,对信息的收集、处理和利用,应根据事物的发展变化状况作出必要调整以适应事物的发展变化。秘书在进行信息工作、辅佐领导决策时,经常会有预料不到的情况发生,从而使信息的利用工作偏离了预期目标,不能发挥原来的实际效用。因此,秘书要时时监测事物的发展变化状态,以及时发现新的情况,进行信息反馈,当发现信息利用效果不符合预期要求时,就要采取一定的调整措施,对原来收集的信息进行再处理、再分析、再研究、再开发,或者重新收集新的信息,使信息工作朝着正确的方向发展。在此过程中,信息反馈的作用就是反馈事物变化发展信息,及时发现问题、解决问题,控制有关信息工作的实践活动,使信息工作走向成功,避免造成重大损失。应该说,没有信息反馈的信息工作是不完善的信息工作,是有重大缺陷的信息工作。信息反馈工作对整个信息工作的成败起着决定性的作用。

3. 检验决策的可行性

信息反馈对实践中出现的新情况、新问题及产生的原因进行综合分析研究,确定问题出现的具体环节和层次,及时纠正错误,以便采取调整措施。决策的可行与否也需要通过信息反馈来检验。决策在执行过程中进行得怎样,是怎样进行的,都需要信息反馈来反映。对于决策的任何环节和层次上可能出现的失误,通过反馈信息,可以得到及时的发现与调整。科学决策的过程就是不断修改、调整的过程。因此,通过信息工作—决策—信息反馈—修正—再反馈—再修正的多次往复循环,促进决策的不断完善,保证决策的最终科学性与可行性。

如企业在决定推出新产品时，会对新产品进行一段时间的试销。通过试销，获取用户的反馈信息，进行新产品的有关信息反馈工作，反馈的信息可以包括客户对产品的价格、产品的款式、产品的质量等方面的意见，也可以包括客户对新产品的建议。企业再根据这些反馈信息对产品的款式、质量、价格等作相应调整，及时采取措施解决问题，使决策更加切实可行。

例：

秦山核电站运行 10 年　监测显示辐射环境无异常

本报讯　新华社记者何玲玲报道：我国自行设计、自行建造的第一座核电厂——秦山核电站，已经安全运行 10 年。浙江省环保部门对秦山核电站辐射环境 10 年跟踪监测显示，核电站周围环境辐射无异常，符合清洁、安全标准。

据了解，我国对核电厂辐射环境监测工作实行"双轨制"，即核电厂自身进行监测，同时由地方环保部门对其执行独立的监测。浙江省环保部门在秦山核电厂周围环境严格开展大气、水体和田野等 3 大门类 20 余个项目的监测。10 年跟踪监测结果显示，秦山核电站投入运行后，周围环境的 γ 辐射水平、环境介质（大气、水体、土壤）和农副产品中的放射核素浓度的含量未见增高，对周围的辐射未产生可察觉的影响。

（资料来源：何玲玲. 秦山核电站运行 10 年　监测显示辐射环境无异常. 人民日报，2001 - 12 - 18.）

（二）信息反馈的特点

一是承前性。信息反馈的承前性是指信息反馈以之前的信息收集、信息处理、信息利用、决策执行等为基础而产生。信息反馈实质上就是信息输出后在实践活动中的情况反映。

二是多样性。信息反馈可以通过多种渠道、多种来源、多种形式来进行。信息反馈工作存在于人类实践活动的各个领域，信息反馈的主体身份也不仅仅局限于秘书，从事实践活动的所有人都可以成为信息反馈工作的主体，因此，信息反馈具有多样性。

三是广泛性。信息反馈工作发生在信息工作及决策执行的整个过程，对信息工作及决策执行的方方面面都要进行反映，既要反映积极的信息，又要反馈消极的信息。范围十分广泛。

（三）信息反馈方式

1. 正反馈和负反馈

（1）正反馈

正反馈的本义是使系统的输入对输出的影响增大，不断地打破旧的平衡状态，导致系统性运动的加剧，促使系统的变化和发展。

正反馈在信息工作中是指反馈的信息对决策者的组织、指挥起肯定或加强作用，使工作或生产经营按既定的方向发展。正反馈中反馈信息一般反映决策执行中的成绩、经验等正面的信息。

(2) 负反馈

负反馈的本义是使系统的输入对输出的影响减小，可以及时发现和纠正系统中的偏差和谬误，使系统偏离目标的运动得到纠正并趋向稳定状态，保证系统达到预期的目的。

负反馈在信息工作中是指返回的信息对决策者的组织、指挥起减弱、否定或部分否定的作用，改变或部分改变原来的工作或生产经营活动的方向和状态，以期取得系统目标的最佳效益。负反馈中反馈信息一般为反映执行中的问题、失误、教训方面的信息。

当然，在信息工作中可以通过努力，化负反馈为信息工作的促进力量。如海尔的市场原则之一是"用户抱怨是最好的礼物"，海尔认为：用户抱怨的内容，正是我们工作改善的方向；如果能及时消除这些抱怨，就是真正增加了企业的资产。

2. 纵向反馈和横向反馈

(1) 纵向反馈

纵向反馈是自下而上或自上而下的信息反馈，指同一系统向上级管理部门和决策层或向下级部门反映执行指令信息情况的一种反馈形式。

(2) 横向反馈

横向反馈指同级组织之间的信息反馈。

3. 前反馈和后反馈

(1) 前反馈

前反馈是在信息发出之前，信息的接受对象向信息发出者表示的要求和愿望，希望将要发出的信息能满足自己的需求。例如，来自基层和群众中的建议和呼声等。又如，海尔企业的市场原则之一是紧盯市场的变化，甚至要在市场变化之前发现用户的需求，用最快的速度满足甚至超出用户的需求，创造美誉。

(2) 后反馈

后反馈是在信息发出后，信息接受者对信息作出的反应。

(四) 信息反馈的方法

信息反馈方法与信息收集方法接近，因为信息收集与信息反馈的目标都在于获取信息。但是，二者的信息性质不同，信息收集的信息是原始的信息，信息反馈的信息是在原始信息基础上以及决策中衍生出的信息。信息反馈的主要方法有：

1. 现场观察反馈法

现场观察反馈法就是人们亲自到现场，观察了解决策执行情况，掌握各方面的反馈信息。

2. 口头提问反馈法

口头提问反馈法是指通过口头提问、面对面的提问或通过电话提问获取反馈信息。

3. 书面问卷反馈法

书面问卷反馈法是借助书面问卷提问来反馈信息。书面问卷反馈可以利用信息反馈表的形式进行，如《××电子有限公司质量信息反馈表》，如下：

××电子有限公司质量信息反馈表

为了尽快解决客户反馈的问题，需要客户提供下列详细信息，以便我司技术质量部根据客户使用的条件进行测试、分析、判断出成品损坏的原因及解决方法，我司将及时给您回复。

客户名称：		联系人：	
联系电话：		传真：	
品名：		反馈日期：	
客户请将下列项目信息提供给我司：			
1. 不良样品（　　）支		2. 同批未使用的样品（　　）支	
3. 产品的应用线路图		4. 线路板	
5. 反馈器件输入电流		6. 反馈器件输出电流	
7. 反馈器件输入电压		8. 反馈器件输出电压	
9. 购买数量		10. 不良品数量	
11. 产品不良率		12. 产品批号	
13. 产品的封装形式			
14. 不良现象描述：			
客户处理要求：			

4. 调查反馈法

调查反馈法是到社会各项实际工作中细致地进行调查，了解有关反馈信息的方法。既可以现场调查，也可以网上调查。

对于不同的系统所采用的信息反馈方法也不相同。客观物质如各种机器设备等都是没有意识的，对它的了解只能通过仪器设备的监测，多用观察法进行信息反馈。而对以人作为被考察对象的系统，其考察的内容主要是人自身的一些信息，而且由于人是有意识的动物，人自己最了解自己的相关信息，所以对其思想的了解可以通过多种方式。如在对用户使用产品信息进行调查时，可以通过观察反馈法、口头提问反馈法、书面问卷反馈法、现场调查反馈法、网络调查反馈法等多种渠道进行信息反馈工作。

（五）信息反馈原则

信息反馈工作要遵循以下原则：

1. 系统性原则

信息反馈要遵循系统性原则，系统地反映信息收集、处理、加工、储存、传递、开发、利用以及决策的拟定、制定、执行、效果等一系列环节的情况。对于比较复杂的系统，如企业的产品开发销售系统等，其整体和部分的运行情况很难直接获取，则需要专门的信息反馈系统来监测、发现并返回信息。

2. 控制性原则

控制性原则是指信息的反馈应当得到很好的控制，信息反馈系统不能影响其监测对象系统的运行和发展。信息反馈的目的是促进信息工作和决策的完善，信息反馈系统只是人们监测、控制实践活动的手段，如果由于信息反馈系统而影响了对象系统的运行则如画蛇添足，多此一举。但如果控制好信息反馈系统，让其发挥正面的积极的作用，那么信息反馈工作就是画龙点睛之举。因此，既要确保信息反馈系统的有效运行，更要对其进行适当的控制，以保证被反馈的对象也能保持其自身的良好运转。

3. 针对性原则

针对性原则即所反馈的信息内容具有较强的针对性，信息反馈应该围绕以前所收集的信息、所利用的信息及进行的决策做针对性的反馈，不能将信息反馈系统和对象系统的设计分开进行，不能胡乱反馈。有的放矢的反馈信息，可以提高信息工作的成效。只有这样，人们才能通过信息反馈成功实施对对象系统的控制。

4. 合适性原则

信息反馈系统的选择要符合其反馈对象系统的要求。信息反馈工作能否成功，主要依赖于信息反馈系统能否成功返回所有关键信息，因此一定要选择一个合适的信息反馈系统。不合适的信息反馈系统，不能准确、及时、有效地反馈信息，导致信息反馈工作失败。而合适的信息反馈系统，能准确、及时、有效地反馈信息，保证信息反馈的成功。

5. 准确性原则

从信息反馈的作用可以看到，信息反馈是对信息传递进行检验的重要依据，如果反馈信息不准确、不真实，可能发生失误或再度失误，导致信息传递的严重偏差和决策的严重失败，并更多地增加信息系统的不确定性和紊乱性，降低信息的质量，因此信息反馈是否准确真实，是信息反馈能否发挥正面效用的根本依据，必须予以高度重视。

6. 及时性原则

要求信息反馈迅速及时，实际上就是要求尽量缩短信息反馈的时间，信息反馈时间越短，速度越快，其效果就越好，就能使计划、决策和信息传递活动尽快地得到有效的控制和完善。

7. 全面性原则

要使信息反馈做到广泛全面，关键应注意两点：第一，争取多信源反馈。工作中所涉及的因素是多样的，这就要求人们必须从多信源出发，尽可能多地捕获反馈信息，并力求捕获反馈"全息"。这样，才能根据多种反馈信息来检查、调整或者修正原来作出的方案和发出的指令，从而卓有成效地开展工作。第二，争取多通道反馈。反馈信息也要经过一定的通道传递，没有多通道或大容量的通道传递反馈信息，也就不能获得足够的反馈信息量，因此，为了保证信息反馈的广泛全面，组织及其部门还必须广开反馈通道，广集反馈信息，增强信息反馈的群众性。

（六）信息反馈的注意事项

一是要合理控制信息反馈量。如果对负反馈不加控制，过量反馈，就不能客观地反映实际情况，就会使决策机关怀疑决策的正确性，动摇信心，影响决策的顺利实施；如果对正反馈不加控制，过量反馈，也容易夸大成绩，淹没负反馈量，难以帮助领导及时发现问题、采取纠偏除弊的措施，所以对此要合理控制。

二是科学地把握反馈频率，做好二次反馈。二次反馈是对上一次反馈所产生的效果的反馈，主要是对领导批示的贯彻情况的反映，以促进信息流的循环，使实际工作达到原定目标。

三是要恰当地进行信息集束与分流。集束是在反馈中将各方面的情况汇集成一束消息，以便领导掌握全局的情况，分流是根据反馈信息的不同内容，向不同的方向传递，从而形成反馈信息流的不同流向。在实际工作中，要将集束与分流有机地结合起来，灵活运用。

▶ 项目实施

1. 实训条件

① 实训场所：可在模拟办公室、教室或计算机实验室进行。
② 实训用具：电话、电脑、打印机、打印纸、网络设备。
③ 实训材料：指导教师将待传递的信息材料分发给学生，指导学生运用电讯设备传递信息的方法。
④ 实训时间：2课时，要求学生在规定的时间内完成信息传递任务。

2. 项目实施过程

任务1：用语言传递的方式将信息传递给公司总经理。

第一步：将全班同学分成若干小组。

第二步：安排全班学生召开模拟公司会议，指定若干同学，分别担任秘书、业务经理和总经理的角色。

第三步：演练秘书通过语言传递的方式，将信息传递给经理、总经理的过程。

任务2：将上述信息加工整理成一则信息报告，用文字传递的方式传递给公司总经理。

第一步：学生详细阅读信息材料。

第二步：分析概括信息的主要内容。

第三步：将分析概括的结果进行加工整理，写成信息报告。

第三步：用文字传递的方式将信息报告传递给总经理（教师）。

任务3：将信息稿通过公司局域网发给公司各部门。

第一步：学生将上述加工整理好的信息报告，做成电子文档形式。

第二步：打开公司局域网页（校园网页），选中各部门电子邮箱地址。

第三步：将信息稿通过电子邮件传递给各部门。

任务4：根据公司决策的执行情况反馈信息，制作信息的反馈表。

第一步：进行调查，反馈决策执行情况的第一手资料。

第二步：将反馈信息进行统计分析，去伪存真。

第三步：将反馈信息进行分类，为制作反馈表做准备。

第四步：制作信息反馈表。

项目评估

1. 实训结果

① 按要求准确传递信息,完成传递口头信息的任务。
② 完成文字传递信息的任务。
③ 通过网络传递信息稿。
④ 将反馈信息制作成信息反馈表。

2. 成绩测评

① 教师对信息传递的方式进行检查,评价学生传递信息的方法和效果。
② 成绩表:

信息传递实训评分表

组别 \ 分项目	语言传递（25分）	文字传递（25分）	电讯传递（25分）	信息反馈（25分）	总分（100分）

实训拓展

① 根据学校近期颁布的某项规章制度的执行情况,进行信息反馈。

② 阅读下面材料,你认为该银行在哪个环节出了问题?假如你是该公司的秘书,应该怎样传递有关信息,对领导提出科学建议?

十分钟的悲剧

2008年9月15日上午10:00,拥有158年历史的美国第四大投资银行——雷曼兄弟公司向法院申请破产保护,消息转瞬间通过电视、广播和网络传遍地球的各个角落。令人匪夷所思的是,在如此明朗的情况下,德国国家发展银行于10:10,居然按照外汇掉期协议的交易,通过计算机自动付款系统,向雷曼兄弟公司即将冻结的银行账户转入了3亿欧元。毫无疑问,3亿欧元将是肉包子打狗有去无回。

转账风波曝光后,德国社会各界大为震惊,舆论哗然,普遍认为这笔损失本不应该发生,因为此前一天有关雷曼兄弟公司破产的消息已经满天飞,德国国家发展银行应该知道交易的巨大风险的存在,并事先做好防范措施才对。销量最大的《图片报》,

在9月18日头版的标题中,指责德国国家发展银行是迄今"德国最愚蠢的银行"。此事惊动了德国财政部,财政部部长佩尔·施泰因布吕克发誓,一定要查个水落石出并严厉惩罚相关责任人。

人们不禁要问,短短10分钟里,德国国家发展银行内部到底发生了什么事情,从而导致如此愚蠢的低级错误?一家法律事务所受财政部的委托,带着这个问题进驻银行进行全面调查。

法律事务所的调查员先后询问了银行各个部门的数十名职员,几天后,他们向国会和财政部递交了一份调查报告,调查报告并不复杂深奥,只是一一记载了被询问人员在这10分钟内做了些什么。然而,答案就在这里面。

首席执行官乌尔里奇·施罗德:我知道今天要按照协议预先的约定转账,至于是否撤销这笔巨额交易,应该让董事会开会讨论决定。

董事长保卢斯:我们还没有得到风险评估报告,无法及时作出正确的决策。

董事会秘书史里芬:我打电话给国际业务部催要风险评估报告,可那里总是占线,我想还是隔一会儿再打吧。

国际业务部经理克鲁克:星期五晚上准备带上全家人去听音乐会,我得打电话提前预订门票。

国际业务部副经理伊梅尔曼:忙于其他事情,没有时间去关心雷曼兄弟公司的消息。

负责处理与雷曼兄弟公司业务的高级经理希特霍芬:我让文员上网浏览新闻,一旦有雷曼兄弟公司的消息就立即向我报告,当时我正要去休息室喝杯咖啡。

文员施特鲁克:10:03,我在网上看到了雷曼兄弟公司向法院申请破产保护的新闻,马上就跑到希特霍芬的办公室,可是他不在,我就写了张便条放在办公桌上,我想他回来后会看到的。

结算部经理德尔布吕克:今天是协议规定的交易日子,我没有接到停止交易的指令,那就按照原计划转账吧。

结算部自动付款系统操作员曼斯坦因:德尔布吕克让我执行转账操作,我什么也没问就做了。

信贷部经理莫德尔:我在走廊里碰到了施特鲁克,他告诉我雷曼兄弟公司破产的消息,但是我相信希特霍芬和其他职员的专业素养,一定不会犯低级错误,因此也没必要提醒他们。

公关部经理贝克:雷曼兄弟公司破产是板上钉钉的事,我想跟乌尔里奇·施罗德谈谈这件事。但上午我要会见几个克罗地亚客人,我想等下午再找他也不迟,反正也不差这几个小时。

德国经济评论家哈恩说,在这家银行,上到董事长,下到操作员,没有一个人是愚蠢的,可悲的是,几乎在同一时间,每个人都开了点小差,加在一起结果就创造出了"德国最愚蠢的银行"。

演绎一场悲剧,短短10分钟就已足够。

项目十四　信息的存储与利用

教学目标

1. 知识目标

① 了解信息存储含义。
② 熟悉信息存储载体。
③ 了解信息利用含义。
④ 熟悉信息利用程序。
⑤ 熟悉信息利用原则。

2. 能力目标

① 掌握信息存储方法。
② 掌握信息存储步骤。
③ 掌握信息利用途径。

工作任务

1. 项目情景

李虹在广州易达贸易有限公司担任办公室秘书，该公司主要从事家用电器的贸易营销。她在整理公司以往保存的信息时，发现公司以往对信息资料是有一份保存一份，没有任何次序，查找起来很不方便。为此，她将下列的信息资料进行了有序存储。

下面是未经有序存储的信息材料。（注：为节省篇幅，实训材料只列出标题，省略了相关内容。实训时，指导老师可根据标题增设模拟内容。）

① 市场活动信息。
② 市场情报。
③ 目标完成情况分析。
④ 市场统计分析。
⑤ 订单统计分析。
⑥ 客户验收报告。
⑦ 客户服务通知。
⑧ 客户服务统计。
⑨ 客户投诉报告。
⑩ 客户反馈信息。

⑪ 退货清单。
⑫ 客户联系人。
⑬ 客户统计分析。
⑭ 经销商资料。
⑮ 科研机构资料。
⑯ 最新动态。

2. 任务要求

① 将上述信息资料进行手工存储。
② 将上述信息资料进行计算机存储。
③ 将上述信息资料进行电子化存储。

知识准备

一、信息存储

信息存储就是把已使用过或尚未使用的信息作为资料入库储存，供以后查找、使用。信息储存是信息工作的重要环节，是保存信息收集、整理环节成果的必要手段，为信息传递、开发、利用、决策与反馈等流程提供便利条件和基础。信息贮存可以不断丰富信息资源，减少信息的丢失，可以有效、有序管理信息资料，利于资源共享。

（一）信息存储的载体

信息储存载体是指能够存储信息的物体，最常见的信息储存载体有：

1. 纸质载体

纸质载体是目前使用最多的信息存储载体，具有记载和阅读方便的特点，比磁性或其他每种存储程序更为标准化。

2. 磁性载体

磁性载体覆盖有铁磁性材料的信息载体，主要有以下几种：

（1）磁带

磁带是一种磁性带状存储介质，是一种用于记录声音、图像、数字或其他信号的载有磁层的带状材料，是产量最大和用途最广的一种磁记录材料。

磁带的优点是：可以脱机保存，比软盘存储容量大；磁带的缺点是：存储速度慢，容易磨损，存储信息需要配置相应的磁带机。

（2）软盘

软盘是一种很薄的磁性盘片，是个人计算机（PC）中的一种可移动的储存介质，它是存储那些需要被物理移动的小文件的理想选择。软盘有 8 英寸、$5\frac{1}{4}$ 英寸、3.5 英寸之分。

软盘的优点是：用来储存数据文件，能随时存取信息，成本低、体积小、重量轻、可脱机存放。软盘的缺点是：存储信息难以长期保存。

（3）硬盘

硬盘是计算机系统中最常见的外存储器，硬盘又被称为"硬碟"，是电脑主要的存储媒介之一，由一个或者多个铝制或者玻璃制的碟片组成。这些碟片外覆盖有铁磁性材料。

硬盘的优点是：存储容量大，存储速度快，传输率高。硬盘的缺点是：内置式硬盘不易拆卸，不易脱机保存，不适用于保存期长的文件。

（4）光盘

光盘，又称激光光盘，即高密度光盘（Compact Disc）。光盘是以光信息存储数据的一种物品。光盘是近代发展起来不同于磁性载体的光学存储介质，用聚焦的氢离子激光束处理记录介质的方法存储和再生信息。

光盘有只读式光盘、一次写入光盘和可擦式光盘之分，可用于记录图像、声音和文字信息，是理想的多媒体存储介质。光盘存储容量巨大，可靠性高，保存信息时间长，数据传输速度快，单位成本低，应用范围广。

（5）缩微品

缩微品包括缩微焦品和缩微胶片，是含有缩微影像的各种载体的总称，它利用专门的光电摄录装置，把纸质载体的信息或机读文件按照一定的缩小比例拍摄于感光材料上，制成缩微复制品。

缩微品可以按三方面进行分类。按其外部形式分为：卷片型，包括开式卷片、单芯盒装卷片、双芯盒装卷片；品片型，包括条片、封套片、开窗卡、缩微平片、缩微卡片、缩微块片、缩微印刷品。按其所用感光材料分为银盐胶片、干银胶片、重氮胶片、微泡胶片。按光对它穿透与否分为：透明件，包括卷片型和平片型；不透明件，包括缩微卡片和缩微印刷品。

缩微品的优点是：存储密度高，可以节省存储设备，便于存储和管理，查找迅速，传递方便，保存时间长，有利于保护信息原件。

缩微品的缺点是：须有适当的保管条件和严格的保管制度。温度、湿度、空气中的尘埃会划伤、污染、损坏胶片等缩微品。

历史上还曾出现过其他信息贮存载体，如石碑、竹片、缣帛、金属等。

（二）信息存储的程序

信息存储的程序有：登记、编码、排列、保存、保管。

1. 登记

登记是指对信息建立完整、系统的记录，便于查找利用。

（1）登记的方法

信息登记方法有两种，一是总括登记，二是个别登记。

总括登记，即对储存信息按批分类进行总体性登记，反映储存信息资料的全貌，一般只登记存入册数、种类及总量等。

个别登记，即按信息储存顺序逐件登记，对每一条信息资料详细记录，便于掌握各类信息资料的具体情况。

（2）登记的形式

簿册式是将信息资料抄录在簿册或其他记录本上。卡片式是将信息资料记录在用单张的纸片制成的卡片上。

（3）登记的作用

可以了解信息的大致内容；可以了解信息与信息之间的联系、信息工作情况；可以防止信息材料的散乱或丢失；便于总结和改进工作。

2. 编码

编码是由字符（字母或数字）组成基本数码，再由基本数码组成组合数据来组合信息资料的方法。编码结构反映了信息资料的组成方式及其相互关系。编码实际上是建立储存检索系统，可使源源而来的信息资料根据这个系统归类存放，以便按类查找使用。

（1）编码的一般步骤

第一步，分析所有预编码的信息资料；第二步，选择最佳的编码方法；第三步，确定数码的位数。

（2）编码的方法

一是顺序编码法。按信息发生的先后顺序或规定一个统一的标准编码。这种方法用于不很重要或无需分类的信息资料的储存，可按数字、字母、内容（如政治、经济、科技、文教等）的顺序排列编号。

二是分组编号法。利用十进制阿拉伯数字，按后续数字来区分信息的大、小类，进行单独的编码。运用这种方法，所有项目都要有同样多的数码个数，左边数码表示大类，向右排列的每一个数码，则标志着更细的小类。

例如：1000——广州市场信息资料；1100——广州市场纺织品信息资料；1110——广州市场化纤品信息资料；1111——广州市场涤纶信息资料。

（3）编码的意义

对信息进行编码可便于信息资料的管理和使用，适应电子计算机处理的要求。对登记存储的信息资料要进行科学的编码，使之科学化、系列化。

3. 排列

经过科学编码的信息资料还需有序地存放、排列。常用的排列方法有：

一是时序排列法。时序排列法是按照接收信息的时间先后顺序存放排列。

二是来源排列法。来源排列法是按信息来源的地区或部门，结合时间顺序依次排列。

三是内容排列法。内容排列法是按信息所反映的内容分类排列。

四是字顺排列法。字顺排列法是按信息的名称字顺排列。

4. 保存

保存信息的方法有：

（1）手工存储

手工存储主要针对的是用纸质储存的信息，是手工制作信息文件目录与索引途径，将信息原件或信息目录、索引途径保存在文件夹和文件柜中。

手工存储的优点是：储存设备花费不多，阅读便利。

手工存储的缺点是：信息文件不易长久保存，易受火、受潮、受蛀等，占用空间大。

（2）计算机存储

计算机存储是运用数据库、电子表格、文字处理或其他应用程序等，将信息资料转化为电子文件格式，存储在软盘、硬盘、光盘或其他电子载体中。

计算机存储的优点是：计算机存储的信息量大，编辑、更新、查找迅速便利；占用空间小。

计算机存储的缺点是：需要防病毒；需加密码防泄密；磁盘不要存放在任何磁性物旁边以防磁化；信息资料应定期备份。

（3）电子化存储

电子化存储是利用电子文档管理系统存储信息。文档存储在 CD-WROM（光盘，一次写入，多次读出）盘上，纸质的文档被扫描，而且计算机文档保存在 CD-WROM 盘上。

电子化存储的优点是：节省空间，容易制作备份，信息容易查找。

电子化存储的缺点是：设备昂贵。

（4）缩微胶片存储

缩微胶片存储是利用拍照的方法保存信息资料。计算机系统能直接输出最终文档到缩微胶片上，但需要使用专用的阅读机才能显示。当大量标准化文档需要储存时，缩微胶片存储的优势便得以体现。

缩微胶片存储的优点是：缩微胶片一般尺寸很小，节省空间。

缩微胶片存储的缺点是：缩微胶片不能直接阅读，需要有阅读机才能阅读，设备比较昂贵；缩微胶片的存放需要贴标签、制作索引和排序，程序比较烦琐。

5. 保管

保管是指信息资料入库的存放和维护，是信息的保护和管理，关系到信息的安全、完整和使用寿命。保管中应防止信息资料的污损和丢失，实施科学保管。要及时剔除失去保存价值的信息资料和卡片，建立查阅、保管制度等。

信息保管的具体工作有：

一是防损坏，如防火、防潮、防高温、防虫害等。

二是防失密、泄密、盗窃等。

三是定期或不定期地进行清点，发现存储中的问题，提高管理水平。

四是及时存储更新，不断扩充新的信息。

（三）信息存储装具与设备

不同存储载体的信息必须采用不同的装具，纸质载体信息必须用文件夹、文件盒、文件袋、文件柜与文件架（如直式文件柜、横式文件柜、卡片式存储柜、显露式文件柜、敞开式资料架）。磁性载体的信息必须采用软盘、硬盘、磁带、光盘、缩微品等存储，同时需配有相应的阅读器。

（四）信息存储管理系统

1. 信息集中管理系统

将所有类型的信息集中在一起存放管理，形成完整、标准的信息系统，建立高效信息服务体系。

信息集中管理系统的优点是：便于实现科学化、现代化，具有整体性的特点，能有效利用存储空间，减少信息的重复存储，保证信息质量，使用标准化的分类系统，实行有序的存储检索。

信息集中管理系统的缺点是：必须配备相关的软件、硬件设备，有些单位由于条件所限难以配备。若无相关设备，就无法提高归档查阅的效率，不利于满足各部门的特殊需求。

2. 信息分散管理系统

所有信息都由单位内各个部门分别保管。

信息分散管理系统的优点是：具有灵活性和专门性，可根据实际情况采用适宜的存取方式，发挥各个部门熟悉业务的优势，提高信息存储质量。

信息分散管理系统的缺点是：不利于建立统一的分类体系，不利于信息的综合管理和利用。

3. 信息计算机辅助管理系统

在手工管理的基础上，用计算机对信息编目、整理、检索、存储和利用等工作进行辅助管理。

信息计算机辅助管理系统的优点是：用计算机进行数据处理，有利于对信息的录入、复制、加工处理、存储、检索、传递和利用。

信息计算机辅助管理系统的缺点是：既需要掌握手工存储技能，又需要掌握计算机存储技能，要求复杂。

（五）信息存储的注意事项

在存储信息时要注意：

第一，存储信息要选择质量好的存储载体，以保证信息的存储安全。

第二，加强存储载体的日常保管，如信息的日常保密工作、存储场所温度和湿度的调节工作等。

第三，防尘、防磁场、勿折。任何信息载体的材料，都必须防尘，以免滋生微生物而损坏信息。对于磁性载体的信息必须防磁。对于声像载体、硬质材料载体必须防折。

第四，定期检查、复制，防止信息的丢失或损坏。

第五，计算机存储应采取必要的保护措施：制作备份；重要的信息应该制作书面备份；磁盘存放在磁盘盒中；不使用外来的磁盘，以防感染病毒。

（六）信息存储的意义

信息存储的意义有如下几个方面：

第一，信息存储能够丰富信息资源。通过存储不断地积累信息，从而丰富信息的资源。

第二，利于集中管理信息。通过信息存储将信息集中起来，有利于管理。

第三，方便查找信息。信息集中存储于相关设备或系统中，能方便信息的查找和利用。

第四，减少信息流失。信息集中存储、统一保管，有利于减少信息的流失。

第五，实现信息资源共享。将信息存储于一定的管理系统中，可以实现信息资源共享，提高信息的作用。

二、信息利用

信息利用就是指通过各种有效的方式和方法，将收集、整理、存储的信息资源提供给利用者，将信息运用到实际的工作中，发挥信息的效用。如下例：

依靠信息，获得财富的在花卉界大有人在。福建有个种加拿利海枣特别出名的房淑霞,她就特别会使用信息。她所生产的加拿利海枣都是供应绿化小区和高档住宅社区使用的,为了掌握好树苗的生产量,她就特别关注房地产方面的信息,根据楼盘的建造和出售情况来确定苗子的生产量,这样就避免了苗子产量不足或产品过剩的情况。还有,她经常关注互联网上的国际原油价格,因为她自己承包了300亩苗圃,为了使苗木移栽时成活率高,生产的都是袋装苗,每年光使用编织袋的数量就非常可观,而编织袋和化肥价格的高低又受国际原油价格的影响,因此,当国际原油价格上涨的时候,她就尽量控制编织袋和化肥的购买量,而当国际原油价格下调的时候,她就开始囤积产品。由于化肥和编织袋所用资金占据了苗圃日常开销的30%,凭借着这些信息,一年也能节省不少资金。如此这般运作,使她的生产成本比当地苗农的成本降低了10%。因而,她的树苗卖得比别人的便宜,买的人多,量就越来越大,成为当地的销售大户。

(资料来源:程北.信息即财富.中国花卉报,2007-01-30.)

(一)信息利用的特点

1. 周期性

信息利用是一种社会现象,受各项工作活动规律影响,呈现出周期性。若工作任务重要,对信息分析的需求就大;反之,信息利用率就低。

2. 广泛性

无论是决策者,还是一般员工,只要解决实际工作问题、从事业务工作,都需要利用信息,都可成为信息的利用者。

3. 操作性

信息可运用于各个工作环节,如起草文件、沟通协调、方案抉择都以信息为基础。信息利用应从实际出发,具体化、细致化,以利于操作和施行。信息只能在一定的工作范围内发挥作用,如果偏离了信息的适用范围,相关信息就可能失效,从而使信息管理工作没有实际收益反而受到损失。所以,信息管理者必须根据实际情况恰当地利用信息。企业的工作呈现周期性,每年年初都需要预测性、计划性的信息,每年的年尾需要一些总结性的信息,生产的高峰期和萧条期所需信息也不同,秘书应掌握其规律,做好信息的利用工作。

4. 服务性

信息利用要围绕工作中心主动为工作服务,从而提高工作水平。利用信息是信息工作的出发点和归宿,利用信息的全部意义在于发挥信息的效用,发挥秘书的参谋、助手作用。

信息提供利用服务的方式有很多,如通过报告、图书、档案、期刊、杂志、电视、广播、网络、黑板报等多种方式将信息提供给用户使用。

（二）信息利用的服务类型

1. 利用信息起草文件

信息是各种公文写作的基础之一，也是领导决策的依据之一，企业通知、决议、方案、市场调查报告等文件的起草都需要利用信息，既以信息作为文件内容，又以信息作为文件依据，同时还从信息中得出决策方案的结论。

2. 利用信息辅佐参谋

秘书对领导参谋辅佐需要依靠信息。根据利用者的需求，对收集的信息内容进行分析研究、筛选、开发后，以信息成果的方式提供给领导。经过秘书加工后的信息具有综合性、预测性的特点，这种信息无疑对领导的决策是有帮助的。

3. 利用信息服务客户

对客户进行服务需要依靠信息，与客户取得联系需要客户的信息，回答客户的有关咨询、疑问需要利用相关信息，应对不同行为风格的客户，需要掌握复杂多变的信息情况。

4. 利用信息协调工作

组织内各部门或组织之间的沟通协调，也要建立在信息互通的基础上。不仅要重视上下级之间的沟通，做到上情下达，使员工了解公司的决策；还要做到下情上传，使决策领导了解战略计划的执行情况和员工的真实想法，还要重视横向沟通，注意部门之间、组织之间的沟通协调，从而最大限度地解决信息不对称的问题。

（三）信息利用服务的途径

1. 信息检索服务

在基本不改变信息资源形态的情况下，有选择地为信息的利用者提供信息服务，如信息复制、信息发布服务。通过索引、目录和计算机检索系统直接利用信息或信息复制方式为利用者服务。

2. 信息加工服务

信息加工服务即对信息内容进行分析比较、选择、加工、编辑后，利用者利用信息成果的方式。这种利用方式建立在对信息加工的基础上。

3. 定题、查询利用服务

即针对特定的主题和内容向利用者提供需要信息的服务方式。在日常工作中，上司、内部机构经常提出一些需要查询的问题，涉及各方面的内容，如查找报刊文献资料、核查具体数据、了解国内外某些重大事件等。查询、解答这些问题，必须记录、存储足够的信息资料，通过查找信息资料，回答问题的全部或部分。

4. 信息咨询服务

改变所收集或存储信息的形态而产生的新信息服务。其表现形式有：问题简答、书目服务、报刊索引服务、信息线索咨询服务，数据、事实、统计资料的咨询服务，利用者教育服务等。

5. 网络信息服务

网络信息服务建立在现代信息技术的基础之上，以计算机硬件和通信设备为依托，以应用软件为手段，以数据库信息资源为对象开展利用服务。可将信息提供服务和信息咨询服务统一起来，有助于最大限度地实现个别化服务。主要表现形式有：电子信息发布、电子函件、电子公告板服务、联机公共目录查询服务、光盘远程检索服务、远程电话会议服务、用户电子论坛、用户定题服务等。

（四）信息利用程序

一般来说，信息利用服务工作的程序由以下四个步骤构成：

1. 做好准备工作

利用信息，首先要做好相关准备工作。即做好信息利用服务工作之前的收集、组织、存储等工作。若信息收集工作没做好，则在提供利用时缺少必要的信息；信息整理工作没做好，所提供的信息就很可能是繁杂无效的信息；信息存储工作做得很差，不但前面的收集、整理工作的成果受到损害，后面的提供利用工作也将成为无水之渠，失去保障。信息管理工作是有特定流程的一项管理工作，流程中各个环节之间的顺序不能随意更改，前后各环节之间也相互影响，前面的工作没做好，后面的工作也很难做好。

2. 确定服务对象

信息利用是有一定服务对象的，信息提供利用必须先搞清楚服务对象的性质、范围以及所要求的服务内容等问题。只有这样，利用信息时，工作起来才有针对性，才不会无的放矢。只有让信息为准确的对象服务，信息的利用才会发挥信息的实际效用。

3. 确定利用方式

信息利用还需根据具体情形确定提供利用的方式，这是信息提供利用工作非常重要的一环。所选取的服务方式是否适当，会影响信息利用的安全性、有效性以及收益性。

4. 实施信息利用

实施信息利用是信息利用的最终环节，实施信息利用的过程也就是利用资源完成目标的过程。

信息利用工作是整个信息处理工作的最后环节，是信息处理工作价值的实现环节，所以秘书应对信息利用工作给予应有的重视。信息利用工作进行得怎样，直接影响着信息利用工作的整体效果和收益。

（五）信息利用的原则

1. 安全原则

信息的利用应以安全为基本原则。在利用信息时应注意信息的产权问题、信息的安全问题。如果对社会或个人造成损害，那就偏离了信息利用的宗旨，甚至得不偿失。

信息产权是个人、组织关于信息的劳动成果的所有权的标志。它一般是相对商业秘密而言的。《中华人民共和国反不正当竞争法》第十条规定："商业秘密是指不为公众所知悉、能为权利人带来经济利益，具有实用性并经权利人采取保密措施的技术信息和经营信息。"它包括两部分：非专利技术和经营信息。如管理方法、产销策略、客户名单、货源情报等经营信息；生产配方、工艺流程、技术诀窍、设计图纸等技术信息。商业秘密关乎企业的竞争力，对企业的发展至关重要，有的甚至直接影响到企业的生存。在利用信息时，不能侵犯他人的商业秘密和信息产权。否则，要承担法律责任。利用信息应通过安全合法的途径进行。

信息安全是指信息保管的安全和利用的安全。要尽量避免在提供信息利用的过程中损害信息载体的耐久性和信息内容的完整性、安全性。如果信息载体在利用的过程中损坏，不但会影响当的信息使用，甚至会永远丢失信息。信息载体的保护工作不但要在存储工作中进行，也要在利用工作中开展。此外，在信息提供利用工作的过程中也要注意信息的使用范围，严禁将信息提供给超出要求之外的用户使用。要防止商业秘密外泄，如商业秘密遭到侵犯，应用法律手段来维护自己的权益。

2. 实效原则

信息利用的最终目的是有实际成果，有实效性。信息提供利用工作就是要求秘书在恰当的时间将准确的信息提供给恰当的人使用。信息的利用要能够带来一定的实效，在企业里，有价值的信息能在更新产品、降低成本、节约费用等方面发挥经济效益。信息利用的实效性既是信息利用工作的基本要求，也是其基本特点，还是信息利用的最终目的。信息利用工作，是为促进信息共享创造更大社会价值而存在的，信息的提供利用工作是整个信息管理系统的输出过程，其成功与否决定了系统存在价值的实现程度，因此必须做好信息利用工作，在条件允许的情况下最大限度地促进信息共享，为社会进步和国家发展作贡献，最大限度地发挥信息的实用价值，这是信息利用的重要原则。

（六）信息利用的意义

第一，信息利用有利于实现信息价值。信息利用者通过对信息的利用，辅助决策的制定与执行，促进管理水平的提高，有利于提高各级组织决策的成功率，从而发挥信息效用，实现信息的价值。

第二，信息利用有利于实现资源共享。信息利用服务就是通过各种有效的方式和方法，将收集、处理、存储的信息资源提供给利用者，从而实现信息的资源共享。

▶ 项目实施

1. 项目实施条件

① 实训场所：本项目可在模拟办公室或秘书实训室进行，需根据分组训练的需要配备相应数量的电脑、刻录机、光盘。

② 实训材料：模拟信息材料按分组实训的组数准备好相应份数。

③ 相关的文具：登记册、索引卡、文件盒、文件夹、文件架、文件柜等。

④ 指导教师要求：熟悉信息存储的载体、要求及工作程序。

2. 项目实施过程

任务1：对上述信息资料进行手工存储。

第一步：对每份信息进行手工个别登记，建立信息的完整记录。

第二步：对信息资料进行手工分类编码。

（提示：上述信息可分为三类，即市场信息、销售信息、客户信息，三类信息可采用分组编码法进行编码。）

第三步：按信息分类结果进行有序的存放排列。

第四步：对信息资料按类别编制目录及索引卡，以便日后检索。

任务2：将上述信息资料进行计算机存储。

第一步：对每份信息用计算机进行个别登记，建立信息的完整记录电子文档。

第二步：利用计算机编辑信息资料分类编码。

第三步：按信息分类结果进行有序的存放排列。

第四步：将上述信息资料录入计算机中，并在计算机中编排存储，做好备份。

任务3：将上述信息资料进行电子化存储。

第一步：将信息资料分类编码。

第二步：利用电脑刻录功能。

第三步：将分类的信息分别存储在光盘上。

项目评估

1. 实训结果

① 学生将上述信息资料通过分类存储后，以书面形式交给教师批改。
② 将计算机存储、电子化存储的结果存储在计算机上，供教师批改。

2. 成绩测评

① 教师对实训过程及结果进行讲评。
② 评分表：

信息存储实训评分表

分项目 / 组别	个别登记（15分）	分类编码（20分）	存放排列（15分）	编制目录及索引卡（20分）	计算机存储（15分）	电子化存储（15分）	总分（100分）

实训拓展

① 结合前面拓展实训项目，将所收集、整理的企业招聘信息存储在适当的载体上。
② 参观本校或相关企业的办公室或信息中心，进一步掌握信息存储的方法。

项目十五 信息开发

▶ 教学目标

1. 知识目标

① 了解信息开发含义。
② 了解信息开发特点。
③ 了解信息开发类型。

2. 能力目标

① 熟悉信息开发方式。
② 掌握信息开发方法。
③ 掌握信息开发程序。
④ 掌握信息开发原则。

▶ 工作任务

1. 项目情景

正大贸易有限公司是一家从事进出口贸易的企业，经营范围是除国家专营专控商品外的一切商品。公司总经理助理肖玲，平时就很重视有关信息的开发，经常从各种渠道获取信息，翻阅各种国内外经济报刊，从报刊上收集市场信息进行剪贴，汇集成册，供自己和公司使用。通过对剪报内容的分析，掌握了国内外市场消费者需求的变化情况和发展趋势，为公司领导把握市场行情、进行市场开拓决策提供了有益的依据。

2. 任务要求

请你结合该公司的业务及经营特点，对国内外市场上需求量较大的商品信息进行一次信息开发、二次信息开发、三次信息开发。

▶ 知识准备

信息开发有广义和狭义之分。所谓广义的信息开发是指任何能够促进信息交流和利用的活动，既包括通过对信息的加工而生产出新的信息产品的活动，也包括促进信息流通的活动。而狭义的信息开发则专指对信息内容加工生产出新的信息产品的活动。本书所讲的信息开发主要是指狭义的信息开发。

信息开发工作是对信息进行加工、处理，更好地实现信息的价值。秘书对采集来的信息进行整理、存储和开发后应将信息提供给决策者利用。

一、信息开发的特点

（一）创造性

信息开发是生产出新信息的过程，是一个创造性的过程。其最大的特点就是生产新信息。其他管理环节如收集、整理、分析、储存等都是对信息的收集、序化过程，基本上都保持了信息原有的内容，而信息开发则是为了一定的目的，运用一定的手段，在原有信息内容的基础上，对信息内容、形式进行分析，发现原有信息背后所隐藏的信息，并将之表达出来，从而创造出新信息产品供人们使用。因此，信息开发是一个具有创造性的信息处理行为。

（二）实用性

信息开发不是为了好玩，也不是为了兴趣使然，更不是为了打发时间。信息开发是以市场需求为导向，讲究其实用价值，是面对需求的一项信息服务。它是学术研究活动和生产经营活动的结合。而其他信息管理环节则是以信息为对象，面向的是信息。开发的信息如果不能用于生产经营等实践活动，就是一个失败的信息开发。

二、信息开发的类型

根据分类标准的不同，可以将信息开发分为多种类型。

（一）按信息开发的特点划分

按信息开发的特点，可将信息开发类型划分为潜在信息开发和非潜在信息开发。

潜在信息开发是指对不明显、不易感知察觉的信息进行搜索、分析、研究，从而开发出新的信息。

非潜在信息开发是指对现有的、可以明显感觉到的信息进行分析、研究、处理，从而开发出新的信息。

（二）按开发所需要的时间长短划分

按开发所需要的时间长短，可将信息开发类型划分为长期信息开发和短期信息开发。

长期信息开发是指针对某一信息进行长期的跟踪开发。一般针对重要的信息才进行长期信息开发。

短期信息开发是指对信息在短时间内进行整理、加工、分析、研究等处理工作，快速地开发出新产品。一般针对急需的信息而进行短期信息开发。

（三）按信息开发的内容划分

按信息开发的内容划分，可分为地理信息开发、社会信息开发等。

（四）按对信息资源加工的层次划分

按对信息资源加工的层次划分，可分为一次信息开发、二次信息开发、三次信息开发等。

三、信息开发的方式与方法

（一）信息开发的方式

1. 由已知信息探求未知信息

秘书开发信息应立足于已掌握的信息，按照事物发展的规律，以预测将来的信息，推测信息的发展动态与趋势。事物的发展过程是前因后果的连续过程，昨天的信息酝酿着今天的信息，今天的信息正孕育着信息将来发展的趋势。秘书必须全面地、系统地掌握已经产生的信息情况，才能比较准确地推断和预计将要产生的信息，从而提出有参考价值的信息。

2. 由表面信息开发本质信息

秘书信息开发还应通过综合分析，由表层信息探求深层信息，由虚假信息推测真实本质信息，推测隐藏在假象背后的本质信息。

3. 对信息由定性分析到定量分析

由定性到定量的分析，才能把握住信息发展变化的本质和基本状态，才能认识信息变化的趋势和变化的程度。了解信息变化中相关要素间的关系以及相互影响的大小，在此基础上，秘书才能有效地进行信息开发。

4. 把握信息开发的层次

在实践中，信息的层次不同，开发的着重点也不同。对有战略意义层面的信息，要注意全面、系统、连续动态地开发，这类信息开发的主要目标追求是长远效益和综合效益。例如，日本人为了得到中国大庆油田的信息，前后共花费了12年的时间，12年间始终对有关中国大庆油田的信息进行一点一滴的积累，从多种资料和报纸中寻找关于大庆油田蛛丝马迹，并对其进行了加工，比如分析、计算、联系、假设等，最终推算出大庆油田的位置和产油量。日本人通过精细、准确的情报对大庆油田进行了成功调查，后来几乎垄断了我国石油设备进口市场。对于局部性意义层面信息的开发，更要注重信息的准确性、及时性，讲究实在、精确、迅速。当然，每一层面信息的开发都应注重结合宏观与微观、整体与局部、群体与个体、长期与近期效益。

（二）信息开发的方法

1. 中心跟踪法

这种方法是围绕一个中心主题，跟踪开发一定范围内的有关信息资料，对反映某一主题的信息进行系统综合分析，明确说明某一方面的工作状态，以全面反映某一现象的本质状况。

2. 热点聚焦法

这种方法是聚焦分析某一热点主题的信息资料，并对其加以系统地综合归纳，以便完整地、明晰地说明某一方面的性质动态，从而从聚焦热点信息的分析中，开发出新的信息。

3. 亮点放大法

亮点放大法是指抓住信息中的某一亮点，运用逻辑思维能力，揭开原始信息资料提供的深层内容，或按某一活动的时间顺序，或按某一事件的历史进程发展，分析问题的来龙去脉，从而掌握亮点信息的全面信息。

4. 拓展延伸法

这种方法是按照某一主题的需要，把若干个不同来源的原始信息资料进行横向拓展延伸，作出比较分析，开发出新的信息资料。采用这种信息开发方法应注意的是：来自不同方面的信息要具有一定的同质性，否则就不可比，难以进行拓展延伸分析，同时还应注意选择最能说明主题的信息资料。

5. 比较开发法

比较开发法就是把不同的原始信息数据拿来进行横向比较和纵向比较，以突出地反映事物的数量变化特征。可分为：

① 纵深比较法。把有内在联系的信息或不同时期的有关信息从纵向进行比较，形成新信息材料。纵向比较，就是对某一事物自身发展的今昔对比；还可将2008年我国人均收入水平和我国以往年份的人均收入进行比较，从中开发出我国人均收入发展速度的新信息。

② 横向比较法。按照某一主题，将不同来源的信息进行横向连接，作出比较分析，形成新的信息。横的比较，就是将某一事物的某一阶段的发展状况与同类事物同阶段的发展状况相比较。例如，对我国1990年人均收入水平和世界其他国家人均收入水平进行比

较，这是横向比较。

6. 难点突破法

难点突破法就是对于信息中的难点、疑点，采取"打破砂锅问到底"的思维方法，从"纵深"的方面，按原始信息资料提供的某一主题层层逼近，最终开发出信息的本质内容。

7. 数字转换法

数字转换法是将不易理解的数字转换成容易理解的数字，从而开发出新的信息。

8. 图表开发法

图表开发法是将有一定规律的信息制成图表，通过分析研究图表所反映的信息规律开发出新的信息。

9. 信息浓缩法

信息浓缩法是将信息进行压缩提炼，达到主题突出、文字简练的效果，并得出新信息。

四、信息开发的程序

一般来说，信息开发有以下程序：

第一，了解工作需求。秘书对信息进行开发时，首先要了解工作需要，了解领导的工作需要，以工作需要为出发点进行开发，这是信息开发的第一步。

第二，分析现有信息。秘书要进行信息开发工作，还需要了解所拥有的信息，分析信息的种类、范畴和质量的高低，以确定现有的信息资源能否满足信息开发主题的需要。如果能够满足需要则继续进行下一步的工作，否则停止信息开发工作。

第三，整理信息资源。秘书开发信息，就是要对繁杂的信息进行整理，理清信息开发所要用到的信息资源。整理过程包括编制专题信息资源目录，对信息资源去粗取精、去伪存真，摘录或节选某些合适的文件资料等。

第四，开发新的产品。信息开发人员根据现有信息资源，结合信息开发工作的需要，对信息资源进行研究、提炼、综合等工作，得出新的信息成果。新的信息成果可以用报告、综述、述评等形式来分析表达，使之成为有形的信息产品。

五、信息开发的形式

信息开发的形式有：

第一，剪报。剪报属于一次信息开发，开发成本相对较低，获得信息量较多，但信息零散，有的信息缺乏实效性。

第二，索引。索引是查找信息题名、出处等有关事项的检索工具，由一系列按字顺排列的款目组成。索引属于二次信息开发。

第三，目录编制。根据信息的题名编制而成，有专题目录、分类目录、产品目录等。目录编制属于二次信息开发。

第四，文摘。对信息简明扼要摘录其内容，属于二次信息开发。文摘篇幅短小，不加评论和补充解释。

第五，信息资料册。包括历史资料和近期资料，便于人们了解相关行业、产品的历史与现状。

第六，简讯。用简明扼要的语言报道最新动态信息，属于三次信息开发。

第七，调查报告。在实地调查获得第一手材料的基础上，通过分析得出反映事实的本质特性的信息。属于三次信息开发。

六、信息开发的原则

信息开发工作要遵循以下几个原则：

第一，需求原则。秘书信息开发的内容取决于领导需求和工作需要，把信息按一定的标准汇集在一起。秘书应尽量避免脱离需求目标、想当然地进行信息开发工作。

第二，及时原则。信息开发必须及时。信息是有时效性的，超过时间开发出来的新信息相对来说已成过时信息，成了"昨日黄花"。因此，秘书应当对收集的信息及时进行整理、分析、研究，从现有信息中开发出有用的新内容。

第三，事实原则。注重调查，从第一手材料中提炼开发出真实的信息。事实原则，一方面是指信息开发的信息资源必须真实可靠，以事实为基础进行开发，毕竟只有正确的信息才能生产出正确的信息。另一方面是指生产出来的信息产品的真实可靠性。信息开发人员对信息资源的分析、研究及开发，要有理有据，这样才能保证开发出来的新信息真实可靠，才有利用价值，如果信息开发人员处理信息资源的方法不正确，那么不但不会给人们带来正面效应，相反还会给人们带来负面效应。在进行信息开发工作时必须保证所处理的信息真实可靠，不能编造虚假的信息，这样开发出来的信息产品才会正确揭示事物的本质和规律，才不会误导实践，导致损失。

第四，精纯原则。对收集的信息进行分析、综合开发时，应提高信息的广度和深度，还应通过各种渠道，提高信息的精度和纯度。信息开发时不能"眉毛胡子一把抓"，要加强对信息的综合分析、提炼概括，开发出有预测性、利用价值大、可信度高的信息。

▶ 项目实施

1. 项目实施条件

① 实训场所：秘书实训室，根据分组实训需要，配备相应数量的电脑，可以上网搜

索信息。

② 实训材料：各种国内外经济报刊供阅读获取信息。也可利用课外时间让学生到图书馆查阅报刊资料。

③ 要安排好实训时间，利用课外时间，让学生有充分的时间，用各种方式、从各种渠道进行信息的开发。

④ 指导教师对学生的实训过程进行阶段性指导。

2. 项目实施过程

任务：请你结合该公司的业务及经营特点，对国内外市场上需求量较大的商品信息进行一次信息开发、二次信息开发、三次信息开发。

第一步：确定主题。根据上述任务，确定信息开发的主题是：国内外市场上需求量较大的几类商品信息。

第二步：围绕主题进行一次信息开发。运用剪报、文摘等形式，从各种渠道获取国内外市场上需求量较大的商品信息。

第三步：对获取的信息材料进行分析、疏理，决定取舍。

第四步：根据获取的信息进行二次信息开发。将选取的信息按一定的标准汇集在一起，编写信息目录。

第五步：对内容新颖的信息，将其重要内容摘录，形成文摘。

第六步：在二次信息开发的基础上进行三次信息开发。对信息进行综合分析、概括提炼，用简明扼要的语言写成简讯，报道最新动态信息。

第七步：根据报纸、杂志所提供的信息，通过市场实地调查来验证其准确性，写出能反映市场行情本质特征的调研报告。

说明：

① 可将学生分成若干小组，小组内的学生分工合作，共同完成实训任务。

② 本项目实训应安排在课外进行，要求学生在规定的时间内完成。

▶ 项目评估

1. 实训结果

① 根据上述主题进行一次信息开发所获取的剪报和文摘。

② 经过二次信息开发所得出的信息目录、重要内容摘录。

③ 经过三次信息开发所形成的信息简讯或调研报告。

2. 成绩测评

① 对学生的实训过程和结果进行讲评，总结经验，指出不足，以利提高。

② 成绩表：

信息开发实训评分表

组别＼分项目	主题明确 （20分）	一次信息开发 （20分）	二次信息开发 （25分）	三次信息开发 （35分）	总分 （100分）

实训拓展

① 围绕近期热销的某一类商品（手机、服装、服饰、化妆品、保健品）的销售情况，进行一次信息开发、二次信息开发、三次信息开发。

② 搜集有关信息开发的案例，分析信息开发的方法，并说明从该案例中，你得到什么启示。

参 考 书 目

1. 中国就业培训技术指导中心．秘书国家职业资格培训教程［M］．北京：中央广播电视大学出版社，2006．
2. 邓绍兴，陈智为．档案管理学［M］．北京：首都师范大学出版社，2000．
3. 陈琳．档案管理技能训练［M］．北京：机械工业出版社，2009．
4. 冯惠玲．电子文件教程［M］．北京：中国人民大学出版社，2001．
5. 刘家珍．电子文件管理理论与实践［M］．北京：科学出版社，2003．
6. 张虹，姬瑞环．档案管理基础（第二版）［M］．北京：中国人民大学出版社，2008．
7. 余红平，胡红霞．秘书信息与档案管理实务［M］．北京：外语教学与研究出版社，2009．
8. 劳动和社会保障部，中国就业培训技术指导中心．秘书国家职业资格培训教程［M］．北京：海潮出版社，2003．
9. 高海生．秘书基础［M］．北京：高等教育出版社，2000．
10. 缪惠．信息工作与档案管理［M］．合肥：合肥工业大学出版社，2005．
11. 王守福．文秘工作案例与分析［M］．北京：高等教育出版社，2001．
12. 陈合宜．秘书学［M］．广州：暨南大学出版社，2005．
13. 王秀文．档案管理基础（第二版）［M］．北京：高等教育出版社，2000．
14. 卢碧帆．文件档案整理规范及实训［M］．北京：高等教育出版社，2010．

附录一 中华人民共和国档案法

(1987年9月5日第六届全国人民代表大会常务委员会第二十二次会议通过，根据1996年7月5日第八届全国人民代表大会常务委员会第二十次会议《关于修改〈中华人民共和国档案法〉的决定》修正)

第一章 总 则

第一条 为了加强对档案的管理和收集、整理工作，有效地保护和利用档案，为社会主义现代化建设服务，制定本法。

第二条 本法所称的档案，是指过去和现在的国家机构、社会组织以及个人从事政治、军事、经济、科学、技术、文化、宗教等活动直接形成的对国家和社会有保存价值的各种文字、图表、声像等不同形式的历史记录。

第三条 一切国家机关、武装力量、政党、社会团体、企业事业单位和公民都有保护档案的义务。

第四条 各级人民政府应当加强对档案工作的领导，把档案事业的建设列入国民经济和社会发展计划。

第五条 档案工作实行统一领导、分级管理的原则，维护档案完整与安全，便于社会各方面的利用。

第二章 档案机构及其职责

第六条 国家档案行政管理部门主管全国档案事业，对全国的档案事业实行统筹规划，组织协调，统一制度，监督和指导。

县级以上地方各级人民政府的档案行政管理部门主管本行政区域内的档案事业，并对本行政区域内机关、团体、企业事业单位和其他组织的档案工作实行监督和指导。

乡、民族乡、镇人民政府应当指定人员负责保管本机关的档案，并对所属单位的档案工作实行监督和指导。

第七条 机关、团体、企业事业单位和其他组织的档案机构或者档案工作人员，负责保管本单位的档案，并对所属机构的档案工作实行监督和指导。

第八条 中央和县级以上地方各级各类档案馆，是集中管理档案的文化事业机构，负责接收、收集、整理、保管和提供利用各分管范围内的档案。

第九条 档案工作人员应当忠于职守，遵守纪律，具备专业知识。

在档案的收集、整理、保护和提供利用等方面成绩显著的单位或者个人，由各级人民政府给予奖励。

第三章 档案的管理

第十条 对国家规定的应当立卷归档的材料，必须按照规定，定期向本单位档案机构或者档案工作人员移交，集中管理，任何个人不得据为己有。

国家规定不得归档的材料，禁止擅自归档。

第十一条 机关、团体、企业事业单位和其他组织必须按照国家规定，定期向档案馆移交档案。

第十二条 博物馆、图书馆、纪念馆等单位保存的文物、图书资料同时是档案的，可以按照法律和行政法规的规定，由上述单位自行管理。

档案馆与上述单位应当在档案的利用方面互相协作。

第十三条 各级各类档案馆，机关、团体、企业事业单位和其他组织的档案机构，应当建立科学的管理制度，便于对档案的利用；配置必要的设施，确保档案的安全；采用先进技术，实现档案管理的现代化。

第十四条 保密档案的管理和利用，密级的变更和解密，必须按照国家有关保密的法律和行政法规的规定办理。

第十五条 鉴定档案保存价值的原则、保管期限的标准以及销毁档案的程序和办法，由国家档案行政管理部门制定。禁止擅自销毁档案。

第十六条 集体所有的和个人所有的对国家和社会具有保存价值的或者应当保密的档案，档案所有者应当妥善保管。对于保管条件恶劣或者其他原因被认为可能导致档案严重损毁和不安全的，国家档案行政管理部门有权采取代为保管等确保档案完整和安全的措施；必要时，可以收购或者征购。

前款所列档案，档案所有者可以向国家档案馆寄存或者出卖；向国家档案馆以外的任何单位或者个人出卖的，应当按照有关规定由县级以上人民政府档案行政管理部门批准。严禁倒卖牟利，严禁卖给或者赠送给外国人。

向国家捐赠档案的，档案馆应当予以奖励。

第十七条 禁止出卖属于国家所有的档案。

国有企业事业单位资产转让时，转让有关档案的具体办法由国家档案行政管理部门制定。档案复制件的交换、转让和出卖，按照国家规定办理。

第十八条 属于国家所有的档案和本法第十六条规定的档案以及这些档案的复制件，禁止私自携运出境。

第四章 档案的利用和公布

第十九条 国家档案馆保管的档案，一般应当自形成之日起满三十年向社会开放。经济、科学、技术、文化等类档案向社会开放的期限，可以少于三十年，涉及国家安全或者重大利益以及其他到期不宜开放的档案向社会开放的期限，可以多于三十年，具体期限由国家档案行政管理部门制订，报国务院批准施行。

档案馆应当定期公布开放档案的目录，并为档案的利用创造条件，中华人民共和国公民和组织持有合法证明，可以利用已经开放的档案。

第二十条 机关、团体、企业事业单位和其他组织以及公民根据经济建设、国防建设、教学科研和其他各项工作的需要，可以按照有关规定，利用档案馆未开放的档案以及有关机关、团体、企业事业单位和其他组织保存的档案。

利用未开放档案的办法，由国家档案行政管理部门和有关主管部门规定。

第二十一条 向档案馆移交、捐赠、寄存档案的单位和个人，对其档案享有优先利用权，并可对其档案中不宜向社会开放的部分提出限制利用的意见，档案馆应当维护他们的合法权益。

第二十二条 属于国家所有的档案，由国家授权的档案馆或者有关机关公布；未经档案馆或者有关机关同意，任何组织和个人无权公布。

集体所有的和个人所有的档案，档案的所有者有权公布，但必须遵守国家有关规定，不得损害国家安全和利益，不得侵犯他人的合法权益。

第二十三条　各级各类档案馆应当配备研究人员，加强对档案的研究整理，有计划地组织编辑出版档案材料，在不同范围内发行。

第五章　法律责任

第二十四条　有下列行为之一的，由县级以上人民政府档案行政管理部门、有关主管部门对直接负责的主管人员或者其他直接责任人员依法给予行政处分；构成犯罪的，依法追究刑事责任：

（一）损毁、丢失属于国家所有的档案的；

（二）擅自提供、抄录、公布、销毁属于国家所有的档案的；

（三）涂改、伪造档案的；

（四）违反本法第十六条、第十七条规定，擅自出卖或者转让档案的；

（五）倒卖档案牟利或者将档案卖给、赠送给外国人的；

（六）违反本法第十条、第十一条规定，不按规定归档或者不按期移交档案的；

（七）明知所保存的档案面临危险而不采取措施，造成档案损失的；

（八）档案工作人员玩忽职守，造成档案损失的。

在利用档案馆的档案中，有前款第一项、第二项、第三项违法行为的，由县级以上人民政府档案行政管理部门给予警告，可以并处罚款；造成损失的，责令赔偿损失。

企业事业组织或者个人有第一款第四项、第五项违法行为的，由县级以上人民政府档案行政管理部门给予警告，可以并处罚款；有违法所得的，没收违法所得；并可以依照本法第十六条的规定征购所出卖或者赠送的档案。

第二十五条　携运禁止出境的档案或者其复制件出境的，由海关予以没收，可以并处罚款，并将没收的档案或者其复制件移交档案行政管理部门；构成犯罪的，依法追究刑事责任。

第六章　附　则

第二十六条　本法实施办法，由国家档案行政管理部门制定，报国务院批准后施行。

第二十七条　本法自1988年1月1日起施行。

附录二 中华人民共和国档案法实施办法

(1990年10月24日国务院批准1990年11月9日国家档案局第1号令发布，1999年5月5日国务院批准修订1999年6月7日国家档案局第5号令更新发布)

第一章 总 则

第一条 根据《中华人民共和国档案法》(以下简称《档案法》)的规定，制定本办法。

第二条 《档案法》第二条所称对国家和社会有保存价值的档案，属于国家所有的，由国家档案局会同国家有关部门确定具体范围；属于集体所有、个人所有以及其他不属于国家所有的，由省、自治区、直辖市人民政府档案行政管理部门征得国家档案局同意后确定具体范围。

第三条 各级国家档案馆馆藏的永久保管档案分一、二、三级管理，分级的具体标准和管理办法由国家档案局制定。

第四条 国务院各部门经国家档案局同意，省、自治区、直辖市人民政府各部门经本级人民政府档案行政管理部门同意，可以制定本系统专业档案的具体管理制度和办法。

第五条 县级以上各级人民政府应当加强对档案工作的领导，把档案事业建设列入本级国民经济和社会发展计划，建立、健全档案机构，确定必要的人员编制，统筹安排发展档案事业所需经费。

机关、团体、企业事业单位和其他组织应当加强对本单位档案工作的领导，保障档案工作依法开展。

第六条 有下列事迹之一的，由人民政府、档案行政管理部门或者本单位给予奖励；

(一) 对档案的收集、整理、提供利用作出显著成绩的；

(二) 对档案的保护和现代化管理作出显著成绩的；

(三) 对档案学研究作出重要贡献的；

(四) 将重要的或者珍贵的档案捐赠给国家的；

(五) 同违反档案法律、法规的行为作斗争，表现突出的。

第二章 档案机构及其职责

第七条 国家档案局依照《档案法》第六条第一款的规定，履行下列职责：

(一) 根据有关法律、行政法规和国家有关方针政策，研究、制定档案工作规章制度和具体方针政策；

(二) 组织协调全国档案事业的发展，制定发展档案事业的综合规划和专项计划，并组织实施；

(三) 对有关法律、法规和国家有关方针政策的实施情况进行监督检查，依法查处档案违法行为；

(四) 对中央和国家机关各部门、国务院直属企业事业单位以及依照国家有关规定不属于登记范围的全国性社会团体的档案工作，中央级国家档案馆的工作，以及省、自治区、直辖市人民政府档案行政管理部门的工作，实施监督、指导；

(五) 组织、指导档案理论与科学技术研究、档案宣传与档案教育、档案工作人员培训；

(六) 组织、开展档案工作的国际交流活动。

第八条 县级以上地方各级人民政府档案行政管理部门依照《档案法》第六条第二款的规定，履行下列职责：

（一）贯彻执行有关法律、法规和国家有关方针政策；
（二）制定本行政区域内的档案事业发展计划和档案工作规章制度，并组织实施；
（三）监督、指导本行政区域内的档案工作，依法查处档案违法行为；
（四）组织、指导本行政区域内档案理论与科学技术研究、档案宣传与档案教育、档案工作人员培训。

第九条 机关、团体、企业事业单位和其他组织的档案、机构依照《档案法》第七条的规定，履行下列职责：
（一）贯彻执行有关法律、法规和国家有关方针政策，建立、健全本单位的档案工作规章制度；
（二）指导本单位文件、资料的形成、积累和归档工作；
（三）统一管理本单位的档案，并按照规定向有关档案馆移交档案；
（四）监督、指导所属机构的档案工作。

第十条 中央和地方各级国家档案馆，是集中保存、管理档案的文化事业机构，依照《档案法》第八条的规定，承担下列工作任务：
（一）收集和接收本馆保管范围内对国家和社会有保存价值的档案；
（二）对所保存的档案严格按照规定整理和保管；
（三）采取各种形式开发档案资源，为社会利用档案资源提供服务。

按照国家有关规定，经批准成立的其他各类档案馆，根据需要，可以承担前款规定的工作任务。

第十一条 全国档案馆的设置原则和布局方案，由国家档案局制定，报国务院批准后实施。

第三章 档案的管理

第十二条 按照国家档案局关于文件材料归档的规定，应当立卷归档的材料由单位的文书或者业务机构收集齐全，并进行整理、立卷，定期交本单位档案机构或者档案工作人员集中管理；任何人都不得据为己有或者拒绝归档。

第十三条 机关、团体、企业事业单位和其他组织，应当按照国家档案局关于档案移交的规定，定期向有关的国家档案馆移交档案。

属于中央级和省级、设区的市级国家档案馆接受范围的档案，立档单位应当自档案形成之日起满20年即向有关的国家档案馆移交；属于县级国家档案馆接受范围的档案，立档单位应自档案形成之日起满10年即向有关的县级国家档案馆移交。

经同级档案行政管理部门检查和同意，专业性较强或者需要保密的档案，可以延长向有关档案馆移交的期限；已撤销单位的档案或者由于保管条件恶劣可能导致不安全或者严重损毁的档案，可以提前向有关档案馆移交。

第十四条 既是文物、图书资料又是档案的，档案馆可以与博物馆、图书馆、纪念馆等单位相互交换重复件、复制件或者目录，联合举办展览，共同编辑出版有关史料或者进行史料研究。

第十五条 各级国家档案馆应当对所保管的档案采取下列管理措施：
（一）建立科学的管理制度，逐步实现保管的规范化、标准化；
（二）配置适宜安全保存档案的专门库房，配备防盗、防火、防溃、防有害生物的必要设施；
（三）根据档案的不同等级，采取有效措施，加以保护和管理；
（四）根据需要和可能，配备适合档案现代化管理需要的技术设备。

机关、团体、企业事业单位和其他组织的档案保管，根据需要，参照前款规定办理。

第十六条 《档案法》第十四条所称保密档案密级的变更和解密，依照《中华人民共和国保守国家秘密法》及其他实施办法的规定办理。

第十七条　属于集体所有、个人所有以及其他不属于国家所有的对国家和社会具有保存价值的或者应当保密的档案，档案所有者可以向各级国家档案馆寄存、捐赠或者出卖。向各级国家档案馆以外的任何单位或者个人出卖、转让或者赠送的，必须报经县级以上人民政府档案行政管理部门批准；严禁向外国人和外国组织出卖或者赠送。

第十八条　属于国家所有的档案，任何组织和个人都不得出卖。

国有企业事业单位因资产转让需要转让有关档案的，按照国家有关规定办理。

各级各类档案馆以及机关、团体、企业事业单位和其他组织为了收集、交换中国散失在国外的档案、进行国际文化交流，以及适应经济建设、科学研究和科技成果推广等的需要，经国家档案局或者省、自治区、直辖市人民政府档案行政管理部门依据职权审查批准，可以向国内外的单位或者个人赠送、交换、出卖档案的复制件。

第十九条　各级国家档案馆的一级档案严禁出境。

各级国家档案馆馆藏的二级档案需要出境的，必须经国家档案局审查批准。各级国家档案馆藏的三级档案、各级国家档案馆馆藏的一、二、三级档案以外的属于国家所有的档案和属于集体所有、个人所有以及其他不属于国家所有的对国家和社会具有保存价值的或者应当保密的档案及其复制件，各级国家档案馆以及机关、团体、企业事业单位、其他组织和个人需要携带、运输或者邮寄出境的，必须经省、自治区、直辖市人民政府档案行政管理部门审查批准，海关凭批准文件查验放行。

第四章　档案的利用和公布

第二十条　各级国家档案馆保管的档案应当按照《档案法》的有关规定，分期分批地向社会开放，并同时公布开放档案的目录。档案开放的起始时间：

（一）中华人民共和国成立以前的档案（包括清代以前的档案，民国时期的档案和革命历史档案），自本办法实施之日起向社会开放；

（二）中华人民共和国成立以来形成的档案，自形成之日起满30年向社会开放；

（三）经济、科学、技术、文化等类档案，可以随时向社会开放。

前款所列档案中涉及国防、外交、公安、国家安全等国家重大利益的档案，以及其他虽自形成之日起已满30年但档案馆认为到期仍不宜开放的档案，经上一级档案行政管理部门批准，可以延期向社会开放。

第二十一条　各级各类档案馆提供社会利用的档案，应当逐步实现以微缩品代替原件。档案微缩品和其他复制形式的档案载有档案收藏单位法定代表人的签名或者印章标记的，具有与档案原件同等的效力。

第二十二条　《档案法》所称档案的利用，是指对档案的阅览、复制和摘录。

中华人民共和国公民和组织，持有介绍信或者工作证、身份证等合法证明，可以利用已开放的档案。

外国人或者外国组织利用中国已开放的档案，须经中国有关主管部门介绍以及保存该档案的档案馆同意。

机关、团体、企业事业单位和其他组织以及中国公民利用档案馆保存的未开放的档案，须经保存该档案的档案馆同意，必要时还须经有关的行政管理部门审查同意。

机关、团体、企业事业单位和其他组织的档案机构保存的尚未向档案馆移交的档案，其他机关、团体、企业事业单位和组织以及中国公民需要利用的，须经档案保存单位同意。

各级各类档案馆应当为社会利用档案创造便利条件。提供社会利用的档案，可以按照规定收取费用。收费标准由国家档案局会同国务院价格管理部门制定。

第二十三条 《档案法》第二十二条所称档案的公布，是指通过下列形式首次向社会公开档案的全部或者部分原文或者档案记载的特定内容：

（一）通过报纸、刊物、图书、声像、电子等出版物发表；

（二）通过电台、电视台播放；

（三）通过公众计算机信息网络传播；

（四）在公开场合宣读、播放；

（五）出版发行档案史料、资料的全文或者摘录汇编；

（六）公开出售、散发或者张贴档案复制件；

（七）展览、公开陈列档案或者其复制件。

第二十四条 公布属于国家所有的档案，按照下列规定办理：

（一）保存在档案馆的，由档案馆公布；必要时，应当征得档案形成单位同意或者报经档案形成党委的上级主管机关同意后公布；

（二）保存在各单位档案机构的，由各该单位公布；必要时，应当报经上级主管机关同意后公布；

（三）利用属于国家所有的档案的单位和个人，未经档案馆、档案保存单位同意或者前两项所列主管机关的授权或者批准，均无权公布档案。

属于集体所有、个人所有以及其他不属于国家所有的对国家和社会具有保存价值的档案，其所有者向社会公布时，应当遵守国家有关保密的规定，不得损害国家的、社会的、集体的和其他公民的利益。

第二十五条 各级国家档案馆对寄存档案的公布和利用，应当征得档案所有者同意。

第二十六条 利用、公布档案，不得违反国家有关知识产权保护的法律规定。

第五章 罚 则

第二十七条 有下列行为之一的，由县级以上人民政府档案行政管理部门责令限期改正；情节严重的，对直接负责的主管人员或者其他直接责任人民依法给予行政处分：

（一）将公务活动中形成的应当归档的文件、资料据为己有，拒绝交档案机构、档案工作人员归档的；

（二）拒不按照国家规定向国家档案馆移交档案的；

（三）违反国家规定擅自扩大或者缩小档案接收范围的；

（四）不按照国家规定开放档案的；

（五）明知所保存的档案面临危险而不采取措施，造成档案损失的；

（六）档案工作人员、对档案工作负有领导责任的人员玩忽职守，造成档案损失的。

第二十八条 《档案法》第二十四条第二款、第三款规定的罚款数额，根据有关档案的价值和数量，对单位为 1 万元以上 10 万元以下，对个人为 500 元以上 5000 元以下。

第二十九条 违反《档案法》和本办法，造成档案损失的由县级以上人民政府档案行政管理部门、有关主管部门根据损失档案的价值，责令赔偿损失。

第六章 附 则

第三十条 中国人民解放军的档案工作，根据《档案法》和本办法确定的原则管理。

第三十一条 本办法自发布之日起施行。

附录三　企业档案管理规定

(2002年7月22日发布 2002年9月1日起实施)

第一条　为加强企业档案工作，促进档案工作为企业各项工作服务，根据《中华人民共和国档案法》(以下简称《档案法》)和有关法律、法规，制定本规定。

第二条　本规定所称的企业档案，是指企业在生产经营和管理活动中形成的对国家、社会和企业有保存价值的各种形式的文件材料。

第三条　企业应遵守《档案法》，依法管理本企业档案，明确管理档案的部门或人员，提高职工档案意识，确保档案完整、准确和安全。

第四条　企业档案工作接受档案行政管理部门的监督和指导。

中央管理的企业制定本企业档案管理制度和办法须报国家档案局备案。

第五条　企业负责档案工作的部门依法履行下列职责：

(一)贯彻执行《档案法》等有关法律、法规和方针政策，制定本企业文件材料归档和档案保管、利用、鉴定、销毁、移交等有关规章制度；

(二)统筹规划并负责本企业档案的收集、整理、保管、鉴定、统计和提供利用工作；

(三)指导本企业各部门文件材料的形成、积累、整理和归档工作；

(四)监督、指导本企业所属机构(含境外机构)的档案工作。

第六条　企业档案工作人员应当忠于职守，遵纪守法，具有相应的档案专业知识和业务能力。

第七条　企业各部门负责归档文件材料的收集和整理，并定期交本企业档案部门集中管理。任何人不得拒绝归档。

第八条　归档的文件材料应完整、准确、系统。文件书写和载体材料应能耐久保存。文件材料整理符合规范。归档的电子文件，应有相应的纸质文件材料一并归档保存。

第九条　企业根据有关规定，确定档案保管期限，划定档案密级。

第十条　企业采取有效措施对档案进行安全保管，并切实加强对知识产权档案和涉及商业秘密档案的管理。

第十一条　企业对保管期限已满的档案进行鉴定。对确无保存价值的档案登记造册，按有关规定经企业法定代表人批准后进行销毁。

第十二条　企业做好档案统计工作。国有大中型企业应按档案行政管理部门的要求填写有关报表。企业认真做好对国家和社会有保存价值的档案的登记工作。

第十三条　企业档案现代化应与企业信息化建设同步发展，不断提高档案管理水平。

第十四条　企业档案部门应积极做好档案的提供利用工作，努力开发档案信息资源，为企业提供及时、有效的服务。

第十五条　企业必须为政府有关部门、司法部门依法执行公务提供真实、准确的档案。

第十六条　企业提供利用、公布档案，不得损害国家、社会和其他组织的利益，不得侵犯他人的合法权益。

第十七条　国有企业资产与产权发生变动，应按《国有企业资产与产权变动档案处置办法》做好档案的处置工作。

国有企业破产，破产清算组应妥善处置破产企业档案；国有企业分立，档案处置工作由分立后的企业协商办理。

第十八条　企业对在企业档案工作中作出突出贡献的人员给予表彰和奖励。

第十九条　企业应当建立档案工作责任追究制度，对不按规定归档而造成文件材料损失的，或对档案进行涂改、抽换、伪造、盗窃、隐匿和擅自销毁而造成档案丢失或损坏的直接责任者，依法进行处理。

第二十条　本规定由国家档案局负责解释。

第二十一条　本规定自 2002 年 9 月 1 日起实施。《国营企业档案管理暂行规定》同时废止。其他有关企业档案工作的规定凡与本规定抵触的，以本规定为准。

附录四 企业职工档案管理工作规定

(劳动部 国家档案局 1992年6月9日发布实施)

第一章 总 则

第一条 为加强企业职工档案管理,有效地保护和利用档案,提高科学管理水平,为社会主义现代化建设服务,根据《中华人民共和国档案法》有关规定,制定本规定。

第二条 企业职工档案是企业劳动、组织、人事等部门在招用、调配、培训、考核、奖惩、选拔和任用等工作中形成的有关职工个人经历、政治思想、业务技术水平、工作表现以及工作变动等情况的文件材料。是历史地、全面地考察职工的依据,是国家档案的组成部分。

第三条 企业职工档案工作,在国家档案行政管理部门宏观管理、组织协调下,由劳动主管部门领导与指导,实行分级管理,同时接受同级档案行政管理部门的监督、指导。

第四条 企业职工档案管理工作必须贯彻执行党和国家有关档案、保密的法规和制度。

第二章 机构和职责

第五条 职工档案由所在企业的劳动(组织人事)职能机构管理。实行档案综合管理的企业单位,档案综合管理部门应设专人管理职工档案。

第六条 职工失踪、逃亡、合理流动或出国不归者,其档案由原所在单位保管,也可由当地劳动行政部门代为保管。

第七条 职工死亡后,其档案由原管理部门保存五年后,移交企业综合档案部门保存。对国家和企业有特殊贡献的英雄、模范人物死亡以后,其档案由企业综合档案部门按规定向有关档案馆移交。

第八条 企业职工档案管理部门的职责:

(一)保管职工档案;

(二)收集、鉴别和整理职工档案材料;

(三)办理职工档案的查阅、借阅和转递手续;

(四)登记职工工作变动情况;

(五)为有关部门提供职工情况;

(六)做好职工档案的安全、保密、保护工作;

(七)定期向企业档案室(馆)移交档案;

(八)办理其他有关事项。

第三章 档案的内容

第九条 企业职工档案的内容和分类:

(一)履历材料;

(二)自传材料;

(三)鉴定、考核、考察材料;

(四)评定岗位技能和学历材料(包括学历、学位、学绩、培训结业成绩表和评定技能的考绩、审批等材料);

(五)政审材料;

（六）参加中国共产党、共青团及民主党派的材料；

（七）奖励材料；

（八）处分材料；

（九）招用、劳动合同、调动、聘用、复员退伍、转业、工资、保险福利待遇、出国、退休、退职等材料；

（十）其他可供组织参考的材料。

第四章　档案的收集、保管和销毁

第十条　职工所在企业的劳动（组织人事）职能机构对职工进行考察、考核、培训、奖惩等所形成的材料要及时收集，整理立卷，保持档案的完整。

第十一条　立卷归档的材料必须认真鉴别，保证材料的真实、文字清楚、手续齐备。材料须经组织审查盖章或本人签字的，应在盖章、签字后归档。

第十二条　企业职工档案材料统一使用十六开规格办公用纸，不得使用圆珠笔、铅笔、红色墨水及复写纸书写。

第十三条　按规定需要销毁档案材料时，必须经单位主管档案工作的领导批准。

第十四条　档案卷皮、目录和档案袋的样式、规格实行统一的制作标准。

第十五条　严禁任何人私自保存他人档案或利用档案材料营私舞弊。对违反规定者，应视情节轻重，严肃处理。对违反《中华人民共和国档案法》、《中华人民共和国保守秘密法》的，要依法处理。

第十六条　职工档案管理单位应建立健全工作制度，做好防火、防蛀、防潮、防光、防盗等工作。

第五章　档案的提供利用

第十七条　因工作需要查阅和借用档案，须遵守下列规定：

（一）查阅档案应凭盖有党政机关、人民团体、企事业单位公章的介绍信。

（二）查阅、使用企业职工档案的单位，应派可靠人员到保管单位查阅室查阅。

（三）档案除特殊情况外一般不借出查阅。如必须借出查阅时，应事先提交报告，说明理由，经企业或企业授权的主管档案工作的领导批准，严格履行登记手续，并按期归还。

（四）任何个人不得查阅或借用本人及亲属（包括父母、配偶、子女及兄弟姐妹等）的档案。

（五）各单位应制定查阅档案的制度。查阅档案必须严格遵守保密制度和阅档规定，严禁涂改、圈划、抽取、撤换档案。查阅者不得泄露或擅自向外公布档案内容。对违反者，应视情节轻重予以批评教育，直至纪律处分，或追究法律责任。

（六）因工作需要从档案中取证的，须请示单位主管档案工作的领导批准后才能复制办理。

第六章　档案的转递

第十八条　企业职工调动、辞职、解除劳动合同或被开除、辞退等，应由职工所在单位在一个月内将其档案转交其新的工作单位或其户口所在地的街道劳动（组织人事）部门。职工被劳教、劳改，原所在单位今后还准备录用的，其档案由原所在单位保管。

第十九条　转递档案应遵守下列规定：

（一）通过机要交通或派专人送取，不准邮寄或交本人自带。

（二）对转出的档案，必须按统一规定的"企业职工档案转递通知单"的项目登记，并密封包装。

（三）对转出的材料，不得扣留或分批转出。

（四）接收单位收到档案经核对无误后，应在回执上签名盖章，并将回执立即退回。逾期一个月转出单位未收到回执应及时催问，以防丢失。

第七章　附　则

第二十条　本规定由劳动部负责解释。

第二十一条　本规定自下达之日起执行。各省、自治区、直辖市和国务院各部门可结合实际情况制定实施办法或细则。

附录五　机关文件材料归档范围和文书档案保管期限规定

（2006 年 12 月 18 日公布施行）

第一条　为便于各级党政机关和人民团体（以下统称机关）正确界定文件材料归档范围，准确划分档案保管期限，使所保存的档案既能反映机关主要职能活动情况，维护其历史面貌，又便于保管和利用，根据《中华人民共和国档案法》、《中华人民共和国档案法实施办法》，制定本规定。

第二条　本规定中的机关文件材料是指机关在其工作活动过程中形成的各种门类和载体的历史记录。

第三条　机关文件材料归档范围是：

（一）反映本机关主要职能活动和基本历史面貌的，对本机关工作、国家建设和历史研究具有利用价值的文件材料；

（二）机关工作活动中形成的在维护国家、集体和公民权益等方面具有凭证价值的文件材料；

（三）本机关需要贯彻执行的上级机关、同级机关的文件材料；下级机关报送的重要文件材料；

（四）其他对本机关工作具有查考价值的文件材料。

第四条　机关文件材料不归档范围是：

（一）上级机关的文件材料中，普发性不需本机关办理的文件材料，任免、奖惩非本机关工作人员的文件材料，供工作参考的抄件等；

（二）本机关文件材料中的重份文件，无查考利用价值的事务性、临时性文件，一般性文件的历次修改稿、各次校对稿，无特殊保存价值的信封，不需办理的一般性人民来信、电话记录，机关内部互相抄送的文件材料，本机关负责人兼任外单位职务形成的与本机关无关的文件材料，有关工作参考的文件材料；

（三）同级机关的文件材料中，不需贯彻执行的文件材料，不需办理的抄送文件材料；

（四）下级机关的文件材料中，供参阅的简报、情况反映，抄报或越级抄报的文件材料。

第五条　凡属机关归档范围的文件材料，必须按有关规定向本机关负责档案工作的部门移交，实行集中统一管理，任何个人不得据为己有或拒绝归档。

第六条　机关文书档案的保管期限定为永久、定期两种。定期一般分为 30 年、10 年。

第七条　永久保管的文书档案主要包括：

（一）本机关制定的法规政策性文件材料；

（二）本机关召开重要会议、举办重大活动等形成的主要文件材料；

（三）本机关职能活动中形成的重要业务文件材料；

（四）本机关关于重要问题的请示与上级机关的批复、批示，重要的报告、总结、综合统计报表等；

（五）本机关机构演变、人事任免等文件材料；

（六）本机关房屋买卖、土地征用，重要的合同协议、资产登记等凭证性文件材料；

（七）上级机关制发的属于本机关主管业务的重要文件材料；

（八）同级机关、下级机关关于重要业务问题的来函、请示与本机关的复函、批复等文件材料。

第八条　定期保管的文书档案主要包括：

（一）本机关职能活动中形成的一般性业务文件材料；

（二）本机关召开会议、举办活动等形成的一般性文件材料；

（三）本机关人事管理工作形成的一般性文件材料；

（四）本机关一般性事务管理文件材料；

（五）本机关关于一般性问题的请示与上级机关的批复、批示，一般性工作报告、总结、统计报表等；

（六）上级机关制发的属于本机关主管业务的一般性文件材料；

（七）上级机关和同级机关制发的非本机关主管业务但要贯彻执行的文件材料；

（八）同级机关、下级机关关于一般性业务问题的来函、请示与本机关的复函、批复等文件材料；

（九）下级机关报送的年度或年度以上计划、总结、统计、重要专题报告等文件材料。

第九条 机关形成的人事、基建、会计及其他专门文件材料的归档范围和档案保管期限，按国家有关规定执行。

第十条 机关对应归档电子文件的元数据、背景信息等要进行相应归档。

机关应归档纸质文件材料中，有文件发文稿纸、文件处理单的，应与文件正本、定稿一并归档。

第十一条 机关联合召开会议、联合行文所形成的文件材料原件由主办机关归档，其他机关将相应的复制件或其他形式的副本归档。

第十二条 各机关应根据本规定，结合本机关职能和各部门工作实际，编制本机关的文件材料归档范围和文书档案保管期限表，经同级档案行政管理部门审查同意后执行。

有垂直领导关系的中央、国家机关应依据本规定，结合本系统工作实际，编制本系统的文件材料归档范围和文书档案保管期限表，并经国家档案局审查同意后执行。

第十三条 在编制本机关或本系统文件材料归档范围和文书档案保管期限表时，应全面分析和鉴别本机关或本系统文件材料的现实作用和历史作用，准确界定文件材料的归档范围和划分档案保管期限。

第十四条 本规定适用于各级党政机关和人民团体。军队系统、民主党派、企业事业单位可参照执行。

第十五条 本规定自颁布之日起施行，1987年颁发的《国家档案局关于机关档案保管期限的规定》和《机关文件材料归档和不归档的范围》同时废止。

附件：文书档案保管期限表

附件：

文书档案保管期限表

1 本级党的代表大会、人民代表大会、政治协商会议，工会、共青团、妇联代表大会的文件材料

1.1 请示、批复、通知、名单、议程、报告、领导人讲话、选举结果、讨论通过的文件、决议、纪要、公报、主席团会议记录等文件材料　永久

1.2 大会发言、人大代表建议和意见、人大议案及答复、政协委员提案及办理结果，简报、快报　永久

1.3 重要的贺信、贺电、筹备工作、选举过程中形成的文件，小组会议记录、会议服务机构的计划、总结等文件材料　30年

1.4 讨论未通过的文件　10年

2 本级党委、人民代表大会、政治协商会议、纪律检查委员会、共青团、工会、妇联的常委会、执委会、主席团、全体委员会会议，政府常务会、办公会议的文件材料

2.1 公报、决议、决定、记录、纪要、议程、领导人讲话、讨论通过的文件、参加人员名册 永久

2.2 讨论未通过的文件 10年

3 本机关党组（或实行党委制的党委）会议和行政办公会的纪要、会议记录 永久

4 本机关召开工作会议、专题会议的文件材料

4.1 请示、批复、通知、名单、日程、报告、讲话、总结、决议、决定、纪要 永久

4.2 典型材料、代表发言材料、交流材料、简报 30年

5 机关联合召开会议的文件材料

5.1 本机关为主办的

5.1.1 请示、批复、通知、名单、日程、报告、讲话、总结、决议、决定、纪要 永久

5.1.2 典型材料、代表发言材料、交流材料、简报 30年

5.2 本机关为协办的

5.2.1 请示、批复、通知、名单、日程、报告、讲话、总结、决议、决定、纪要的复制件或副本 30年

5.2.2 典型材料、代表发言材料、交流材料、简报的复制件或副本 10年

6 本机关承办国际性会议、大型展览会、博览会的文件材料

6.1 请示、批复、申办和筹办组委会主要活动安排、议程、名单、主报告（原文及译文）、辅助报告（原文及译文）、上级领导人贺辞、题词、讲话，会徽设计 永久

6.2 代表发言材料、交流材料、简报、新闻报道 30年

6.3 委员会、分会会议和学术会的讨论记录，会议代表登记表、接待安排 10年

7 上级机关、上级领导检查、视察本地区、本机关工作时形成的文件材料

7.1 重要的 永久

7.2 一般的 30年

7.3 本地区、本机关工作汇报材料 30年

8 本机关业务文件材料

8.1 本机关制定的方针政策性、法规性、普发性业务文件，中长期规划、纲要等文件材料 永久

8.2 本机关的请示与上级机关的批复、批示

8.2.1 重要业务问题的 永久

8.2.2 一般业务问题的 30年

8.3 同级机关、下级机关的来函、请示与本机关的复函、批复等文件材料

8.3.1 重要业务问题的 永久

8.3.2 一般业务问题的 30年

8.4 本机关代上级机关起草并被采用的重要法规性文件、专项业务文件的最后草稿 30年

8.5 机关联合行文的文件材料

8.5.1 本机关为主办的

8.5.1.1 重要业务问题的 永久

8.5.1.2 一般业务问题的　30年

8.5.2 本机关为协办的

8.5.2.1 重要业务问题的　30年

8.5.2.2 一般业务问题的　10年

8.6 本机关编辑、编写的文件材料

8.6.1 大事记、组织沿革等　永久

8.6.2 简报、情况反映、工作信息等　10年

8.7 行政管理、执法活动中形成的文件材料

8.7.1 行政管理工作制度、程序、规定等文件材料　永久

8.7.2 执法检查情况汇总、通报、整改通知等　永久

8.7.3 行政管理工作中形成的审批、审查、核准等文件材料

8.7.3.1 固定资产投资、科技计划等项目的审批（核准）、管理、验收（评估）等文件材料　永久

8.7.3.2 不动产、自然资源的所有权、使用权确认的文件材料　永久

8.7.3.3 20年（含）以上有效或未注明有效期的许可证、执照、资质证、资格证等的审批、管理文件材料　永久

8.7.3.4 20年以下有效的许可证、执照、资质证、资格证等的审批、管理文件材料　30年

8.7.4 行政管理工作中形成的备案文件材料　10年

8.7.5 行政处罚、处分、复议、国家赔偿等工作中形成的文件材料

8.7.5.1 重要的　永久

8.7.5.2 一般的　30年

8.8 计划、总结、统计、调研等方面的文件材料

8.8.1 年度和年度以上的计划、总结、统计材料　永久

8.8.2 年度以下的计划、总结、统计材料　10年

8.8.3 重要职能活动的总结、重要专题的调研材料　永久

8.8.4 一般活动的总结、一般问题的调研材料　10年

8.9 出国或出境访问考察、参加国际会议，接待来访等外事活动形成的文件材料

8.9.1 发表的公报，签订的协议、协定、备忘录，重要的会谈记录、纪要等　永久

8.9.2 出国审批手续、执行日程、考察报告、一般性会谈记录　30年

9 本机关机构编制、干部人事、党、团、纪检、工会、保卫、信访工作文件材料

9.1 机构设置、机构撤并、名称更改、组织简则、人员编制、印信启用和作废等文件材料　永久

9.2 人事工作制度、规定、办法等文件　30年

9.3 人事任免文件　永久

9.4 先进单位、劳动模范、先进工作者的文件材料

9.4.1 受县级（含）以上表彰、奖励的　永久

9.4.2 受县级以下表彰、奖励的　30年

9.5 对本机关有关人员的处分材料

9.5.1 受到警告（不含）以上处分的　永久

9.5.2 受到警告处分的　30年

9.6 职工录用、转正、聘任、调资、定级、停薪留职、辞职、离退休、死亡、抚恤等文件材料 永久

9.7 人事考核、职称评审工作文件材料 永久

9.8 职工调动工作的行政、工资、党团组织关系的介绍信及存根 永久

9.9 职工名册 永久

9.10 党、团、工会工作活动中形成的文件材料

9.10.1 工作报告、总结，换届选举结果 永久

9.10.2 重要专项活动的报告、总结等 永久

9.10.3 党团员、工会会员名册，批准加入党团、工会组织的文件材料 永久

9.10.4 情况反映、工作简报 10年

9.11 纪检、监察工作中形成的综合性报告、调查材料

9.11.1 重要的 永久

9.11.2 一般的 30年

9.12 保卫部门的安全检查、调查记录 10年

9.13 本机关处理人民来信来访的文件材料

9.13.1 有领导重要批示和处理结果的 永久

9.13.2 其他有处理结果的 30年

10 本机关事务管理文件材料

10.1 房产、土地所有权和使用权的文件材料 永久

10.2 与有关单位签订的合同、协定、协议、议定书等文件材料

10.2.1 重要的 永久

10.2.2 一般的 10年

10.3 接待工作的计划、方案

10.3.1 重要的 30年

10.3.2 一般的 10年

10.4 机关财务预算 30年

10.5 机关物资（办公设备及用品、机动车等）采购计划、审批手续、招标投标、购置等文件材料，机动车调拨、保险、事故、转让等文件材料 30年

10.6 国有资产管理（登记、统计、核查清算、交接等）文件材料

10.6.1 重要的 永久

10.6.2 一般的 10年

10.7 职工承租、购置本单位住房的合同、协议和有关手续 永久

10.8 职工住房分配、出售的规定、方案、细则，职工住房情况统计、调查表、职工住房申请 30年

11 上级机关制发的文件材料

11.1 上级机关制发的属于本机关主管业务的文件材料

11.1.1 重要的 永久

11.1.2 一般的 10年

11.2　上级机关制发的非本机关主管业务但要贯彻执行的文件材料　10 年

11.3　上级机关制发的关于本机关机构设置、领导人任免、人员编制等文件材料　永久

12　同级机关制发的非本机关主管业务但要贯彻执行的文件材料　10 年

13　下级机关报送的文件材料

13.1　重大问题的专题报告　30 年

13.2　年度和年度以上的计划、总结、统计材料　10 年

附录六　电子公文归档管理暂行办法

（2003 年 7 月 28 日　国家档案局令第 6 号发布）

第一条　为了加强对电子公文的归档管理，有效维护电子公文的真实性、完整性、安全性和可识别性，根据《中华人民共和国档案法》、《中华人民共和国档案法实施办法》和《国家行政机关公文处理办法》，制定本办法。

第二条　本办法所称的电子公文，是指各地区、各部门通过由国务院办公厅统一配置的电子公文传输系统处理后形成的具有规范格式的公文的电子数据。

第三条　电子公文形成单位应指定有关部门或专人负责本单位的电子公文归档工作，将电子公文的收集、整理、归档、保管、利用纳入机关文书处理程序和相关人员的岗位责任。

机关档案部门应参与和指导电子公文的形成、办理、收集和归档等各工作环节。

第四条　副省级以上档案行政管理部门负责对电子公文的归档管理工作进行监督和指导。

电子公文的真实性、完整性、安全性和可识别性，移交前由形成部门负责，移交后由档案部门负责。

第五条　电子公文参照国家有关纸质文件的归档范围进行归档并划定保管期限。

第六条　电子公文一般应在办理完毕后即时向机关档案部门归档。

第七条　电子公文形成单位必须将具有永久和长期保存价值的电子公文，制成纸质公文与原电子公文的存储载体一同归档，并使两者建立互联。

第八条　需要永久和长期保存的电子公文，应在每一个存储载体中同时存有相应的符合规范要求的机读目录。

第九条　电子公文的收发登记表、机读目录、相关软件、其他说明等应与相对应的电子公文一同归档保存。

第十条　电子公文的归档应在"全国政府系统办公业务资源网电子邮件系统"平台上进行，各电子公文形成单位档案部门应配置足够容量和处理能力及相对安全的系统设备。

第十一条　电子公文形成单位应在运行电子公文处理系统的硬件环境中设置足够容量、安全的暂存存储器，存放处理完毕应归档保存的电子公文，以保证归档电子公文的完整、安全。

第十二条　电子公文形成单位应在电子公文处理系统中设置符合安全要求的操作日志，随时自动记录对电子公文实时操作的人员、时间、设备、项目、内容等，以保证归档电子公文的真实性。

第十三条　电子公文形成单位应在电子公文归档时对相关项目进行检查，检查项目包括与纸质公文核对内容、签章，审核电子公文收发登记表、操作日志及相关的著录条目等，确认电子公文及相关的信息和软件无缺损且未被非正常改动，电子公文与相应的纸质公文内容及其表现形式一致，处理过程无差错。

第十四条　归档电子公文的移交形式可以是交接双方之间进行存储载体传递或通过电子公文传输系统从网上交接。

第十五条　通过存储载体进行交接的归档电子公文，移交与接收部门均应对其载体和技术环境进行检验，确保载体清洁、无划痕、无病毒等。

第十六条 归档电子公文应存储到符合保管要求的脱机载体上。归档保存的电子公文一般不加密，必须加密归档的电子公文应与其解密软件和说明文件一同归档。

第十七条 归档的电子公文，应按本单位档案分类方案进行分类、整理，并拷贝至耐久性好的载体上，一式 3 套，一套封存保管，一套异地保管，一套提供利用。

第十八条 档案部门应加强对归档电子公文的管理，提供利用有密级要求的归档电子公文，应严格遵守国家有关保密的规定，采用联网的方式提供利用的，应采取稳妥的身份认定、权限控制及在存有电子公文的设备上加装防火墙等安全保密措施。

第十九条 超过保管期限的归档电子公文的鉴定和销毁，按照归档纸质文件的有关规定执行。对确认销毁的电子公文可以进行逻辑或物理删除，并应由档案部门列出销毁文件目录存档备查。

第二十条 其他类型电子公文的归档管理可参照本办法。

第二十一条 本办法未尽事宜，参照国家其他有关电子文件的标准和规定。

第二十二条 本办法由国家档案局负责解释。

第二十三条 本办法自 2003 年 9 月 1 日起施行。